Das System der US-amerikanischen Wohnungsfinanzierung

Europäische Hochschulschriften
Publications Universitaires Européennes
European University Studies

Reihe V
Volks- und Betriebswirtschaft

Série V Series V
Sciences économiques, gestion d'entreprise
Economics and Management

Bd./Vol. 3026

PETER LANG
Frankfurt am Main · Berlin · Bern · Bruxelles · New York · Oxford · Wien

Michael Albrecht

Das System der US-amerikanischen Wohnungsfinanzierung

Fannie Mae und Freddie Mac als Instrumente staatlicher Wohnungspolitik

PETER LANG
Europäischer Verlag der Wissenschaften

Bibliografische Information Der Deutschen Bibliothek
Die Deutsche Bibliothek verzeichnet diese Publikation in der Deutschen Nationalbibliografie; detaillierte bibliografische Daten sind im Internet über <http://dnb.ddb.de> abrufbar.

Zugl.: Freiburg (Breisgau), Univ., Diss., 2003

D 25
ISSN 0531-7339
ISBN 3-631-51939-7

www.peterlang.de

Vorwort

Der Grundstein zu dieser Dissertation wurde gelegt, als ich 1997 – in der Mitte meines Hauptstudiums – an einem Seminar zum Thema „Finanzmärkte" teilnahm.

Bereits damals stieß ich bei der Recherche für die zu verfassende Seminararbeit mit dem Titel „Schuldverschreibungen" auf den zu dieser Zeit in Europa noch wenig bekannten Bereich der „Verbriefung von Forderungen". Es dauerte nicht lange, bis zwei Institutionen mit den exotisch anmutenden Namen „Fannie Mae" und „Freddie Mac" mein Interesse weckten. Sie sollten später Gegenstand dieser Arbeit werden.

Jenes Finanzmarktseminar wurde am Institut für Finanzwissenschaft und Monetäre Ökonomie der Albert-Ludwigs Universität Freiburg von Prof. Dr. Dr. h.c. Hans-Hermann Francke angeboten. Bei ihm bedanke ich mich an dieser Stelle aufrichtig für die Unterstützung und das mir entgegengebrachte Vertrauen: Er ist heute mein Doktorvater. Prof. Dr. Heinz Rehkugler gebührt in diesem Zusammenhang Dank für die Übernahme des Zweitgutachtens.

Ich habe diese Arbeit als wissenschaftlicher Mitarbeiter der Deutschen Immobilien-Akademie an der Universität Freiburg GmbH (DIA) verfasst, der mein Doktorvater als Studienleiter vorsteht. Stellvertretend für alle Mitarbeiter der DIA und ihrer Mutter, der Verwaltungs- und Wirtschafts-Akademie für den Regierungsbezirk Freiburg e.V. (VWA), bedanke ich mich bei Herrn Peter Graf als deren Geschäftsführer für die reibungslose Zusammenarbeit und das angenehme Arbeitsklima.

Dankbar bin ich darüber, dass ich mein Dissertationsvorhaben nicht auf mich alleine gestellt bewältigen musste. Diese Zeit wurde vielmehr bereichert durch wunderbare „akademische Mitstreiter" am Lehrstuhl meines Doktorvaters, in der Wissenschaftlichen Abteilung der DIA und an der Volkswirtschaftlichen Fakultät. Dabei denke ich an Sandra Haasis, Philip Hallensleben, Michael Muchenberger, Alexandra Brandner, Andreas Irion, Marianne Moll-Amrein, Martin

Dietrich und Jörg Lindenmeier – um nur einige zu nennen. Viele von ihnen sind mir gute Freunde geworden. Das gilt ganz besonders für Jan Linsin und Peter Kahmann, mit denen ich die Räumlichkeiten der Wissenschaftlichen Abteilung der DIA im Friedrichsbau teilen durfte: Ihre Unterstützung war für mich von unschätzbarem Wert. In diesem Zusammenhang wünsche ich mir, dass uns Melanie Walter stets in Erinnerung bleiben möge.

Die wichtigste Person während dieser Zeit war zweifelsfrei meine Lebensgefährtin Katja Weis. Ihrer Unterstützung und Geduld habe ich viel zu verdanken. Sie verstand es stets, meiner Rastlosigkeit und meinen Zweifeln entgegenzuwirken.

Die Dankbarkeit, die ich meinen Eltern entgegenbringe, ist so groß, dass ich nicht in der Lage bin, sie in Worte zu fassen. Ihnen verdanke ich, dass ich zu dem Menschen werden durfte, der ich heute bin. Ich hoffe, dass ich ihnen wenigstens einen Bruchteil von dem zurückgeben kann, was sie mir zuteil werden ließen.

Freiburg, im September 2003 Michael Albrecht

Inhaltsverzeichnis

Abbildungsverzeichnis

Tabellenverzeichnis

Abkürzungsverzeichnis

ABS	Asset-Backed Security
ARM	Adjustable-Rate Mortgage
Aufl.	Auflage
bp	Basispunkt(e)
bzgl.	bezüglich
bzw.	beziehungsweise
C.F.R.	Code of Federal Regulation
ca.	circa
CalPERS	California Public Employees' Retirement System
CBO	Congressional Budget Office
CCF	Credit Conversion Factor
CMT	Treasury Constant Maturity
CMO	Collateralized Mortgage Obligation
CPI	Consumer Price Index
CPR	Constant Prepayment Rate
d.h.	das heißt
DC	District of Columbia
et al.	et alii
evtl.	eventuell
f.	folgende
FBESTS	Federal Reserve Book-Entry Securities Transfer System
FCS	Farm Credit System
FDIC	Federal Deposit Insurance Corporation
Fed	Federal Reserve System
FHA	Federal Housing Administration
FHEFSSA	Federal Housing Enterprise Financial Safety and Soundness Act
FHFB	Federal Housing Finance Board
FHLBS	Federal Home Loan Banking System

FHLMC	Federal Home Loan Mortgage Corporation (Freddie Mac)
FIRREA	Financial Institutions Reform, Recovery and Enforcement Act
FmHA	Farmers Home Administration
FNMA	Federal National Mortgage Association (Fannie Mae)
FRM	Fixed-Rate Mortgage
FRN	Fixed-Rate Note
FRBNY	Federal Reserve Bank of New York
FSLIC	Federal Savings Loan Insurance Corporation
GEM	Growing Equity Mortgage
GNMA	Government National Mortgage Association (Ginnie Mae)
GPM	Graduated Payment Mortgage
GSE	Government Sponsored Enterprise
HFA	Housing Finance Agency
HUD	U.S. Department of Housing and Urban Development
i.e.S.	im engeren Sinne
i.S.v.	im Sinne von
i.V.m.	in Verbindung mit
i.w.S.	im weiteren Sinne
IO	Interest Only
LIHTC	Low-Income Housing Tax Credit
LTCM	Long-Term Capital Management
LTV	Loan-to-Value Ratio
MBS	Mortgage-Backed Security
Mio.	Million(en)
MIRS	Monthly Interest Survey
Mrd.	Milliarde(n)
NCUA	National Credit Union Administration
o.V.	ohne Verfasserangabe
OAS	Option-Adjusted Spread
OCC	Office of the Comptroller of the Currency
OFHEO	Office of Federal Housing Enterprise Oversight

OTS	Office of Thrift Supervision
PAC	Planned Amortization Class
PHA	Public Housing Authority
PMI	Primary Mortgage Insurance
PMMS	Primary Mortgage Market Survey
PO	Principal Only
PPM	Prepayment Protection Mortgage
PSA	Public Securities Association
REMIC	Real Estate Investment Conduit
RHS	Rural Housing Service
RTC	Resolution Trust Company
S&P	Standard and Poor's
S.	Seite
SEC	Securities and Exchange Commission
SLMA	Student Loan Marketing Association (Sallie Mae)
SMM	Single Monthly Mortality Rate
TAC	Targeted Amortization Class
TAK	Transaktionskosten
u.a.	unter anderem
U.S.C.	United States Code
US	United States
USA	United States of America
v.a.	vor allem
VA	Veterans Administration
vgl.	vergleiche
Vol.	Volume
WAC	Weighted Average Coupon
WAM	Weighted Average Maturity
z.B.	zum Beispiel

1. Einleitung und Gang der Arbeit

Das Bemühen, den verheerenden Auswirkungen der Weltwirtschaftskrise Herr zu werden, markierte in den 30er Jahren des vergangenen Jahrhunderts die Entstehung der US-amerikanischen Wohnungspolitik. Seit dieser Zeit hat sich quasi aus dem Nichts ein ausgeprägtes und stark differenziertes System staatlicher Interventionen und Engagements entwickelt, dessen Architektur stets auf die Förderung der Wohneigentumsbildung ausgerichtet war und entscheidend dazu beigetragen hat, dass Ende 2002 mehr als zwei Drittel aller amerikanischen Haushalte in den eigenen vier Wänden wohnen konnten.

Da der amerikanischen Wohnungspolitik das Instrument staatlich geförderter Sparanreize fremd ist, dafür aber Finanzierungskosten – trotz Anwendung der Konsumgutlösung – steuerlich abzugsfähig sind, erfolgt der Erwerb selbstgenutzten Wohneigentums in den USA traditionell mit hohem Fremdkapitaleinsatz.[1] Entsprechend groß ist deshalb das staatliche Interesse an einem funktionierenden und leistungsfähigen Immobilienfinanzierungssystem. Dieses Interesse hat über einen kontinuierlichen Evolutionsprozess dazu geführt, dass die Immobilienfinanzierung in den USA heute zwar einen sehr erfolgreichen, dafür aber auch extrem regulierten bzw. staatlich alimentierten Markt darstellt.

Die vorliegende Arbeit identifiziert zwei konstituierende Elemente staatlichen Engagements im Bereich der Wohnungsfinanzierung, deren Implementierung einerseits als weitsichtig, andererseits als das Ergebnis von „Versuch und Irrtum" bezeichnet werden kann. Dabei handelt es sich um

- die direkte staatliche Absorption des Kreditrisikos bei bestimmten, förderungswürdigen Hypothekarkreditschuldnern als Reaktion auf die Folgen der Weltwirtschaftskrise;

---

[1] Die Abzugsmöglichkeit für Hypothekenzinsen trat erstmals im Rahmen der Steuergesetzgebung, die zur Finanzierung des Bürgerkrieges umgesetzt wurde, in Erscheinung und wurde im Jahr 1912 im Zuge der Verabschiedung des ersten Einkommensteuergesetzes (Internal Revenue Code) kodifiziert, ohne dabei auf Konformität mit der Steuersystematik zu achten: Die Steuergesetzgebung der USA kennt keine kalkulatorischen Kosten bzw. Erträge, so dass der Abzugsfähigkeit von Hypothekenzinsen keine kalkulatorische Eigenmiete gegenübergestellt werden kann (Investitionsgutlösung). Vgl. Bourassa, Stephen C./Grigsby, William G., 2000, S. 525.

- die Neuausrichtung der gesamten Wohnungsfinanzierung auf eine kompromisslose Kapitalmarktorientierung in Verbindung mit expliziten und impliziten Staatsgarantien als Folge der Thrift-Crisis in den 80er Jahren.

Im Ergebnis haben die staatlichen Eingriffe zu einer Fragmentierung der Wohnungsfinanzierung geführt: Der Hypothekarkreditmarkt wurde vertikal aufgespalten in einen Primärmarkt, der die Hypothekendarlehen generiert, und einen Sekundärmarkt, der als Schnittstelle zu den internationalen Kapitalmärkten fungiert, um die notwendige Liquidität bereitzustellen. Der Primärmarkt wiederum wurde horizontal in vier voneinander eindeutig abgegrenzte Teilmärkte separiert, die im Sinne einer Selbstselektion der Schuldner jeweils unterschiedliche Kreditrisiken repräsentieren. Die Zugehörigkeit zum entsprechenden Primärmarktsegment determiniert auch gleichzeitig, für welche Sekundärmarktinstitution das Darlehen in Frage kommt.[2]

Für das Primärmarktsegment der staatlich (teil-)versicherten Hypothekarkredite, die sogenannten „Government Insured Mortgages“,[3] wurde als Sekundärmarktvehikel eine staatliche Institution geschaffen, die über das von ihr 1970 entwickelte Instrument der Mortgage-Backed Securities (MBS) quasi 100% dieser Darlehen verbrieft und damit kapitalmarktfähig macht. Es handelt sich dabei um die Government National Mortgage Association (Ginnie Mae). Ginnie Maes wichtigste Funktion in diesem Zusammenhang ist allerdings nicht die Verbriefung per se, sondern die Garantie ‚rechtzeitiger und vollständiger Zahlung von Zins und Tilgung’ an die MBS-Investoren. Da hinter dieser Garantie explizit die amerikanische Regierung steht, stellen Ginnie Maes MBS risikolose Investments dar.

Mit der Federal National Mortgage Association (Fannie Mae) und der Federal Home Loan Mortgage Corporation (Freddie Mac) existieren zwei weitere Sekundärmarktvehikel, deren Zuständigkeit sich auf das größte Primärmarktseg-

---

2 Vgl. hierzu die unten stehende Abbildung 7.

3 Ende 2001 standen staatlich (teil-)versicherte Darlehen im Umfang von 0,7 Billionen US-Dollar aus. Dies entsprach einem Anteil von 12% aller Hypothekarkredite im Wohneigentumsbereich.

ment, die sogenannten „Conforming Conventional Mortgages“,[4] bezieht. Im Gegensatz zu Ginnie Mae, die ausschließlich Verbriefungen vornimmt, treten Fannie Mae und Freddie Mac auch als Käufer und damit Investoren in ihrem Marktsegment auf und emittieren folglich neben MBS auch Schuldverschreibungen. Bei ihren Wertpapieren garantieren sie ebenso wie Ginnie Mae die ‚rechtzeitige und vollständige Zahlung von Zins und Tilgung'.

Ziel dieser Arbeit ist es, aufzuzeigen, wie und in welchem Umfang die amerikanische Regierung das Marktsegment der Conforming Conventional Mortgages über die Instrumentalisierung von Fannie Mae und Freddie Mac subventioniert, obwohl weder die relevanten Darlehen, noch die beiden privaten und börsennotierten Finanzintermediäre über explizite staatliche Garantien verfügen. Dabei wird darauf geachtet, diesen Sachverhalt zum einen in das System der amerikanischen Immobilienfinanzierung und zum anderen in den Kontext der amerikanischen Wohnungspolitik einzubetten. Da die Verbriefung von Hypothekarkrediten als Katalysator für den Erfolg der drei Sekundärmarktinstitutionen Ginnie Mae, Fannie Mae und Freddie Mac angesehen werden kann, und MBS auch gegenwärtig das wichtigste Instrument am Sekundärmarkt repräsentieren, muss der Funktionsweise dieser Finanzinnovation unter dem Aspekt der Risikoallokation entsprechende Beachtung gewidmet werden. Dies geschieht vor dem Hintergrund des Prepaymentrisikos, das in dieser Form nur Hypothekarkrediten aus dem angelsächsischen Raum anhaftet und diese Darlehen für Investoren grundsätzlich unattraktiv erscheinen lässt.

Im anschließenden *Kapitel 2* erfolgt die Darstellung der historischen Entwicklung der Wohnungsfinanzierung in den USA. Dabei werden die wichtigsten Ereignisse vorgestellt, die staatliches Handeln in diesem Bereich notwendig erscheinen ließen. In diesem Zusammenhang wird auf die Schaffung von Fannie Mae und Freddie Mac als Government-Sponsored Enterprises (GSEs) eingegan-

---

[4] Ende 2001 standen Conforming Conventional Mortgages im Umfang von 4,3 Billionen US-Dollar aus. Dies entsprach einem Anteil von 75% aller Hypothekarkredite im Wohneigentumsbereich.

gen. Anschließend erfolgt deren Abgrenzung gegenüber Ginnie Mae sowie dem Federal Home Loan Bank System (FHLBS).

Die Funktionsweise der Wohnungsfinanzierung vor dem Hintergrund dieses staatlich determinierten Marktdesigns ist Inhalt von *Kapitel 3*. Dabei werden die Schnittstellen zwischen Primär- und Sekundärmarkt dargestellt, um zu verdeutlichen, welche Position Fannie Mae und Freddie Mac in diesem System einnehmen. In diesem Zusammenhang wird auch auf die Motivation und das Prinzip der Verbriefung von Hypothekarkrediten zu MBS eingegangen. Dabei wird aufgezeigt, welchen Einfluss diese auf die ursprüngliche Risikoallokation haben.

Kapitel 4 illustriert die Empirie der Wohnungsfinanzierung und quantifiziert die Zusammenhänge zwischen Primär- und Sekundärmarkt mit dem Ziel, dem Leser die dominierende Marktsstellung von Fannie Mae und Freddie Mac zu verdeutlichen.

Da amerikanische Hypothekarkredite durch das Merkmal gekennzeichnet sind, dass die Schuldner ein Recht auf vorzeitige Tilgung haben, steht ein Investor vor der Problematik, dass ihm jederzeit Prepayments zufließen können. Die Determinanten dieses Prepaymentrisikos und die daraus resultierenden Probleme für die Bewertung von Hypothekendarlehen bzw. MBS sind Gegenstand von *Kapitel 5*.

Kapitel 6 beginnt mit einer allgemeinen theoretischen Fundierung der Wohnungspolitik. Darauf aufbauend erfolgt dann eine Diskussion der in den USA konkret praktizierten Wohnungspolitik. Zielsetzung ist, Fannie Mae und Freddie Mac in diesen Kontext einzuordnen und darzustellen, welchen Regulierungen die beiden Finanzintermediäre im Zuge ihrer Instrumentalisierung unterworfen sind.

Diesen Regulierungen stehen staatliche Privilegien gegenüber, die in einer Subventionierung münden, deren tatsächlich Begünstigte die Nachfrager nach Immobilienfinanzierungen sein sollen. *Kapitel 7* quantifiziert den Umfang dieser Subventionierung und weist nach, dass Fannie Mae und Freddie Mac tatsächlich dazu beitragen, das Zinsniveau für Hypothekarkredite zu senken.

Kapitel 8 stellt abschließend die Frage, ob Fannie Mae und Freddie Mac in ihrer Form als Government-Sponsored Enterprises heute noch eine Berechtigung haben und zeigt auf, welche Optionen die Regierung in Bezug auf eine zukünftige Ausgestaltung dieser beiden Finanzintermediäre hat.

2. Wohnungsfinanzierung in den USA: Historische Entwicklung

2.1 Der Leidensweg des Hypothekarkreditprimärmarktes

2.1.1 Markt- und Politikversagen

Zu Beginn des 20. Jahrhunderts war die Immobilienfinanzierung in den USA ein weitgehend unregulierter Markt. Die üblichen Finanzierungsformen waren tilgungsfreie Darlehen mit einer Laufzeit von fünf bis zehn Jahren – sogenannte Balloon Mortgages. Während der Darlehenslaufzeit erfolgten seitens des Schuldners Zinszahlungen, jedoch keine Tilgung. Folglich musste am Ende der Darlehenslaufzeit der gesamte Kreditbetrag auf einmal zurückgezahlt werden. Das war den meisten Schuldnern nur über eine entsprechende Anschlussfinanzierung möglich. Ein wichtiges Ausstattungsmerkmal dieser Balloon Mortgages war die Vereinbarung, dass der Kreditgeber jederzeit vom Schuldner verlangen konnte, das Darlehen zurück zu bezahlen.

Im Zuge der Weltwirtschaftskrise 1929 bis 1931 offenbarte dieses Finanzierungssystem seine Schwächen und trug seinerseits dazu bei, die Krise noch zu verschärfen. Die Bankenzusammenbrüche bewirkten, dass die Gläubiger von ihren Schuldnern die Rückzahlung der Balloon Mortgages forderten. Die Höhe der geschuldeten Beträge und die Tatsache, dass es unmöglich war, eine Anschlussfinanzierung zu finden, ließ die meisten Schuldner zahlungsunfähig werden. Gleichzeitig war auch eine Verwertung der Sicherheiten am zusammengebrochenen Immobilienmarkt kaum noch möglich.

Da man in der Architektur des Bankensystems die Hauptursache für die Zusammenbrüche vermutete, wurde in der Folgezeit damit begonnen, es umzubauen. In diesem Zusammenhang verabschiedete der Kongress im Jahre 1933 den *Glas-Steagall Act*, der ein Trennbankensystem installierte, bei dem die Geschäftsbanken nur noch das Commercial Banking durchführen durften. Ein Engagement im Versicherungs- oder gar im Wertpapierbereich war ihnen damit untersagt. Securites Firms hingegen durften ausschließlich im Underwriting und im Handel mit Wertpapieren tätig werden. Das Marktsegment des Investmentbanking war geboren.

Bei der dritten großen Gruppe, die am amerikanischen Finanzmarkt aktiv war, handelte es sich um die Thrift Institutions.[5] Ihre Aufgabe war es, Einlagen von Sparern hereinzunehmen und grundpfandrechtlich besicherte Darlehen zu vergeben. Als solchermaßen spezialisierte Institutionen, dominierten die Thrift Institutions lange Zeit den Hypothekarkreditmarkt in den USA.

Neben dieser sektoralen Spezialisierung bestand seit 1927 durch den *McFadden Act* bereits eine regionale Einschränkung der Expansionsmöglichkeiten eines Instituts auf den jeweiligen Bundesstaat, in dem es seinen Sitz hatte. Damit sollten vor allem kleinere Banken vor übermächtiger Konkurrenz geschützt werden.[6]

McFadden Act und *Glas-Steagall Act* hatten für den Hypothekarkreditprimärmarkt und damit für die Thrift Institutions zur Konsequenz, dass sie ihre langfristigen Ausleihungen nicht am Kapitalmarkt finanzieren konnten, sondern auf kurzfristige Einlagen, die regional nicht diversifiziert werden konnten, angewiesen waren. Bei ihren Aktiva kam es, neben der Tatsache, dass ohnehin nur in Mortgages investiert werden konnte, durch die Gebietsbeschränkung zu einer enorm großen Risikoallokation. Außerdem konnte dadurch auf nationaler Ebene kein Ausgleich zwischen Sparüberschüssen im Osten und hoher Hypothekarkreditnachfrage im sich gerade entwickelnden Westen stattfinden.

Die Thrift Institutions hatten im Jahre 1950 bereits einen Marktanteil an der Hypothekarkreditvergabe von knapp 50%, Mitte der 70er Jahre hielten sie sogar zwei von drei Mortgages in ihren Portfolios. Als übliches Mortgagedesign hatte

---

5 Unter diesem Begriff werden Mutual Savings Banks, Home Loan Banks, Building and Loan Associations und Savings and Loans Associations subsumiert. Bei diesen handelt es sich um Institute, die gegründet wurden, um den unteren und mittleren Einkommensschichten, Zugang zum Einlagen- und Hypothekarkreditgeschäft zu ermöglichen.

6 Im Jahre 2000 trat der *Gramm-Leach Bliley Act* in Kraft. Er löste den *McFadden Act* ab und trug der Erosion des amerikanischen Trennbankensystems Rechnung, ohne es jedoch formal aufzuheben. Unter bestimmten Voraussetzungen (Organisationsstruktur, Kapitalisierung etc.) ist nun die Kombination von Commercial Banking, Investment Banking und Versicherungsgeschäft unter einem Dach möglich. Die 1998 aus der Fusion von Travelers Group und Citibank hervorgegangene Citicorp, ist ein prominentes Beispiel für den schleichenden Aufweichungsprozess.

sich mittlerweile die Annuitätenhypothek mit 30-jähriger Laufzeit und Festzinszusage etabliert. Die fristeninkongruente Finanzierung stellte keine Gefahr dar, weil die Thrifts von der Regulation Q ausgenommen waren. Die Regulation Q führte, im Zuge des *Glas-Steagall Acts*, Obergrenzen für Zinsen auf Depositen bei Geschäftsbanken ein, um ein Wiederaufkeimen des ruinösen Wettbewerbs, wie er aus der Zeit vor der Weltwirtschaftskrise bekannt war, zu verhindern. Entsprechend leicht viel es den Thrift Institutions, an Einlagen zu kommen und ein Zinsänderungsrisiko schien vernachlässigbar. Als Mitte der 60er Jahre die Phase niedriger Zinsen zu Ende ging, wurde die Regulation Q 1966 auch auf die Thrifts ausgedehnt.[7] Dadurch verloren sie bei den Sparern an Attraktivität und es kam zu Engpässen bei der Hypothekarkreditvergabe.

Anfang der 80er Jahre waren drei Entwicklungen zu beobachten, die im Zusammenspiel zur amerikanischen Bankenkrise – respektive zur Thrift Crisis – führten, die Schwächen des Hypothekarkreditmarktes in seiner damaligen Form offenbarten und diesen zum Einsturz brachten. Die Fed, unter Leitung von Paul Volcker, richtete ihre Strategie in den Jahren 1979 bis 1982 auf das Erreichen eines Geldmengenziels aus und lies die Zinsen mehr oder weniger frei floaten. Da die Inflationsrate im Jahre 1980 einen Wert von 13,5% erreicht hatte, musste sie gleichzeitig eine restriktive Geldpolitik durchsetzen. Die Federal Funds Rate der Fed lag deshalb zeitweise über 19%. Gleichzeitig explodierten die Kapitalmarktzinsen und mit ihnen auch die Hypothekenzinsen. Flankiert wurde diese nationale Entwicklung von der internationalen Schuldenkrise, die im Jahre 1982 mit der Zahlungsunfähigkeit Mexikos ihren Höhepunkt fand. Der *Depository Institutions Deregulation and Monetary Control Act* von 1980 hob die Regulation Q auf und forcierte dadurch den Wettbewerb der Institute nach Kapital.

Die Thrifts, die ihre langfristigen Ausleihungen mit kurzfristigen Depositen finanziert hatten, waren nun gezwungen, bei ihren Einlagezinssätzen mit den hohen Kapitalmarktzinssätzen zu konkurrieren. Ihr Zinsspread wurde negativ, allmählich wurden die ersten Thrifts zahlungsunfähig, und es setzte ein Run auf

---

[7] Die Fed verfolgte eine restriktive Geldpolitik, um der damals anziehenden Inflation zu begegnen.

die Einlagen ein. In den Jahren 1986 bis 1992 brach das System zusammen. Die zuständigen Aufsichtsbehörden[8] schlossen in dieser Zeit 1.043 Institute mit einem Assetvolumen von über 500 Mrd. US-Dollar. Weitere 546 gingen in Zusammenschlüssen auf, so dass sich die Zahl der Thrifts bis zum Ende dieser Periode auf 1.645 halbiert hatte.[9] Die Konsolidierungswelle hat sich bis heute fortgesetzt. Mitte 2002 existierten nur noch 1.003 Institute. Dieser Selektionsprozess hat in Kombination mit einer neu gestalteten Aufsicht dazu geführt, dass die verbleibenden Institute über eine sehr gute risikoadjustierte Kapitalausstattung verfügen.

Abbildung 1: Hypothekarkreditvergabe zur Finanzierung von Wohnimmobilien nach Institutsgruppen vor der Thrift Crisis

(1980: 134 Mrd. US-Dollar)

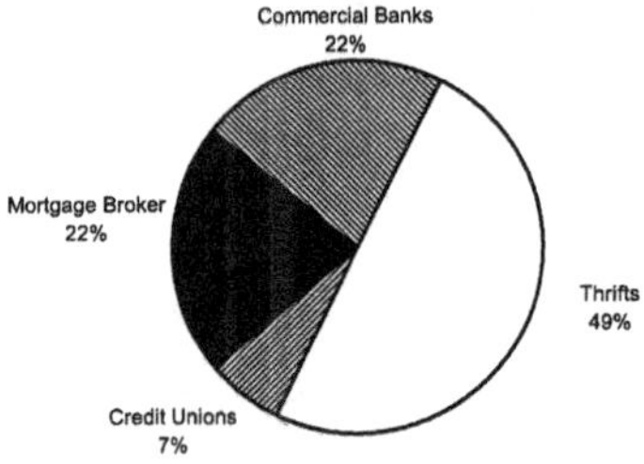

Quelle: Department of Housing and Urban Development Survey of Mortgage Lending Activity.

Abbildung 1 veranschaulicht die Marktanteile der unterschiedlichen Institutsgruppen bei der Vergabe von Hypothekarkrediten vor der Bankenkrise. Im Vergleich zu den hohen Marktanteilen Mitte der 70er Jahre, büßten die Thrifts zwar an Bedeutung ein, dominierten den Primärmarkt mit einem Anteil von 49% aber weiterhin deutlich. Commercial Banks und Mortgage Broker hatten jeweils An-

8 Federal Savings Loan Insurance Corporation (FSLIC) und Resolution Trust Corporation (RTC).

9 Vgl. Curry, Timothy/Shibut, Lynn , 2000, S. 5 f.

teile von 22%, wobei letztere ein noch recht junges Phänomen darstellten, welches erst mit der Etablierung eines funktionstüchtigen Sekundärmarktes in Erscheinung treten konnte. Die verbleibenden 7% waren den genossenschaftlich organisierten Credit Unions zuzurechnen.

Abbildung 2: Hypothekarkreditvergabe zur Finanzierung von Wohnimmobilien nach Institutsgruppen nach der Thrift Crisis

(1997: 834 Mrd. US-Dollar)

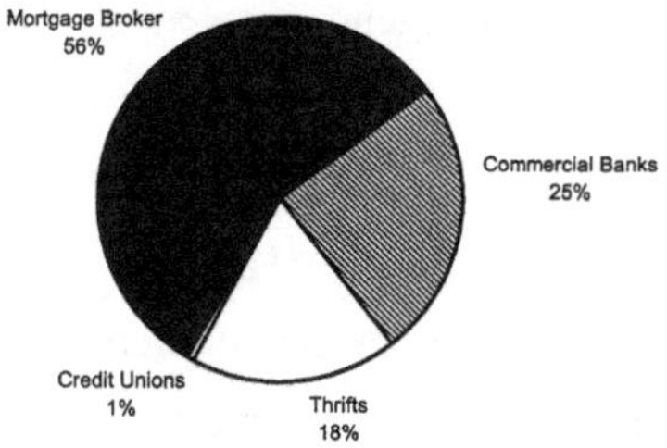

Quelle: Department of Housing and Urban Development Survey of Mortgage Lending Activity.

Abbildung 2 zeigt einen Querschnitt durch den Primärmarkt für Hypothekarkredite, wie er sich einige Jahre nach dem Ende der Krise präsentierte. Auffällig ist, dass die Gruppe der Mortgage Broker vom Bedeutungsverlust der Thrift Institutions am stärksten profitierte. Sie repräsentierten nun einen Marktanteil von 56%. Die Credit Unions dagegen wurden quasi bedeutungslos.

2.1.2 Grundlegende Weichenstellungen

Die strukturellen Probleme des Primärmarktes für Hypothekarkredite zur Zeit vor und während der Weltwirtschaftskrise sollten mit Hilfe staatlicher Interventionen beseitigt werden. Dabei standen drei Ziele, deren Umsetzung das Fundament für den Erfolg des amerikanischen Wohnungsfinanzierungssystems bildete, im Vordergrund.

Erstens sollte die Attraktivität von Hypothekarkrediten für Investoren gesteigert werden. Zu diesem Zweck wurde über die 1934 gegründete staatliche Federal Housing Administration (FHA)[10] eine Umverteilung der Kreditrisiken initiiert. Hauptaufgabe der FHA ist bis heute die Versicherung von Hypothekarkrediten zur Finanzierung von Ein- bis Vierfamilienhäusern[11], um Investoren bei Zahlungsunfähigkeit eines Schuldners vor Verlusten zu bewahren, falls die Verwertung der Sicherheit nicht den erforderlichen Betrag erbringt.

Zweitens begann die FHA im Zuge ihrer Versicherungstätigkeit damit, Darlehenstandards einzuführen, deren Einhaltung für das Zustandekommen eines Versicherungsverhältnisses zwingend notwendig waren. Sie bewirkte somit, dass der ursprünglich sehr heterogene Primärmarkt allmählich einheitlicher und damit übersichtlicher wurde. Als Standard setzte sich die Annuitätenhypothek mit 30-jähriger Laufzeit und Festzinszusage durch.

Drittens sollte die geringe und zudem starken Schwankungen unterworfene Liquidität im Primärmarkt durch die Entfaltung staatlicher Nachfrage verbessert werden. Hinter diesem staatlichen Engagement verbarg sich im Grunde eine weitere Risikoumverteilung: Zusätzlich zum Kreditrisiko absorbierte der Staat somit auch das Zinsrisiko der betreffenden Hypothekarkredite. Einen solchen Markt versuchte die FHA 1938 zu etablieren, indem sie die Federal National Mortgage Association (Fannie Mae) gründete. Fannie Mae's Aufgabe war es, staatlich garantierte Hypothekarkredite aufzukaufen, um so Liquidität für den Primärmarkt zur Verfügung zu stellen. Ihre Finanzierung erfolgte am Kapitalmarkt über die Emission von Schuldverschreibungen. Trotz dieser Bemühungen, war man bis Anfang der 70er Jahre weit davon entfernt, die hochgesteckten Ziele zu erreichen. Als Mitte der 60er Jahre die Niedrigzinsphase der Nachkriegszeit zu Ende ging und die Thrifts aufgrund der Regulation Q bei den Sparern an Attraktivität verloren, konnte Fannie Mae den aufkommenden Engpass bei der

---

[10] Die FHA wurde im Jahre 1965 mit dem Department of Housing and Urban Development (HUD) vereinigt.

[11] Man bezeichnet diese Hypothekarkreditklasse etwas missverständlich als Single Family Mortgages. Dementsprechend werden Multy Family Mortgages zur Finanzierung von Fünf- und Mehrfamilienhäusern verwendet.

Hypothekarkreditversorgung nicht verhindern, weil der Primärmarkt, der von den Thrifts dominiert wurde, immer noch vom Einlagengeschäft abhängig war. Fannie Mae's Unvermögen wurde zum Anlass genommen, mit der Government National Mortgage Association (Ginnie Mae) und der Federal Home Loan Mortgage Corporation (Freddie Mac) zwei weitere Institutionen zu schaffen. Die von Ginnie Mae im Jahre 1970 eingeführte Finanzinnovation der Mortgage-Backed Securities (MBS) sollte sich zur Keimzelle eines funktionstüchtigen Sekundärmarkts entwickeln.

2.2 Etablierung eines Sekundärmarktes für Hypothekarkredite

2.2.1 Zum Begriff der Government-Sponsored Enterprise

Die amerikanische Regierung bedient sich zur Realisierung bestimmter gesellschaftspolitischer Zielsetzungen einer Reihe von Unternehmungen, die im Zeitablauf vom Kongress geschaffen wurden, sich aber in privater Hand befinden. Ihre Aufgabe ist es, über die Kanalisierung privater Investitionen einen stetigen Kapitalfluss an bestimmte nationale Schuldnergruppen zu gewährleisten. In der akademischen Diskussion hat sich für diese einander sehr ähnlichen Unternehmen die Bezeichnung „Government-Sponsored Enterprises“ (GSEs) herausgebildet.[12]

Eine Legaldefinition dieses Begriffs findet sich in 2 U.S.C 622(8):[13]

> *"The term "government-sponsored enterprise" means a corporate entity created by law of the United States, that has a Federal charter au-*

---

[12] Unter der Bezeichnung „Government-Sponsored Enterprise“ werden derzeit folgende Unternehmen subsumiert: Federal National Mortgage Association (Fannie Mae), Federal Home Loan Mortgage Corporation (Freddie Mac), Federal Home Loan Bank System (FHLBS), Federal Agricultural Mortgage Corporation (Farmer Mac), Farm Credit System (FCS) und Student Loan Marketing Association (Sallie Mae).
Bei Sallie Mae wurde in 1997 ein Transformationsprozess mit dem Ziel der vollständigen Privatisierung in Gang gesetzt, der Ende 2008 abgeschlossen sein soll. Vgl. hierzu ausführlicher Corder, Kevin/Hoffman, Susan, 2001.

[13] Im United States Code (U.S.C.) findet unter Federführung des Office of the Law Revision Counsel of the U.S. House of Representatives eine Konsolidierung und Kodifizierung aller US-amerikanischen Gesetze statt.

thorized by law; is privately owned [...]; is under the direction of a board of directors [...]; is a financial institution with the power to make loans or loan guarantees for limited purposes such as to provide credit for specific borrowers or one sector; and raise funds by borrowing (which does not carry the full faith and credit of the Federal Government) or to guarantee the debt of others in unlimited amounts; and does not exercise powers that are reserved to the Government as sovereign [...]; [and] does not have the power to commit the Government financially (but it may be a recipient of a loan guarantee commitment made by the Government) [...].“ [14]

Moe und Stanton definieren, dass:

> *“[...] a government-sponsored enterprise is a privately owned, federally chartered financial institution with nationwide scope and limited lending powers that benefits from an implicit federal guarantee to enhance its ability to borrow money.”* [15]

Das Congressional Budget Office charakterisiert GSEs als:

> *“[...] an unusual amalgam of two familiar institutions: federal agency and private corporation.”* [16]

Diese Definitionen sprechen vor allem die strukturellen Gemeinsamkeiten der GSEs an: Erstens handelt es sich bei ihnen um in Privatbesitz befindliche Aktiengesellschaften. Einige davon sind börsennotiert, bei anderen sind nur bestimmte Institutionen als Anteilseigner zugelassen. Die Mehrheit der Mitglieder ihrer Direktorien wird von den Aktionären gewählt.[17] Sie wurden zweitens vom Kongress geschaffen, um die Realisierung öffentlicher Ziele in den Bereichen Landwirtschaft, Bildungs- und Wohnungspolitik voranzutreiben. Die GSEs operieren folglich in einem Spannungsfeld aus privaten und öffentlichen Interessen.

---

14 2 U.S.C. 622(8).

15 Moe, Ronald C./Stanton, Thomas H., 1989, S. 321.

16 Congress of the United States Congressional Budget Office, 1996, S. IX.

17 Der Rest wird vom Präsidenten der USA ernannt.

Einerseits muss ihre Geschäftstätigkeit eine angemessene Verzinsung des privaten Kapitals gewährleisten, andererseits haben sie einen öffentlichen Auftrag zu erfüllen. Die dritte Gemeinsamkeit ist die Tatsache, dass ihre Geschäftsfelder dahingehend eingeschränkt sind, dass jeweils nur bestimmte Aktiva (Darlehen an Landwirte, Ausbildungs- und Hypothekarkredite) erworben oder versichert werden dürfen.[18] Viertens zeichnen sich die GSEs durch die Tatsache aus, dass hinter ihrer Fähigkeit, sich zu finanzieren oder Garantien auszusprechen implizit die amerikanische Regierung steht.

2.2.2 Schaffung von Fannie Mae

Am 27. Juni 1934 wurde der *National Housing Act* als Teil eines Maßnahmenpaketes verabschiedet, das die Folgen der Weltwirtschaftskrise abfedern sollte. Das Gesetz sah im Kern die Gründung der Federal Housing Administration (FHA) vor. Zu ihrer Hauptaufgabe wurde in Abschnitt II dieses Gesetzes die Versicherung von Hypothekendarlehen privater Institutionen gemacht.

Abschnitt III versetzte die FHA in die Lage, private – aber unter ihrer Aufsicht stehende – nationale Hypothekengesellschaften zu schaffen, deren Aufgabe der An- und Verkauf von Darlehen sein sollte, die durch die FHA nach Abschnitt II versichert waren.

Das einzige jemals nach Abschnitt III gebildete Unternehmen war die National Mortgage Association of Washington, deren Gründung am 10. Februar 1938 er-

---

[18] Im Fall von Fannie Mae und Freddie Mac besteht diese Einschränkung darin, dass nur Hypothekarkredite, die mit selbstgenutzten Ein- bis Vierfamilienhäusern besichert sind und eine bestimmte Höhe (Conforming Loan Limit) nicht übersteigen, gekauft oder verbrieft (und damit versichert) werden dürfen (Single-Family Financing). Anmerkung: Fannie Mae und Freddie Mac können seit einiger Zeit auch Multi-Family Mortgages zur Finanzierung von Mietobjekten erwerben oder verbriefen. Dieser Geschäftsbereich ist allerdings im Vergleich zum Single-Family Bereich unbedeutend. Zum Vergleich: Fannie Mae war Ende 2001 im Umfang von 707 Mrd. US-Dollar in Hypothekarkredite investiert und garantierte weitere 859 Mrd. US-Dollar an ausstehenden MBS. Davon entfielen lediglich 2,9% bzw. 2,7% auf Multi-Family Darlehen. Freddie Mac war Ende 2001 im Umfang von 492 Mrd. US-Dollar in Hypothekarkredite investiert und garantierte weitere 646 Mrd. US-Dollar an ausstehenden MBS. Davon entfielen 4,8% bzw. 0,6% auf Multi-Family Darlehen.

folgte. Sie wurde noch im selben Jahr umbenannt und erhielt den Namen Federal National Mortgage Association (Fannie Mae).[19] Nach dem Zweiten Weltkrieg wurde Fannie Mae's Aufgabengebiet um den Ankauf von Hypothekarkrediten erweitert, die von der Veterans Administration (VA) und dem Rural Housing Service (RHS) garantiert wurden.

Am 2. August 1954 wurde Abschnitt III des *National Housing Acts* dahingehend überarbeitet, dass es möglich wurde, Fannie Mae zu einem halbstaatlichen Unternehmen umzuformen.[20] Abschnitt III sollte von nun an den Namen *Federal National Mortgage Association Charter Act (Fannie Mae Charter Act)* tragen.[21]

Nachträge zum *Fannie Mae Charter Act* führten dazu, dass Fannie Mae am 1. September 1968 in zwei Institutionen aufgespalten wurde. Eine davon war die Government National Mortgage Association (Ginnie Mae), die andere behielt den Namen Federal National Mortgage Association (Fannie Mae). Ginnie Mae wurde als staatliche Institution im Department of Housing and Urban Development angesiedelt. Sie sollte für das Marktsegment der staatlich garantierten Single-Family Mortgages zuständig sein. Fannie Mae als privates, aber der Regulierung durch das Department of Housing and Urban Development (HUD)[22] unterworfenes Unternehmen sollte den Markt für konventionelle Darlehen und dort wiederum das Segment der Single-Family Conforming Conventional Mortgages betreuen.[23] Die Umwandlung zur neuen Fannie Mae als Government-Sponsored Enterprise war Ende 1970 abgeschlossen.

Die derzeit gültige Fassung des *Fannie Mae Charter Acts* formuliert seit den Ergänzungen im Rahmen des *Federal Housing Enterprises Financial Safety and Soundness Acts (FHEFSSA)* vom 28. Oktober 1992 für das Unternehmen folgende öffentliche Aufträge:[24]

---

19 Vgl. 12 U.S.C. 1717, (a), (1).
20 Die Vorzugsaktien wurden von der Regierung und die Stammaktien vom privaten Sektor gehalten.
21 Vgl. 12 U.S.C 1723, (d).
22 Die FHA wurde im Jahr 1965 mit dem HUD vereinigt. Am 1. September 1968 wurde auch die Aufsicht über Fannie Mae an das HUD übertragen.
23 Vgl. 12 U.S.C. 1717, (a), (2), (A) und (B).
24 12 U.S.C 1716, (1) bis (4).

(1) "to provide stability in the secondary market for residential mortgages;"

(2) "to respond appropriately to the private capital market;"

(3) "to provide ongoing assistance to the secondary market for residential mortgages (including activities relating to mortgages on housing for low- and moderate-income families involving a reasonable economic return that may be less than the return earned on other activities) by increasing the liquidity of mortgage investments and improving the distribution of investment capital available for residential mortgage financing;" [and]

(4) "to promote access to mortgage credit throughout the Nation (including central cities, rural areas, and underserved areas) by increasing the liquidity of mortgage investments and improving the distribution of investment capital available for residential mortgage financing."

2.2.3 Schaffung von Freddie Mac

Am 24. Juli 1970 wurde der *Federal Home Loan Mortgage Corporation Act (Freddie Mac Act)* verabschiedet, der die Gründung von Freddie Mac zur Folge hatte.[25] Das Unternehmen befand sich zunächst in Besitz des Federal Home Loan Bank Systems (FHLBS) und sollte als Sekundärmarkt für Hypothekarkredite, die von den FHLBS-Mitgliedern generiert wurden, dienen. Im Zuge des *Financial Institutions Reform, Recovery and Enforcement Acts (FIRREA)* vom 9. August 1989 wurde Freddie Mac privatisiert und als Government-Sponsored Enterprise wie Fannie Mae unter die Aufsicht des Department of Housing and Urban Development (HUD) gestellt.[26]

---

25 Vgl. 12 U.S.C. 1452, (a), (1).

26 Bis zu diesem Zeitpunkt erfolgte die Aufsicht durch das Federal Home Loan Bank Board (FHLBB), das im Zuge von FIRREEA in das Federal Housing Finance Board (FHFB) und das Office of Thrift Supervision (OTS) aufgespalten wurde.

Die aktuelle Version des *Freddie Mac Acts* definiert seit den Ergänzungen im Rahmen des *Federal Housing Enterprises Financial Safety and Soundness Acts (FHEFSSA)* vom 28. Oktober 1992 für das Unternehmen dieselben öffentlichen Aufträge wie für Fannie Mae.[27] Spätestens zu dieser Zeit wurde aus den beiden Geschwistern ein Zwillingspaar, das bis heute den Markt für Single-Family Conforming Conventional Mortgages dominiert.

2.2.4 Abgrenzung gegenüber dem Federal Home Loan Bank System

Mit dem Federal Home Loan Bank System (FHLBS) existiert neben Fannie Mae und Freddie Mac eine dritte Government-Sponsored Enterprise, die aufgrund ihres staatlichen Auftrags dem System der amerikanischen Immobilienfinanzierung zugeordnet werden kann.[28]

Das FHLBS wurde vom Kongress 1932 mit der Aufgabe gegründet, die im Zuge der großen Depression entstandenen Liquiditätsengpässe am Primärmarkt für Hypothekarkredite zu beseitigen. Es besteht aus zwölf einzelnen Federal Home Loan Banks[29] und ist genossenschaftlich organisiert. Bei den knapp 8.000 Mitgliedern handelt es sich um Sparkassen, Geschäftsbanken, Versicherungen, Kreditgenossenschaften und vor allem Thrifts. Die Aufsicht über das FHLBS obliegt dem Federal Housing Finance Board (FHFB)[30].

Das FHLBS vergibt über die lokalen Federal Home Loan Banks zinsgünstige kurz- und langfristige Darlehen[31] an seine Mitglieder, welche diese wiederum

---

27 Vgl. 12 U.S.C. 1451, (1) bis (4).

28 Dieser Sachverhalt trifft ebenfalls zu auf die Federal Agricultural Mortgage Corporation (Farmer Mac). Aufgrund ihrer geringen Größe, ist sie aber im Vergleich zu Fannie Mae, Freddie Mac und dem FHLBS nur von marginaler Bedeutung.
Nachrichtlich zu den verbleibenden GSEs: Das Farm Credit System (FCS) vergibt Investitionsdarlehen an Landwirte und Landmaschinenbauer. Die Student Loan Marketing Association (Sallie Mae) vergibt Ausbildungskredite. Vgl. hierzu ausführlicher Carnell, Richard S., 2001, S. 6 f.

29 Diese sind folgenden Bezirken zugeordnet: Boston, New York, Pittsburgh, Atlanta, Cincinnati, Indianapolis, Chicago, Des Moines, Dallas, Topeka, San Francisco, Seattle.

30 Das Federal Housing Finance Board (FHFB) ist 1989 aus dem Federal Home Loan Bank Board (FHLBB) hervorgegangen.

31 Das Darlehensvolumen, das ein einzelnes Mitglied erhalten kann, richtet sich nach seiner Bonität und dem Umfang der Sicherheiten, die es beim FHLBS hinterlegen kann. Als Kol-

zur Vergabe von Hypothekendarlehen nutzen. Das FHLBS finanziert sich hauptsächlich über die Emission von Schuldverschreibungen an den internationalen Kapitalmärkten.[32]

Der Unterschied zwischen dem FHLBS und Fannie Mae bzw. Freddie Mac besteht zusammenfassend darin, dass das FHLBS keinen Sekundärmarkt für Hypothekarkredite im Sinne von Fannie Mae und Freddie Mac darstellt, sondern seinen Mitgliedern ausschließlich als Spitzeninstitut und Finanzierungsvehikel dient, damit diese Hypothekarkredite generieren und als Investments halten können.

2.2.5 Abgrenzung gegenüber Ginnie Mae

Eine Auseinandersetzung mit dem amerikanischen System der Wohnungsfinanzierung im Allgemeinen und dem Sekundärmarkt für Hypothekarkredite im Speziellen, muss neben Fannie Mae und Freddie Mac auch Ginnie Mae miteinbeziehen. Aufgrund der Tatsache, dass diese drei Giganten über historische Bande verfügen und den Markt für MBS dominieren bzw. fast ausschließlich repräsentieren, wird es im weiteren Verlauf dieser Arbeit notwendig sein, sie dort wo Berührungspunkte und Überschneidungen existieren, in einem Atemzug zu erwähnen. Dennoch sei immer wieder auch auf die großen Unterschiede hingewiesen.

Ginnie Mae ist als Teil der Federal Housing Administration (FHA), die wiederum dem Department of Housing and Urban Development (HUD) untersteht, eine staatliche Institution mit dem Status einer US-Agency und muss entsprechend im Bundeshaushalt konsolidiert werden. Fannie Mae und Freddie Mac dagegen

---

lateral kommen in Frage: Hypothekarkredite, U.S. Treasuries, Depositen bei der zuständigen Federal Home Loan Bank und Agency-MBS.

32 Ende 2001 ein summierten sich die ausstehenden Schuldverschreibungen des FHLBS auf 668 Mrd. US-Dollar, seine gesamten Verbindlichkeiten beliefen sich auf 725 Mrd. US-Dollar

Zum Vergleich: Fannie Mae und Freddie Mac hatten Ende 2001 Verbindlichkeiten im Umfang von 782 Mrd. US-Dollar bzw. 598 Mrd. US-Dollar und garantierten ihre (in Händen Dritter befindliche) MBS im Umfang von 859 Mrd. US-Dollar bzw. 646 Mrd. US-Dollar. Bem.: Diese Zahlen addieren sich zu 2,89 Billionen US-Dollar.

wurden zwar auf Initiative der amerikanischen Regierung gegründet, sind aber heute börsennotierte und in Privatbesitz befindliche Kapitalgesellschaften mit staatlichem Auftrag und GSE-Status. Ihre beiden Geschäftsfelder sind die Übernahme von Kreditrisiken bei von ihnen emittierten bzw. geswapten MBS und der Ankauf von Hypothekarkrediten. Ginnie Mae dagegen darf keine Hypothekarkredite kaufen. Sie stellt lizenzierten Primärmarktinstitutionen über GNMA I und GNMA II eine Verbriefungstechnologie zur Verfügung, tritt aber nicht als Emittentin von MBS auf. Stattdessen übernimmt sie die Kreditrisiken der solchermaßen generierten MBS.

Aufgrund der staatlich determinierten Marktsegmentierung[33] kommen als Darlehen für Ginnie Mae nur solche in Frage, die durch die staatlichen Programme der Federal Housing Administration (FHA), der Veterans Administration (VA) oder dem Rural Housing Service (RHS) versichert sind.[34] Fannie Mae und Freddie Mac hingegen bedienen den nicht-staatlichen und damit konventionellen Hypothekarkreditmarkt. Dort wiederum kommen für sie nur diejenigen Darlehen in Frage, die eine bestimmte Höhe nicht überschreiten, bei denen bestimmte Vergabestandards eingehalten wurden und deren Schuldner über eine gute Bonität verfügen. Im Segment dieser sogenannten Conforming Conventional Mortgages haben Fannie Mae und Freddie Mac aufgrund ihres Status als GSEs eine konkurrenzlose Marktposition. Der Rest des konventionellen Hypothekarkreditmarktes entfällt auf die Non-Conforming Conventional Mortgages, die von Fannie Mae und Freddie Mac weder gekauft noch verbrieft werden dürfen, weil

---

33 Vgl. Abbildung 7 und die damit zusammenhängenden Ausführungen in den Abschnitten 3.2 und 3.3, sowie den zusammenfassenden Überblick in Tabelle 1.

34 Darlehen, die beispielsweise von der Federal Housing Administration garantiert werden, sollen vor allem jungen Familien mit geringen Ersparnissen – aber für den Schuldendienst ausreichendem Einkommen – zu Wohneigentum verhelfen. Auf diese Weise ist es möglich, eine Immobilie mit einem Eigenkapitalanteil von lediglich 3% zu erwerben. Bei bestimmten Konstruktionen ist es sogar möglich, ohne Eigenkapital auszukommen und sogar die mit der Transaktion verbundenen Nebenkosten zu finanzieren. Die Darlehen weisen etwas höhere Zinsen auf und sind in ihrer Höhe beschränkt. Vgl. zur Bedeutung der FHA-Darlehen auch: Bipartisan Millennial Housing Commission, 2002, S. 13 und 115.

sie entweder zu groß (Jumbo-Mortgages) oder zu riskant (Subprime-Mortgages) sind.[35]

[35] Ende 2001 betrug das Volumen der ausstehenden Darlehen zur Finanzierung von Ein- bis Vierfamilienhäusern 5,74 Billionen US-Dollar. Auf die einzelnen Marktsegmente entfielen folgende Beträge:
- Staatlich garantierte Hypothekarkredite: 0,69 Billionen US-Dollar. Sie wurden fast ausschließlich über Ginnie Mae verbrieft,
- Konventionelle Hypothekarkredite: 5,06 Billionen US-Dollar. Davon entfielen auf:
  - Non-Conforming Mortgages: 0,75 Billionen US-Dollar,
  - Conforming Mortgages: 4,31 Billionen US-Dollar. Davon wurden 2,59 Billionen US-Dollar (60%) von Fannie Mae und Freddie Mac zu MBS verbrieft oder im eigenen Portfolio gehalten.

3. Funktionsweise des Hypothekarkreditmarktes: Das Zusammenspiel zwischen Primär- und Sekundärmarkt

3.1 Grundlagen des Primärmarktes

3.1.1 Kreditvergabeprozess

Der Prozess, potentielle Schuldner, deren Ziel es ist, eine Immobilie zu erwerben, mit potentiellen Gläubigern bzw. Investoren zusammenzubringen, besteht aus vielen Teilleistungen, wie z.B. Kreditwürdigkeitsprüfung, Risikoübernahme, Bereitstellung von kurzfristiger Liquidität, langfristige Finanzierung und Service.

Früher wurden diese Leistungen am Primärmarkt von den einlagenfinanzierten Commercial Banks, Credit Unions und vor allem Thrifts in gebündelter Form angeboten. Im Zuge von Disintermediation, Finanzinnovationen und technischem Fortschritt ist es heute dagegen möglich, jede einzelne Komponente dieses Prozesses von einem spezialisierten Marktteilnehmer zu erwerben.

Abbildung 3: Marktanteile der Institutsgruppen bei der Vergabe von Hypothekarkrediten zur Finanzierung von Wohnimmobilien

(1980-1997)

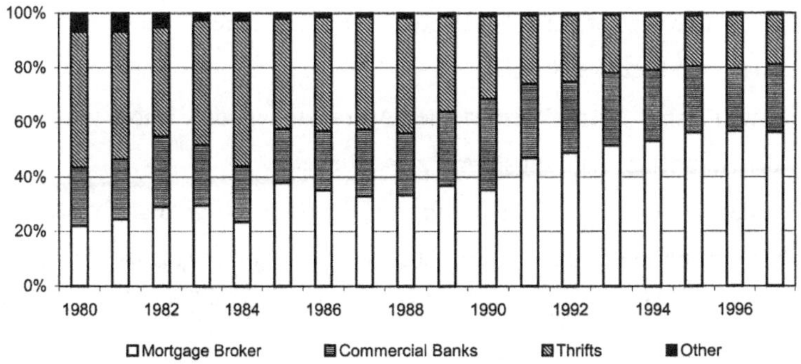

Quelle: Department of Housing and Urban Development Survey of Mortgage Lending Activity.

Die oben stehende Abbildung 3 zeigt, dass besonders die Gruppe der Mortgage Broker von diesen Entwicklungen und der Tatsache, dass der Aufbau eines funktionstüchtigen Sekundärmarktes von der Regierung stark gefördert wurde, profitiert hat. Anders als die Banken, haben die Mortgage Broker kein Interesse daran, in die Hypothekarkredite, die sie generiert haben, investiert zu bleiben. Das bedeutet, dass sie auf einen liquiden Sekundärmarkt angewiesen sind, wo sie ihre Mortgages verkaufen können. Kurzfristige Liquidität beziehen die Broker von Kreditlinien bei Geschäftsbanken.

Der für den Primärmarkt charakteristische Kreditvergabeprozess läuft in mehreren Schritten ab. Zunächst stellt der potentielle Hauskäufer einen Kreditantrag bei einem entsprechenden Institut. Dieser Antrag dient dazu, erste Auskünfte über den Kunden zu erhalten und setzt einen gebührenpflichtigen Kreditevaluierungsprozess in Gang, bei dem das beauftragte Institut mit Kreditauskunfteien, Immobiliensachverständigen, Grundbuchämtern, Notariaten, Versicherungen und dem Antragsteller selbst zusammenarbeitet. Ziel ist es, Klarheit über die folgenden Kreditvergabekriterien zu erhalten:[36]

- Kann der Kunde die aus dem Immobilienerwerb resultierenden Kosten mit seinem Einkommen finanzieren? Dabei werden Zins- und Tilgungsverpflichtungen, Grundsteuern, Prämien auf eine eventuell abgeschlossene Lebensversicherung (Credit Life), die im Todesfall den Schuldendienst für die Nachkommen übernimmt, und Verpflichtungen aus bereits bestehenden Kreditverhältnissen berücksichtigt.
- Wie stellt sich die Kredithistorie des Antragstellers dar. Dabei wird versucht, auf die zukünftige Zahlungsmoral zu schließen.
- Wird der Wert der zur Besicherung des Hypothekarkredits eingesetzten Immobilie im Falle der Zahlungsunfähigkeit des Schuldners ausreichen, um die Forderungen des kreditgebenden Instituts zu befriedeigen? Hierzu muss der

---

[36] Für weitere Ausführungen zum Kreditvergabeprozess und den damit verbundenen Risiken sei zum Beispiel verwiesen auf: Fabozzi, Frank J./Modigliani, Franco, 1992, S. 39-60; Hu, Joseph C., 2001, S. 9 f; Fabozzi, Frank J. et al., 1994, S. 15 f; Hayre, Lakhbir, 2001, S. 207-219; Passmore, Wayne/Sparks, Roger, 1997, S. 3-7.

Antragsteller ein Wertgutachten von einem zertifizierten Sachverständigen vorlegen und es wird darauf geachtet, dass der darin ermittelte Wert signifikant über der gewünschten Darlehenshöhe liegt.

- Wie hoch ist der Eigenkapitalanteil des Kunden, den er als sogenanntes Downpayment beim Kauf der Immobilie einsetzen kann? Mit dieser Information wird das Loan-to-Value Ratio (LTV) ermittelt. Üblicherweise liegt es zwischen 80% und 90%. Bei bestimmten Finanzierungskonstruktionen sind sogar 125% möglich.

Auf Grundlage der gewonnenen Informationen, fällt das Institut die Entscheidung, ob und zu welchen Konditionen ein Darlehen gewährt werden kann. Ist der Kunde einverstanden, so werden ihm die angebotenen Konditionen, gegen Bezahlung einer Bereitstellungsgebühr, über einen Zeitraum von 30 bis maximal 60 Tagen garantiert. Übt der Kunde seine Option auf die Inanspruchnahme des Darlehens dann tatsächlich innerhalb dieses Zeitraums aus, so wird die eigentliche Darlehensgebühr fällig.

3.1.2 Unterschiedliche Hypothekarkreditformen

Es wurde bereits erwähnt, dass die klassische Annuitätenhypothek mit 30-jähriger Laufzeit und Festzinszusage – die *Fixed-Rate Mortgage (FRM)* – nach der Weltwirtschaftskrise unter dem Einfluss der FHA entstand und die bis dato vorherrschenden Balloon Mortgages verdrängte. Die Neuerung bestand darin, dass während der Darlehenslaufzeit nicht nur Zins-, sondern auch Tilgungszahlungen erfolgten.

Der Schuldner zahlt hierbei für Zins und Tilgung eine bis zur vollständigen Schuldentilgung gleichbleibende Rate (Annuität), die monatlich fällig wird. Da die Zinsen stets nur aus dem noch nicht getilgten Restkapital zu berechnen sind, nimmt der Zinsanteil innerhalb der konstanten Annuität progressiv ab, während der Tilgungsanteil entsprechend zunimmt. Die unterschiedliche Zusammensetzung der Annuität im Zeitablauf stellt die nachfolgende Abbildung 4 dar.

Abbildung 4: Monatliche Zins- und Tilgungszahlungen bei einer Festzinshypothek
(9,5%; 100.000 US-Dollar; Laufzeit 30 Jahre; Annuität 841 US-Dollar)

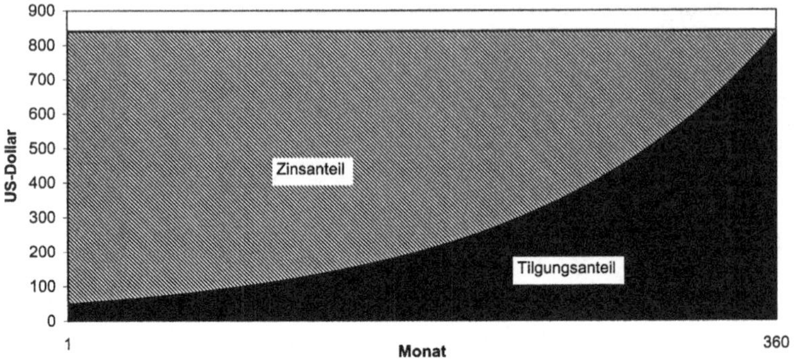

Quelle: Eigene Berechnungen.

Das betrachtete Darlehen beträgt 100.000 US-Dollar und soll über eine Laufzeit von 360 Monaten getilgt werden. Bei einem Zinssatz von 9,5% errechnet sich eine monatliche Annuität von 841 US-Dollar. Der im Zeitablauf progressiv zunehmende Tilgungsanteil führt zu dem in Abbildung 5 dargestellten Amortisationsverlauf. Kennzeichen der Annuitätenhypothek ist, dass die letzte vom Schuldner zu zahlende Rate ausreicht, um Zins und Restschuld zu begleichen.

Abbildung 5: Amortisation einer Festzinshypothek
(9,5%; 100.000 US-Dollar; Laufzeit 30 Jahre; Annuität 841 US-Dollar)

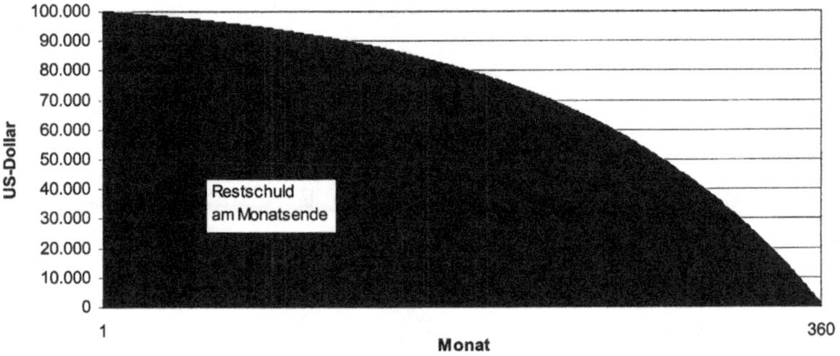

Quelle: Eigene Berechnungen.

Als die Problematik der fristeninkongruenten Refinanzierung dieser langlaufenden Darlehen mit der Zunahme der Zinsvolatilität Ende der 70er Jahre zu Tage trat, kamen auch Festzinshypotheken mit kürzeren Laufzeiten von 10, 15 oder 20 Jahren auf den Markt.

Die in den Abbildungen 4 und 5 am Beispiel einer Festzinshypothek dargestellten Verläufe von Zins, Tilgung und Restschuld unterstellen, dass der Schuldner sich exakt an den vorgegebenen Tilgungsplan hält und nicht etwa einen Teil seines ausstehenden Darlehens vor dem dafür vorgesehenen Termin zurückzahlt. Amerikanische Schuldner haben jedoch das Recht, ihre Mortgages jederzeit teilweise oder ganz zurückzubezahlen. Der Darlehensvertrag beinhaltet folglich eine implizite Call-Option für den Schuldner. Für den Kreditgeber, der Stillhalter dieser Option ist, hat dies zur Konsequenz, dass er außerplanmäßige Tilgungszahlungen erhalten kann. Solche Zahlungen, die über die im Tilgungsplan vorgesehenen Beträge hinausgehen, werden Prepayments genannt. Die Call-Option wird demzufolge auch als Prepaymentoption bezeichnet.[37]

Macht der Schuldner von der Call-Option auf den Darlehensvertrag gebrauch und tilgt einen Teil des Darlehens vorzeitig, so erreicht er damit, dass sich seine Eigenkapitalposition in der Immobilie schneller aufbaut. Tilgt er dagegen das gesamte Darlehen, so handelt es sich in der Regel um eine Refinanzierung aufgrund gesunkener Zinsen. Solche Prepayments stellen den Kreditgeber vor die Problematik, dass die Zahlungsströme des Schuldners nur schwer zu prognostizieren sind. Tendenziell neigen Schuldner dann zu Prepayments, wenn der Hypothekenzins hinreichend unter das, ihrem Darlehensvertrag zugrunde liegende Niveau, gesunken ist. Für den Kreditgeber bedeutet dies, dass sein Kapital nicht nur schneller als erwartet an ihn zurückfließt, er steht außerdem vor der Problematik, es nur noch zu einem niedrigeren Zinssatz reinvestieren zu können.

Aus der Sicht des Kreditgebers existieren zwei weitere Prepaymentquellen: Verkauft der Schuldner sein Haus, so erlischt das Vertragsverhältnis und der noch ausstehende Darlehensbetrag muss zurückbezahlt werden. Wird der

[37] Vgl. LaCour-Little, Michael, 1999, S. 46.

Schuldner zahlungsunfähig, so wird die zur Besicherung eingesetzte Immobilie verwertet und die Erlöse fließen ebenfalls vorzeitig an den Kreditgeber zurück.

Prepayment-Protection Mortgages (PPM) sollen das Zinsrisiko des Kreditgebers reduzieren, indem sie außerplanmäßige Tilgungszahlungen zwar zulassen, dafür aber Gebühren verlangen. Der Schuldner verzichtet mehr oder weniger auf die Prepaymentoption, muss dafür aber auch keine Optionsprämie zahlen, was sich wiederum in niedrigeren Kreditzinsen widerspiegelt. In Phasen niedriger Hypothekenzinsen, wenn viele Schuldner die Gelegenheit zur Refinanzierung nutzen, rücken die PPMs regelmäßig wieder in das Blickfeld der Kreditgeber und Investoren. Da sie auf Schuldnerseite jedoch nicht sehr gefragt sind, ist ihr Anteil verschwindend gering.[38]

Die oben erwähnten Festzinshypotheken mit kürzeren Laufzeiten waren keine befriedigende Lösung für den Asset-Liability Mismatch, der bereits Ende der 70er Jahre zu ersten Krisenerscheinungen bei den Thrift Institutions geführt hatte. Aus diesem Grund eröffnete der Kongress dem Federal Home Loan Bank System und damit den Thrift Institutions im Jahre 1979 die Möglichkeit, variabel verzinsliche Hypothekarkredite – sogenannte *Adjustable-Rate Mortgages (ARMs)* – zu vergeben. Zuvor mussten jedoch Widerstände von Interessengruppen gebrochen werden, die vor dem Einsatz dieses Finanzierungsinstruments in einem Umfeld steigender Zinsen warnten. Noch im selben Jahr waren 40% aller neu generierten Darlehen variabel verzinslich, 1984 erreichte dieser Anteil, wie die nachfolgende Abbildung 6 zeigt, mit 61% sein Maximum. Durch das Sekundärmarktengagement von Ginnie Mae, Fannie Mae und Freddie Mac und wegen des höheren Risikos der ARMs (das durch zum Teil fahrlässige Vergabepraktiken der Thrifts noch verstärkt wurde) sank dieser Anteil während der 90er Jahre auf unter 25%.

Der Zinssatz einer ARM ist an einen Benchmarkindex gekoppelt. Am häufigsten verwendet werden hierfür der Eleventh District Cost of Funds Index, LIBOR (sechs Monate) und Constant Maturity Treasury (zwölf Monate). Schuldner

[38] Vgl. Cotton, James J./Mudry, Susan F.,1997, S. 12-14.

werden oftmals damit gelockt, dass in der Anfangsphase sehr niedrige Zinsen verlangt werden. Erfolgt dann die erste routinemäßige Zinsanpassung, so erlischt dieser Anfangszins und die Benchmark zuzüglich Spread, der in der Regel 150 bis 300 Basispunkte beträgt, wird relevant.[39] Zinsanpassungen erfolgen jährlich, halbjährlich und gelegentlich auch monatlich. Um die Schuldner während der 30-jährigen Darlehenslaufzeit vor Anpassungsschocks zu schützen, wurden Produkte mit den unterschiedlichsten Zins- und Zahlungscaps entwickelt.

Abbildung 6: Anteil variabel verzinslicher Hypothekarkredite an allen neu vergebenen Hypothekarkrediten zur Finanzierung von Wohnimmobilien

(1984-2002)

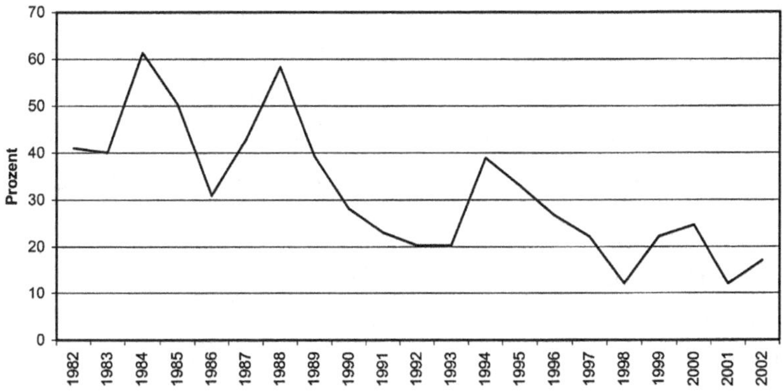

Quelle: Department of Housing and Urban Development; Fannie Mae; Federal Housing Finance Board.

Die *Hybrid ARM* ist ein Produkt, das die Eigenschaften einer Fixed-Rate Mortgage mit denen einer Adjustable-Rate Mortgage kombiniert. In den ersten Jahren handelt es sich dabei um eine Festzinshypothek, die den Schuldner vor eventuellen Zinsanstiegen schützen soll. Ab einem vorher fest vereinbarten Zeitpunkt wird der Zinssatz dann variabel.

[39] Vgl. Hu, Joseph C., 2001, S. 64 f.

Graduated Payment Mortgages (GPM) haben ebenfalls eine Laufzeit von 30 Jahren. Sie unterscheiden sich von einer klassischen Festzinshypothek dadurch, dass sie im ersten Jahr sehr niedrige Raten fordern, die im Verlauf einer vorher festgelegten Anpassungsperiode auf das Marktniveau angehoben werden. Ist dieses erreicht, dann handelt es sich bei der GPM um eine klassische Festzinshypothek. Mit diesem Typ soll der Immobilienerwerb auch in Hochzinsphasen erschwinglich gemacht werden. Allerdings kommt es in der Anpassungsphase aufgrund der niedrigen Raten zu negativer Amortisation.

Auch bei der *Growing Equity Mortgage (GEM)* sind die Raten am Anfang niedrig. Es wird aber darauf geachtet, dass der Tilgungsanteil positiv bleibt. Das besondere an diesem Produkt ist, dass die monatlichen Raten kontinuierlich bis zum Laufzeitende ansteigen und so, obwohl die erste Rate auf Grundlage einer 30-jährigen Laufzeit ermittelt wird, eine deutlich kürzere Laufzeit als 30 Jahre zustande kommt. Neben der Verkürzung der Duration, hat dies aus der Sicht des Kreditgebers den wünschenswerten Effekt, dass die Eigenkapitalposition des Schuldners schneller ansteigt, was zu einer signifikanten Reduktion des Kreditrisikos führt.

Dies ist auch die Intention der *Biweekly Mortgage*. Bei ihr bleibt allerdings die zu zahlende Rate konstant. Durch die Tatsache, dass jedoch nicht monatlich, sondern alle zwei Wochen gezahlt wird, verkürzt sich auch hier die Duration gegenüber einer klassischen 30-jährigen Festzinshypothek. Wie auch bei der Growing Equity Mortgage, schlägt sich dies in einem Zinsvorteil für den Schuldner nieder.

Balloon Mortgages wurden bereits als die Schwachstelle der Immobilienfinanzierung vor und während der Weltwirtschaftskrise identifiziert. Heute werden sie in etwas abgewandelter Form fast ausschließlich an besser Verdienende vergeben, die aus beruflichen Gründen häufig umziehen müssen. Dabei wird die vom Schuldner zu zahlende Annuität auf der Grundlage einer 30-jährigen Festzinshypothek errechnet. Das Darlehen selbst hat aber nur eine Laufzeit von fünf bis sieben Jahren. Der bei Fälligkeit noch ausstehende Restbetrag muss dann durch eine Balloon-Zahlung getilgt werden.

Bis zur Steuerreform des Jahres 1986 konnten Zinsen auf Konsumentenkredite bei der Ermittlung des zu versteuernden Einkommens angerechnet werden. Danach war dies nur noch bei Zinsen auf Hypothekendarlehen möglich. Dies steigerte die Nachfrage nach *Home Equity Loans (HELs)*, bei denen das in der Immobilie gebundene Eigenkapital über nachrangige Hypothekarkredite beliehen wurde, um teure Konsumschulden zu konsolidieren.[40] Auf diese Weise können bei Immobilien Loan-to-Value Ratios von bis zu 125% zustande kommen. Dienen HELs als Kollateral für Verbriefungen, so spricht man nicht von Mortgage-Backed Securities, sondern allgemein von Asset-Backed Securities. Das gilt auch für verbriefte Darlehen auf Mobile Homes oder Manufactured Housing.

3.2 Segmentierung des Hypothekarkreditmarktes

3.2.1 Laufende Betreuung von Hypothekarkrediten (Mortgage Servicing)

Bisher wurde der Primärmarkt anhand der kreditgebenden Institutionen beschrieben. Dabei handelt es sich um Mortgage Broker, Commercial Banks und Thrift Institutions. Sie bilden in der nachfolgenden Abbildung 7 (oberes Drittel) konsequenterweise auch dessen Zentrum. Um Kredite vergeben zu können, sind die Marktteilnehmer auf Liquidität angewiesen. Diese erhalten sie im einfachsten Fall über Depositen und das FHLBS oder aber durch den Verkauf bzw. die Verbriefung der Darlehen am Sekundärmarkt. Neben der Liquidität sind für den Primärmarkt zwei weitere wichtige Inputfaktoren erforderlich, die wiederum große Bedeutung für den Sekundärmarkt haben. Dabei handelt es sich um die laufende Betreuung (Mortgage Servicing) und die Versicherung (Mortgage Insurance) von Hypothekarkrediten.

---

[40] Vgl. Hu, Joseph C., 2001, S. 7.

Abbildung 7: Systematische Darstellung des Zusammenspiels von Primär- und Sekundärmarkt

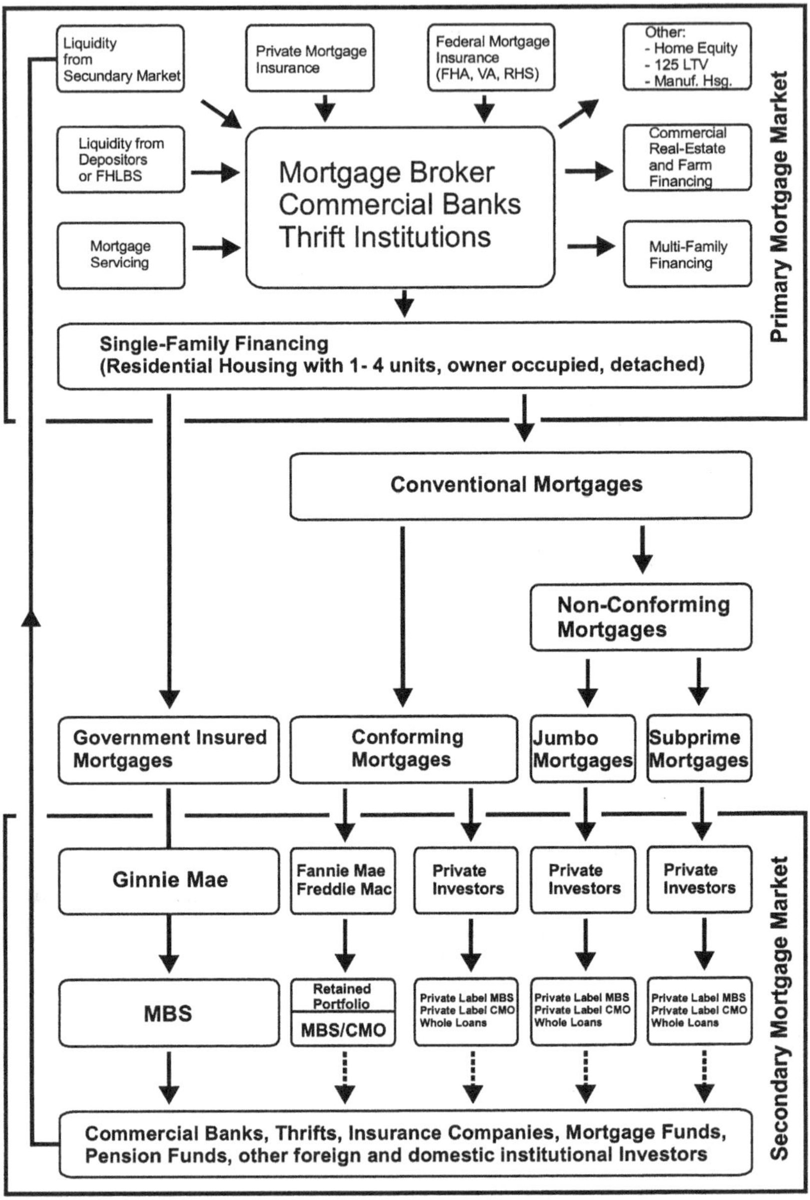

Quelle: Eigene Darstellung.

Das Mortgage Servicing ist ein begehrtes Kuppelprodukt, das immer dann entsteht, wenn ein neuer Hypothekarkredit generiert wird. Aufgrund der langen Laufzeit, der hohen Beträge, der enormen Risiken und der allgemeinen Komplexität, muss ein solches Schuldverhältnis intensiv betreut werden. Die Aufgaben des Servicers sind das Management und die Überwachung der monatlichen Zahlungen der Schuldner, der Versand von Zahlungsaufforderungen, die Betreuung des Mahnwesens, die Verwaltung von Darlehens- und Treuhandkonten[41] und die Einleitung und Durchführung von Zwangsversteigerungen. Während eines Zwangsvollstreckungsverfahrens ist der Servicer außerdem (ab dem Zeitpunkt der Feststellung der Zahlungsunfähigkeit) solange für die Instandhaltung der zur Besicherung eingesetzten Immobilie verantwortlich, bis diese verwertet ist.[42]

Auch für das Mortgage Servicing existiert ein Sekundärmarkt, so dass der Originator des Hypothekarkredits nicht gleichzeitig auch Servicer bleiben muss. Andererseits kann der ursprüngliche Kreditgeber, selbst wenn er das Darlehen am Sekundärmarkt verkauft, dennoch Servicer bleiben und dadurch den Kontakt zu seinen Kunden aufrecht erhalten. Dieser Fall tritt in der Regel dann ein, wenn der von ihm generierte Kredit zu einer MBS verbrieft wird. Dann erweitert sich die Liste seiner Aufgaben um das Weiterleiten der Zahlungseingänge an die MBS-Investoren und das Vorschießen solcher Zahlungen für den Fall, dass der Schuldner in Verzug gerät oder zahlungsunfähig wird.[43]

Als Servicer fungieren Tochtergesellschaften von Commercial Banks, Thrift Institutions und vor allem Mortgage Broker, denen sich so – zusätzlich zu den Gebühreneinnahmen im Zusammenhang mit der Darlehensvergabe – eine weitere Einkommensquelle erschließt:

- Für ihre Dienste erhalten sie eine Servicing-Fee,[44]
- ihnen stehen die Zinserträge der Treuhandkonten zu,

---

[41] Auf Treuhandkonten verwaltet der Servicer vorab vom Schuldner entrichtete Zahlungen für Grundsteuern und Versicherungsprämien, die dann bei Fälligkeit weitergeleitet werden.

[42] Vgl. Fitch IBCA, 1999, S. 2.

[43] Vgl. Hu, Joseph C., 2001, S. 11 f.

[44] Dabei handelt es sich um einen fixen Prozentsatz auf den ausstehenden Darlehensbetrag (in der Regel zwischen 30 und 45 Basispunkte).

- da die Zahlungen der Schuldner mit einem Vorlauf von bis zu 60 Tagen vor dem Weiterleitungsstichtag bei den Servicern eingehen,[45] können sie durch die Zwischenanlage dieses sogenannten Floats weitere Zinserträge realisieren und
- die Servicer können säumigen Schuldnern beachtliche Strafgebühren in Rechnung stellen.

Aufgrund ihrer zentralen Rolle in der Darlehensbeziehung, messen Rating Agenturen der Qualität und der Bonität eines an einer MBS-Struktur beteiligten Servicers eine herausragende Bedeutung bei.

3.2.2 Versicherung von Hypothekarkrediten (Mortgage Insurance)

Die Versicherung von Hypothekarkrediten ist ebenfalls ein wichtiger Inputfaktor am Primärmarkt. Sie hat entscheidenden Einfluss darauf, in welches Sekundärmarktsegment hinein ein Darlehen später veräußert werden kann. Die bereits erwähnte Lebensversicherung (Credit Life) hat hierauf noch keine direkte Auswirkung. Sie wird vom Schuldner freiwillig abgeschlossen, um die Familie im Todesfall abzusichern. Die eigentliche Mortgage Insurance wird in der Regel vom Kreditgeber verlangt, sobald das Loan-to-Value Ratio (LTV) größer als 80% ist. Damit soll potentiellen Schuldnern mit geringem Eigenkapitalanteil, aber für den Schuldendienst ausreichendem Einkommen, der Weg zum Eigenheim geebnet werden: Ein Teil des Kreditrisikos wird an eine dritte Institution übertragen.

Mortgage Insurance kann entweder durch ein privates Versicherungsunternehmen oder aber, falls sich der Schuldner qualifiziert, durch die staatlichen Institutionen Federal Housing Administration (FHA), Veterans Administration (VA) oder Rural Housing Service (RHS) bezogen werden.

---

[45] Bei verbrieften Darlehen (vgl. Absatz 3.4.2). Sind die Darlehen nicht verbrieft, so beträgt diese Zeitspanne nur wenige Tage.

Eine Versicherung durch die FHA ist für Familien mit geringen Ersparnissen gedacht. Gegen eine vom Schuldner zu entrichtende Prämie wird das Darlehen in voller Höhe durch die FHA versichert. Dabei unterliegt die Darlehenshöhe einer Begrenzung, die im Jahr 2002 bei 144.336 US-Dollar lag.[46]

Handelt es sich bei dem Schuldner um einen Kriegsveteranen, einen (ehemaligen) Angehörigen der Armee oder um einen Zivilisten im Dienste der Armee, so kann er sich für das Programm der VA qualifizieren. Die VA garantiert allerdings nur einen Teil des Darlehens, verlangt dafür aber auch keine Versicherungsprämie. Im Jahr 2002 lag dieser Anteil bei 60.000 US-Dollar und mehr als 29 Mio. Personen erfüllten grundsätzlich die Förderungsvoraussetzungen.[47]

Der RHS garantiert Hypothekarkredite, die durch Einfamilienhäuser in strukturschwachen ländlichen Gebieten besichert sind. Das Ausmaß seiner Aktivitäten ist allerdings vernachlässigbar gering.[48]

Zusammen garantierten die drei staatlichen Institutionen FHA, VA und RHS im Jahr 2001 15% aller ausstehenden Single-Family Mortgages.

Qualifiziert sich ein Schuldner für keines der drei staatlichen Programme und wünscht dennoch ein Darlehen mit einem LTV größer als 80%, so wird der Kreditgeber auf Primary Mortgage Insurance (PMI) bestehen. Dieses Marktsegment setzt sich zur Zeit aus sieben privaten Versicherungsunternehmen[49] zusammen,

---

[46] Dies ist der Standardfall für Einfamilienhäuser. Die tatsächliche Versicherungsgrenze ist jedoch abhängig von der jeweiligen Region, in der sich das Objekt befindet. Dabei wird zwischen 3.225 Gebieten differenziert. Für sogenannte High-Cost Areas erhöhte sich die Standardbegrenzung auf 261.609 US-Dollar bzw. für die Bundesstaaten Alaska, Guam, Hawaii und Virgin Islands sogar auf 392.413 US-Dollar. Darlehen für Vierfamilienhäuser wurden in diesen Staaten sogar bis zu einer Höhe von 754.485 US-Dollar garantiert. Seit ihrer Gründung im Jahr 1934 hat die FHA 30 Mio. Single-Family Mortgages und 38.000 Multi-Family Mortgages versichert; vgl. Bipartisan Millennial Housing Commission, 2002, S. 115 f.

[47] Seit ihrer Gründung im Jahr 1944 hat die VA 15,3 Mio. Single-Family Mortgages versichert; vgl. Bipartisan Millennial Housing Commission, 2002, S. 115 f.

[48] Seit seiner Gründung im Jahr 1949 hat der RHS 217.000 Single-Family Mortgages versichert; vgl. Bipartisan Millennial Housing Commission, 2002, S. 115 f.

[49] GE Mortgage Insurance Corp. (AAA), Mortgage Guaranty Insurance Corp. (AA+), PMI Mortgage Insurance Co. (AA+), Radian Guaranty Inc. (AA), Republic Mortgage Insurance Co. (AA), Triad Guaranty Insurance Corp. (AA), United Guaranty Corp (AAA). [In Klammern: Standard and Poor's Ratings vom Juni 2002].

die von den jeweiligen State Insurance Departments überwacht werden, und deren Geschäftstätigkeit auf die Versicherung von Hypothekarkrediten begrenzt sein muss. Daneben erfolgt eine indirekte Kontrolle durch Fannie Mae und Freddie Mac, da diese den Sekundärmarkt für konventionelle Hypothekarkredite dominieren und Mindeststandards für die PMI fordern, die es einzuhalten gilt, soll ein Darlehen durch sie erworben oder verbrieft werden. Damit sich eine Mortgage für den Ankauf durch die beiden GSEs qualifiziert, muss das Rating des Versicherers bei Standard and Poor's mindestens AA- und bei Moody's mindestens Aa3 betragen.[50]

Die PMI versichert gegen Verluste im Falle eines Schuldnerkonkurses. In der Regel werden auf diese Weise maximal 20% des Darlehensbetrages abgesichert wobei der geforderte Schutz mit zunehmendem LTV steigt.[51] Die Versicherungsprämien sind vom Schuldner zu entrichten. Ihre Höhe richtet sich nach dem Umfang des zu versichernden Darlehens. Die Wahl des Versicherers erfolgt durch den Kreditgeber, der auch der Begünstigte der Police ist. Der Kreditgeber ist beim versicherten Teil des Darlehens somit dem geringeren Risiko des privaten Versicherungsunternehmens ausgesetzt, beim nicht versicherten Teil wird das Risiko nach wie vor durch die Bonität des Schuldners determiniert. Allerdings erhöht sich jetzt die Wahrscheinlichkeit, dass die Verwertung des Kollaterals zur Deckung des nicht versicherten Teils ausreicht.

Neben der Versicherung individueller Hypothekarkredite bieten die privaten Versicherer auch den Schutz ganzer Pakete an. Diese Pool-Insurance wurde entwickelt, um Investoren vor Kreditrisiken bei MBS, die von privaten Institutionen emittiert werden, zu schützen. Sie springt ein, wenn nach Zahlung der staatlichen oder privaten Individualversicherungen und der Verwertung der Sicherheiten immer noch Verluste bestehen.

---

[50] Vgl. Moody's Investor Service, 1998, S. 5.

[51] Fabozzi, Frank J./Modigliani, Franco, 1992, S. 70.

3.3 Das Beziehungsgeflecht zwischen Primär- und Sekundärmarkt

Die Art der Versicherung, der Verwendungszweck und die Höhe des Darlehens sowie das Ergebnis der Kreditwürdigkeitsprüfung determinieren den Status der am Primärmarktinstitut generierten Hypothekarkredite. Das mittlere Drittel der oben stehenden Abbildung 7 listet die vier Kategorien auf, denen Single-Family Mortgages zugeordnet werden können. Das untere Drittel dieser Abbildung zeigt, wie diese Kredite vom Sekundärmarkt aufgenommen werden können.

Handelt es sich um vom Staat via FHA, VA oder RHS versicherte Darlehen, so werden diese als Government Insured Mortgages bezeichnet. Mehr als 80% der ausstehenden staatlich garantierten Darlehen wurden über die Plattformen GNMA I und GNMA II von Ginnie Mae zu MBS verbrieft, wobei Ginnie Mae nicht als Käufer dieser Mortgages auftritt, sondern nur als Überwachungs- und zusätzliche Garantieinstanz fungiert. Ginnie Mae garantiert den MBS-Investoren die ‚rechtzeitige und vollständige Zahlung von Zins und Tilgung'. Trifft das Merkmal der staatlichen Garantie auf ein Darlehen nicht zu, so wird es als Conventional Mortgage bezeichnet.

Wenn eine Conventional Mortgage den Standards von Fannie Mae und Freddie Mac entspricht, sie mithin von den beiden erworben oder verbrieft werden darf, wird sie als Conforming Conventional Mortgage bezeichnet. Hierfür müssen drei Kriterien erfüllt sein: Erstens muss die Kreditwürdigkeitsprüfung ergeben, dass die Bonität des Schuldners dem Prime-Segment zugeordnet werden kann; zweitens muss bei einem LTV größer als 80% Primary Mortgage Insurance eines adäquaten Versicherers vorliegen und drittens muss gelten, dass die Höhe des Darlehens einen vorgegebenen Maximalbetrag (Conforming Loan Limit) nicht übersteigt. Im Gegensatz zu Ginnie Mae, treten Fannie Mae und Freddie Mac als Käufer von Hypothekarkrediten auf. Ihr Anteil an den ausstehenden Conforming Conventional Mortgages lag im Jahr 2000 bei knapp 60%, der Anteil an der übergeordneten Gruppe der Conventional Mortgages betrug 51% und an allen Single-Family Mortgages 44%.

Einen Teil der angekauften Conforming Conventional Mortgages verbriefen Fannie Mae und Freddie Mac zu MBS und platzieren diese am Kapitalmarkt. Dabei garantieren sie den MBS-Investoren ebenfalls ‚rechtzeitige und vollständige Zahlung von Zins und Tilgung' und absorbieren somit das verbleibende Kreditrisiko. Der andere Teil der Conforming Conventional Mortgages wird in den eigenen Portfolios gehalten und über die Ausgabe von Schuldverschreibungen refinanziert. Fannie Mae und Freddie Mac übernehmen in diesem Fall neben dem Kreditrisiko auch noch das Zinsrisiko.

Derjenige Anteil an den Conforming Conventional Mortgages, der nicht von Fannie Mae und Freddie Mac gekauft wird, verbleibt entweder im Bestand der Originatoren oder wird an Private Investoren verkauft. Diese können sie als Investment halten, zu Paketen poolen und weiterverkaufen oder zu MBS verbriefen und am Kapitalmarkt platzieren.

Das gilt auch für das Marktsegment, das weder zur Verbriefung durch Ginnie Mae, noch zum Ankauf bzw. zur Verbriefung durch die beiden GSEs Fannie Mae und Freddie Mac geeignet ist. Es handelt sich dabei um Non-Conforming Conventional Mortgages. Diese Darlehen überschreiten entweder das Conforming Loan Limit der beiden GSEs, weshalb sie als Jumbo Mortgages bezeichnet werden, oder sie erreichen nicht die geforderte Schuldnerbonität, weshalb sie als Subprime Mortgages bezeichnet werden. Eine Schnittmenge zwischen diesen beiden existiert nicht, weil Jumbo Mortgages grundsätzlich nur an Schuldner mit sehr guter Bonität vergeben werden.

3.4 Agency-MBS als zentrales Element des Sekundärmarktes

3.4.1 Funktionsweise von Agency-MBS

Erwirbt ein Investor einen der in der nachfolgenden Abbildung 8 dargestellten Hypothekarkredite zu 100.000 US-Dollar, so kann er mit folgenden Cash-Flows rechnen:

- Zins,
- planmäßige Tilgung und
- Zahlungen, die als Prepayments über die im Tilgungsplan vorgesehenen Tilgungszahlungen hinausgehen,

und er sieht sich im Kern folgenden Risiken ausgesetzt:

- Prepaymentrisiko und
- Kreditrisiko.[52]

Prepaymentrisiko bedeutet, dass dem Investor Zahlungen, die über die im Tilgungsplan vorgesehenen Beträge hinausgehen, genau dann zufließen, wenn bei einer Wiederanlage nur noch eine geringere Rendite realisiert werden kann. Risiko kann grundsätzlich in eine systematische und in eine unsystematische Komponente zerlegt werden:[53] Systematisches Prepaymentrisiko birgt dann die Gefahr, dass Prepayments als Reaktion auf Veränderungen der Hypothekarkre-

[52] Darüber hinaus ist ein Investor grundsätzlich auch weiteren Risiken ausgesetzt. Hierzu gehören z.B. das Fungibilitätsrisiko, das Inflationsrisiko, das Marktrisiko, für ausländische Investoren das Devisenkursrisiko etc. Da diese Risiken keine exklusiven Merkmale eines Investments in Hypothekarkredite darstellen, lässt sich in diesem Zusammenhang durch ihre Diskussion kein zusätzlicher Erkenntnisgewinn generieren. Exklusive Merkmale eines Investments in Hypothekarkredite sind dagegen das Prepayment- und das Kreditrisiko: Prepaymentrisiko, weil es den Investor mit Bewertungsproblemen konfrontiert, zu deren Bewältigung das Instrumentarium der Bewertung klassischer, festverzinslicher Anlagen nicht in der Lage ist. Kreditrisiko, weil Agency-MBS die Besonderheit aufweisen, dass sie das Kreditrisiko zugunsten der Investoren über explizite und implizite staatliche Garantien absorbieren.
In diesem Abschnitt werden zunächst Motivation und Funktionsweise von Agency-MBS erläutert. Eine ausführliche Diskussion der Prepaymentproblematik und ihrer Determinanten erfolgt in Kapitel 5 aus der Sicht eines Agency-MBS-Investors.
Warum die Investoren tatsächlich davon ausgehen, dass ein Investment in Agency-MBS quasi risikolos ist, wird in Kapitel 7 behandelt.

[53] Vgl. Sharpe, William F., 1964, S. 439.

ditzinssätze, der Immobilienpreise oder des Einkommens auf unvorteilhafte Weise variieren. Unsystematisches Prepaymentrisiko steht dagegen nicht im Zusammenhang mit solchen übergeordneten marktinhärenten Veränderungen. Ein berufsbedingter Umzug eines Schuldners, eine außerplanmäßige Tilgung aufgrund einer Erbschaft oder der Tod eines entsprechend versicherten Familienvaters sind Beispiele für unsystematisches Prepaymentrisiko.

Abbildung 8: Zehn identische Hypothekarkredite

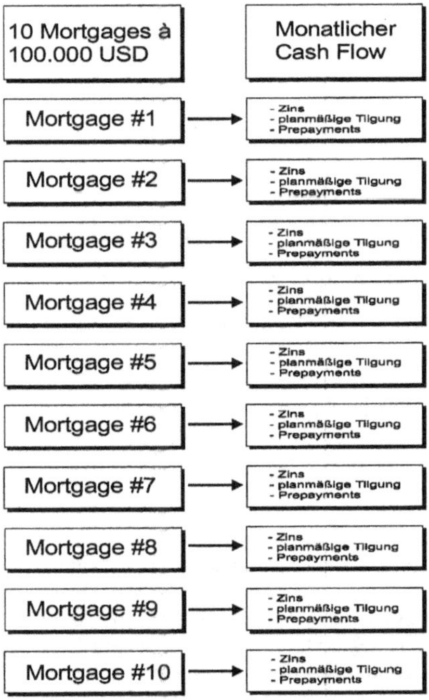

Quelle: Eigene Darstellung.

Kreditrisiko bedeutet, dass der Investor einen partiellen oder totalen Verlust seines eingesetzten Kapitals sowie der vertraglich vereinbarten Zinsen erleiden kann, falls der Schuldner seine Defaultoption ausübt. Systematisches Kreditrisiko birgt die Gefahr, dass Defaults im Zuge einer Rezession auf breiter Front zunehmen. Unsystematisches Kreditrisiko ist wiederum auf der mikroökonomischen Ebene der einzelnen Schuldnerhaushalte zu suchen.

Diese Risiken sind dafür verantwortlich, dass der Cash-Flow aus dem Investment schwer zu prognostizieren ist. Würde der Investor nicht nur einen, sondern alle zehn Hypothekarkredite kaufen, so wäre er in der Lage, bessere Prognosen abzugeben, müsste aber auch deutlich mehr Kapital investieren. Würde er diese Portfoliodiversifikation noch weiter ausbauen, könnte er die unsystematischen Risikokomponenten seines Investments minimieren und sähe sich nur noch den systematischen Risikokomponenten ausgesetzt.[54] Aufgrund der notwendigerweise hohen Investitionssummen ist dies aber nur für wenige Investoren ein gangbarer Weg.

Eine Alternative hierzu ist, dass eine dritte Institution die zehn Hypothekarkredite erwirbt und zu einem Pool zusammenfasst, der als Kollateral für die Emission eines Wertpapiers dient, dessen Cash-Flow, wie in der unten stehenden Abbildung 9 dargestellt, alleine durch die gepoolten Hypothekarkredite generiert wird. Werden von diesem Wertpapier 40 Einheiten zu je 25.000 US-Dollar angeboten, so erhält jede Einheit 1/40 oder 2,5% der zusammengefassten Cash-Flows. Das so geschaffene Wertpapier ist eine Mortgage-Backed Security (MBS).[55] Da die Cash-Flows ohne jegliche Modifikation auf einer Pro-Rata Basis an die Investoren durchgeleitet werden, bezeichnet man dieses Wertpapier auch als Passthrough.[56]

Ein Investor kann nun mit einem deutlich geringeren Kapitaleinsatz am wesentlich diversifizierten Hypothekarkreditpool teilhaben. Ist der Pool ausreichend groß, so werden die unsystematischen Risikokomponenten minimiert und der Investor kann bei seiner Entscheidungsfindung von statistischen Zusammenhängen zwischen den systematischen Komponenten des Kredit- und Prepaymentrisikos und verschiedenen makroökonomischen Variablen wie Zinsniveau, Preisniveau und Beschäftigung profitieren. Darüber hinaus hat er den Vorteil, dass

---

54 Vgl. Sharpe, William F., 1964, S. 441.

55 Vgl. Fabozzi, Frank J./Modigliani, Franco, 1992, S. 9.

56 Im weiteren Verlauf werden die Begriffe „MBS“ und „Passthrough“ synonym verwendet.

ein Anteil an einem Passthrough ein weitaus liquideres Investment darstellt als ein einzelner Hypothekarkredit.

Abbildung 9: Aus den zehn Hypothekarkrediten wird eine MBS

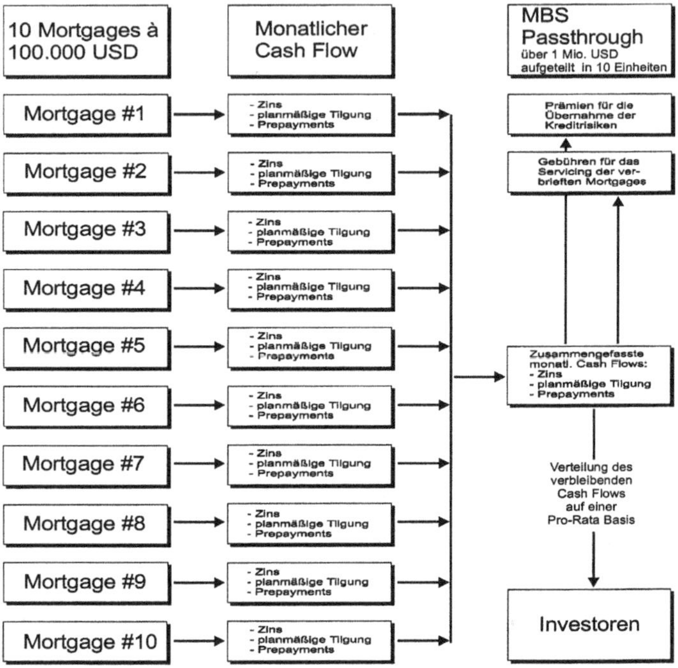

Quelle: Eigene Darstellung.

Da in dieser Arbeit ausschließlich MBS von Ginnie Mae bzw. Fannie Mae und Freddie Mac betrachtet werden sollen, profitiert der Investor zusätzlich von der Tatsache, dass diese Institutionen die ‚rechtzeitige und vollständige Zahlung von Zins und Tilgung' bei ihren MBS garantieren – unabhängig davon, ob es bei den verbrieften Mortgages aufgrund von Default (trotz PMI und Verwertung der Sicherheiten) zu Verlusten kommt. Im Fall von Ginnie Mae, die Teil des Department of Housing and Urban Development ist, steht hinter dieser Garantie explizit die Bonität der amerikanischen Regierung bzw. des US-Treasury. Bei Fannie

Mae und Freddie Mac handelt es sich ausdrücklich nicht um staatliche Institutionen. Aufgrund ihres Status als Government-Sponsored Enterprises gehen die Kapitalmärkte aber von einer impliziten staatlichen Garantie für ihre Verbindlichkeiten und Garantiezusagen aus.[57] Die MBS von Ginnie Mae, Fannie Mae und Freddie Mac werden demzufolge an den Kapitalmärkten zusammenfassend als Agency-MBS bezeichnet. Aufgrund der staatlichen Garantien tragen sie in den Augen der Marktteilnehmer das vernachlässigbar geringe Kreditrisiko des US-Treasury.[58] Aus diesem Grund kann im weiteren Verlauf der Arbeit bei den Ausführungen zu Agency-MBS vom Kreditrisiko für den Investor und einem sich daraus ableitenden Handlungsbedarf in Bezug auf die Ausgestaltung von Agency-MBS abgesehen werden. Das Risiko, welches ausgehend von den ursprünglich betrachteten Hypothekarkrediten letztendlich vom Investor bei einem Engagement in Agency-MBS zu tragen ist, ist die systematische Komponente des Prepaymentrisikos.[59]

Der Cash-Flow des Agency-Passthrough ist abhängig vom Cash-Flow der gepoolten Hypothekarkredite, jedoch nicht identisch mit ihm, weil Ginnie Mae und die beiden GSEs Prämienzahlungen für die Übernahme der Kreditrisiken fordern[60] und Gebühren für den Servicer der Hypothekarkredite anfallen. Diese

---

[57] Diese von den Kapitalmärkten wahrgenommene implizite Regierungsgarantie für die Verbindlichkeiten und Garantiezusagen von Fannie Mae und Freddie Mac ist Gegenstand von Kapitel 7.

[58] Vgl. Becketti, Sean, 1989, S. 43.

[59] Das Prepaymentrisiko und seine Determinanten ist Gegenstand des Kapitals 5. Grundsätzlich ist der MBS-Investor auch den Risiken ausgesetzt, die generell bei festverzinslichen Wertpapieren auftreten. Hierzu gehören bei den Agency MBS das Markt- bzw. Kursrisiko, das Wiederanlagerisiko, das Inflationsrisiko, das Kündigungsrisiko (Unterschreitet das Volumen des verbrieften Mortgage-Pools eine bestimmte Grenze, so wird in der Regel ein sogenannter Clean-Up Call durchgeführt.), das Fungibilitätsrisiko (Agency MBS sind sehr liquide. Sie werden nahezu rund um die Uhr in New York, Tokio und London gehandelt) und für ausländische Investoren das Devisenkursrisiko.

[60] Wird ein Hypothekarkredit durch Ginnie Mae oder die GSEs verbrieft, so hat der Originator die Möglichkeit, das Kreditrisiko bei demjenigen Teil, der noch nicht durch PMI versichert ist, selbst zu tragen oder es gegen Zahlung einer Prämie an Ginnie Mae oder die beiden GSEs abzutreten. Im ersten Fall haben die drei Institutionen ein Rückgriffsrecht, das den Originator zwingt, Kredite, die in Verzug oder in Zwangsversteigerung geraten sind, gegen neue auszutauschen. Hat der Originator das Risiko an Ginnie Mae oder die GSEs abgegeben, so müssen diese bei Verzug oder Kreditausfall (nach Zahlung durch die PMI

Kosten werden aus den Zinszahlungen der Schuldner gedeckt. Aus diesem Grund ist die Verzinsung des Passthrough um die entsprechende Zahl an Basispunkten geringer als die gewichtete Verzinsung der zugrundeliegenden Mortgages.

Bei der Verbriefung von Hypothekarkrediten wird generell darauf geachtet, dass dem Emittenten keine fiskalischen Verpflichtungen erwachsen:

> *"It would not be economical to issue a mortgage-backed security unless it were possible to eliminate all material incremental taxes on the issuer. Thus, it is not ordinarily feasible to issue mortgage-backed securities in the form of stock of a corporation. The income from Mortgages held by the corporation would bear the full weight of the corporate income tax because no offsetting deductions would be allowed in computing the corporation's taxable income for dividends paid on the stock."* [61]

Aus diesem Grund werden Passthroughs in der Rechtsform des Grantor Trust, der als sogenanntes Special Purpose Vehicle (SPV) dient, emittiert. Bei dieser Trustvariante handelt es sich aus fiskalischer Sicht um ein passives Konstrukt, das nicht der Besteuerung unterliegt.[62] Die Besteuerung der Erträge erfolgt vielmehr auf der Ebene der Investoren, die so behandelt werden, als hätten sie an den Hypothekarkrediten, die zuvor in den Trust eingebracht wurden, direkte Anteile erworben und der Trust existierte nicht.[63] Der Investor übernimmt dabei aus formaler Sicht eine Doppelfunktion: Zum einen ist er der Stifter des Treuhandvermögens (Grantor bzw. Trustor), zum anderen ist er gleichzeitig auch der

---

und Verwertung der Sicherheiten) eigene Mittel zuschießen, damit die Investoren die ihnen zugesicherten Cash-Flows erhalten.
Die Garantie der drei Institutionen auf ‚rechtzeitige und vollständige Zahlung von Zins und Tilgung' bei ihren MBS ist aber unabhängig von der Entscheidung des Originators. Am 31. Dezember 2001 standen beispielsweise Fannie Mae MBS im Umfang von 1.290 Billionen US-Dollar aus. Bei 85% der zugrundeliegenden Hypothekarkredite hatten die Originatoren das Kreditrisiko ganz an Fannie Mae abgetreten, bei weiteren 12% übernahm die Agency einen Teil des Kreditrisikos und nur bei 3% übernahm sie kein Kreditrisiko.

61 Peaslee, James M./Nirenberg David Z., 1995, S. 869.

62 Vgl. Roever, Alexander W., 1999, S. 5.

63 Vgl. Peaslee, James M./Nirenberg David Z., 1995, S. 909.

Begünstigte des Trust (Beneficiary). Ginnie Mae bzw. Fannie Mae und Freddie Mac – aber auch die Emittenten privater Passthroughs – sind als Trustees für die treuhänderische Verwaltung des Trustvermögens und die Koordination der Zahlungsströme verantwortlich.

Die steuerliche Privilegierung dieser Konstruktion hat allerdings zur Konsequenz, dass die Zahlungsströme an die Investoren nur passiv durchgeleitet werden dürfen. Deshalb kann sie auch nur bei Passthroughs angewendet werden. Würden die Zahlungsströme vor der Auszahlung an die Investoren modifiziert, so verlöre die Konstruktion ihren Status und unterläge wie ein normales Unternehmen der Besteuerung.

3.4.2 Abgrenzung der Verbriefungsprogramme von Ginnie Mae, Fannie Mae und Freddie Mac

Trotz der zusammenfassenden Bezeichnung „Agency-MBS", ist es wichtig, zu unterscheiden welcher der drei Institutionen Ginnie Mae, Fannie Mae und Freddie Mac das betreffende Wertpapier zugeordnet werden kann. Darüber hinaus bietet jede dieser Einrichtungen wiederum zwei verschiedene Verbriefungsprogramme, über deren Unterschiede ein Investor sich ebenfalls im Klaren sein sollte. Zwar konnten in den vergangenen Jahren Angleichungstendenzen beobachtet werden, es bestehen aber nach wie vor Unterschiede, die folgenden Kategorien zugeordnet werden können:[64]

- Der zum Passthrough verbriefte Hypothekarkreditpool kann aus Darlehen bestehen, die von einem einzigen Originator oder aber von vielen unterschiedlichen Originatoren stammen. Letzteres bringt eine größere geographische Diversifikation mit sich und verringert damit auch die Gefahr, aufgrund von laxen Kreditvergabekriterien, systematisch schlechte Risiken zu verbriefen.

---

64 Vgl. hierzu ausführlicher: Becketti, Sean/Morris, Charles S., 1990, S. 8-24; Fabozzi, Frank J./Modigliani Franco, 1992, S, 147-158; Hu, Joseph C., 2001, S. 21-28.

- Der Passthrough stammt aus einem „Cash“-Programm: Dann handelt es sich beim Kollateral um Hypothekarkredite, die von Fannie Mae und Freddie Mac aufgekauft wurden.
- Der Passthrough stammt aus einem „Swap“-Programm: Dann bedeutet dies, dass ein Originator einen Pool von Hypothekarkrediten bei Fannie Mae oder Freddie Mac gegen einen Passthrough eingetauscht hat, dessen Kollateral aus genau den zum Tausch eingereichten Krediten besteht. In diesem Fall erkauft sich der Originator die Kreditgarantie der GSEs[65] und erhält ein liquides und kapitalmarktfähiges Instrument, das er als Investment halten kann. Er kann es aber auch verkaufen, um wieder Liquidität für die Vergabe neuer Hypothekarkredite zu erhalten.[66]
- Generell wird eine breite Palette an Hypothekarkrediten zur Verbriefung zugelassen, solange diese den Kriterien von Ginnie Mae und den GSEs entsprechen. Besteht ein verbriefter Pool größtenteils aus variabel verzinslichen Krediten, so wird der Passthrough ein anderes Prepaymentverhalten aufweisen, als wenn es sich hauptsächlich um festverzinsliche Kredite handelt. Beim Großteil der verbrieften Darlehen handelt es sich allerdings um die klassische Annuitätenhypothek mit 30-jähriger Laufzeit und Festzinszusage.
- Nicht jeder Kredit ist als Kollateral für Agency-MBS geeignet. Schlüsselkriterien sind dabei:
  - Die Art der Kreditversicherung: Handelt es sich um einen staatlich versicherten oder um einen konventionellen Hypothekarkredit.

---

[65] ‚Rechtzeitige und vollständige Zahlung von Zins und Tilgung der MBS'. Wie weiter oben erwähnt, lassen sich Ginnie Mae, Fannie Mae und Freddie Mac diese Garantie entweder vom Originator bezahlen oder sie bestehen auf ein Rückgriffrecht, das den Originator verpflichtet, schlechte Kredite gegen neue auszutauschen. Die Mehrzahl der Originatoren entscheidet sich für die erste Option.

[66] Eine Differenzierung zwischen „Cash“- und „Swap“-Programmen ist bei Ginnie Mae nicht möglich, da sie weder Hypothekarkredite kaufen, noch MBS emittieren darf. Ihre Aufgaben sind, die Technologie zur Verbriefung der Kredite zur Verfügung zu stellen (was sie über die Bereitstellung der beiden Plattformen GNMA I und GNMA II tut) und die MBS zu garantieren. Prinzipiell entspricht GNMA I einem „Swap“-Programm (vgl. Tabelle 1).

- Die maximale Höhe der zur Verbriefung zugelassenen Darlehen ist begrenzt und wird jährlich angepasst.[67]
- Die maximal zulässige Zeitspanne zwischen Kreditvergabe durch den Originator und Verbriefung durch Ginnie Mae bzw. die GSEs ist vorgegeben.
- Es wird unterschieden, ob ein Hypothekarkredit beim Verkauf der Immobilie auf den Käufer übertragen werden darf. Ist dies nicht der Fall, so wird das Darlehen im Zuge der Transaktion getilgt. Andernfalls wird der Käufer das Darlehen bei vorliegen von günstigen Konditionen übernehmen.
- Es existieren Verbriefungsprogramme die den unterschiedlichen Laufzeiten der zugrundeliegenden Kredite Rechnung tragen.
- Die Verzinsung aller in einem verbrieften Pool enthaltenen Kredite muss in einer vorgegebenen Bandbreite liegen.

• Der Kalendertag, an dem die Ginnie Mae und die beiden GSEs die Auszahlungen an die Investoren vornehmen, kann variieren.
• Die Mindestgröße eines zur Verbriefung zugelassenen Hypothekarkreditpools ist vorgegeben.

Nachfolgende Tabelle 1 fasst die Verbriefungsprogramme von Ginnie Mae, Fannie Mae und Freddie Mac im Sinne einer Übersicht zusammen.

---

67 Das Federal Housing Finance Board (FHFB) ermittelt im Zuge seines Monthly Interest Rate Survey den Durchschnittskaufpreis für Einfamilienhäuser. Der im Oktober ermittelte prozentuale Zuwachs gegenüber dem Oktober des Vorjahres, dient als Obergrenze für eine mögliche Anpassung der Höhe derjenigen Darlehen, die von Fannie Mae und Freddie Mac gekauft bzw. verbrieft werden dürfen (Conforming Loan Limit). Inwiefern dieser Anpassungsspielraum ausgenutzt wird, ist dabei Sache der beiden GSEs. Die Maximal zugelassene Darlehenshöhe für Kredite, die sich für eine Garantie durch die FHA qualifizieren (FHA Loan Limit), ist an das Conforming Loan Limit von Fannie Mae und Freddie Mac indexiert. Im Standardfall gilt: Der FHA Kredit darf maximal 48% des Conforming Loan Limit betragen. Das VA Loan Limit wird vom Department of Veterans Affairs unabhängig festgesetzt.

Tabelle 1: Systematisierung der Passthroughprogramme der US-Hypothekenagenturen

	Ginnie Mae		Freddie Mac	Fannie Mae
Name des Programms	GNMA I	GNMA II	Gold Participation Certificate (PC)	MBS
Emittent	Von Ginnie Mae lizenzierter Verkäufer		Freddie Mac	Fannie Mae
Art der Hypothekarkredite	Kredite, die durch die FHA, VA oder den RHS versichert sind		Konventionelle Kredite	Konventionelle Kredite
Garantiegeber	Ginnie Mae respektive US-Treasury		Freddie Mac	Fannie Mae
Garantie	‚Rechtzeitige und vollständige Zahlung von Zins und Tilgung' der MBS			
Von einem Verkäufer zu lieferndes Mindestvolumen an Hypothekarkrediten	1.000.000 US-Dollar (Bei diesem Programm wird pro verbrieftem Pool nur ein Originator zugelassen.)	250.000 US-Dollar (Bei diesem Programm werden pro Pool mehrere verschiedene Originatoren zusammengefasst.)	1.000.000 US-Dollar Regular Gold PC (ein Originator pro Pool) 250.000 US-Dollar Giant Gold PC (mehrere Originatoren pro Pool)	250.000 US-Dollar Regular MBS (ein Originator pro Pool) 250.000 US-Dollar Fannie Majors (mehrere Originatoren pro Pool)
Bandbreite der Verzinsung der gepoolten Hypothekarkredite	Alle Kredite müssen den gleichen Zinssatz aufweisen	100 Basispunkte bezogen auf den niedrigsten enthaltenen Zinssatz	250 Basispunkte bezogen auf den niedrigsten enthaltenen Zinssatz	250 Basispunkte bezogen auf den niedrigsten enthaltenen Zinssatz
Maximal zulässige Gebühr für das Servicing	44 Basispunkte	44 Basispunkte	30-35 Basispunkte	30-35 Basispunkte
Prämie für die Garantieübernahme durch die Institutionen	6 Basispunkte	6-106 Basispunkte	20-30 Basispunkte	20-30 Basispunkte
Minimalinvestment	25.000 US-Dollar darüber hinaus in 1 US-Dollar-Schritten	25.000 US-Dollar darüber hinaus in 1 US-Dollar-Schritten	1.000 US-Dollar darüber hinaus in 1 US-Dollar-Schritten	1.000 US-Dollar darüber hinaus in 1 US-Dollar-Schritten
Lieferung	Physische Urkunde	Physische Urkunde	Federal Reserve Book-Entry System	Federal Reserve Book-Entry System
Kalendertag, an dem die Zahlungen für den Vormonat an die Investoren weitergeleitet werden	15	20	15	25
Federal Reserve System	Passthroughs sind vom Federal Reserve System als refinanzierungsfähige Sicherheiten für das Discount Window Lending zugelassen.			

Quelle: Ginnie Mae; Fannie Mae; Freddie Mac; Hu, Joseph, 2001, S. 21-28.

Bis Mitte der 90er Jahre garantierte nur Ginnie Mae die ‚vollständige und rechtzeitige Zahlung von Zins und Tilgung bei ihren MBS'. Fannie Mae und Freddie Mac garantierten bei ihren MBS lediglich die vollständige und rechtzeitige Zahlung der Zinsen. Bei der Tilgung garantierten sie zwar die vollständige, nicht aber die rechtzeitige Zahlung. Waren einzelne Darlehen in Verzug, so mussten die Investoren solange warten, bis die Zahlungen bei den beiden GSEs eingingen. Für diese Zeitspanne existierte allerdings ein Limit. War es verstrichen, so sprangen die GSEs ein. Das hatte den Vorteil, dass Fannie Mae und Freddie Mac weniger Liquidität vorschießen mussten als ihre staatliche Schwester. Heute garantieren alle Drei die ‚vollständige und rechtzeitige Zahlung von Zins und Tilgung' bei ihren MBS.

3.4.3 Abgrenzung von Agency-MBS gegenüber Private-Label-MBS

Bei Private-Label MBS handelt es sich um Verbriefungen privater Emittenten. Da der private Sektor nicht – wie Ginnie Mae, Fannie Mae und Freddie Mac als die Emittenten von Agency-MBS – über explizite bzw. implizite staatliche Garantien verfügt, müssen bei Private-Label-MBS Kreditverbesserungsmechanismen in die Verbreifungsstruktur integriert werden, um dem Risikoprofil der intendierten Investoren gerecht zu werden. Hierzu stehen grundsätzlich zur Verfügung:

(a) Übersicherung,

(b) Credit Default Swaps,

(c) Versicherungen und Garantien privater Institutionen,

(d) Kreditlinien bei Banken.

Da (b), (c) und (d) jeweils von der Bonität eines Dritten abhängig sind, was sich unmittelbar auf das Rating der MBS auswirkt[68], hat sich die Übersicherung (a) als favorisiertes Instrument durchgesetzt: Sie ermöglicht eine unmittelbar aus der MBS-Struktur resultierende Kreditverbesserung. Zu diesem Zweck wird eine der Übersicherung dienende Tranche (Subordinated Tranche) in die Verbriefungsstruktur eingeführt, die in der Regel vom Emittenten gehalten wird. Treten nun innerhalb des verbrieften Darlehenpools Verluste auf, so werden die An-

---

[68] Die Rating-Agenturen verfolgen bei der Beurteilung von Private-Label-MBS den sogenannte Weak-Link Approach, der besagt, dass eine Private-Label-MBS, die über externe Kreditverbesserungsmechanismen verfügt, maximal dasjenige Rating erhalten kann, das dem externen Sicherungsgeber bescheinigt wird.

sprüche der Investoren (Senior Tranche) dadurch geschützt, dass diese Verluste von der subordinierten Tranche absorbiert werden. Da die Investoren solange vor Verlusten geschützt sind, bis die Übersicherung aufgebraucht ist, richtet sich das Rating einer solchermaßen verbesserten MBS-Struktur immer nach dem Umfang der subordinierten Tranche.[69]

Dieses Baukastenprinzip wird bei den sogenannten Collateralized-Mortgage Obligations (CMO), die den weitaus größten Teil privater Hypothekarkreditverbriefungen repräsentieren, zur Perfektion getrieben. Da bei ihnen – im Gegensatz zu den Passthrough-MBS – die Zahlungsströme der verbrieften Darlehen vor der Weiterleitung an die Investoren modifiziert werden dürfen, werden sie auch als Paythrough-MBS bezeichnet. Eine einzelne CMO-Struktur kann so bis zu 20 verschieden ausgestaltete Tranchen[70] enthalten, die den Investor in unterschiedlichstem Ausmaß am Kreditrisiko der verbrieften Darlehen partizipieren lassen.

Zusammenfassend bleibt festzuhalten, dass ein Investment in die MBS bzw. CMO privater Emittenten nicht nur das – auch bei den Agency-MBS vorhandene – Prepaymentrisiko, sondern zusätzlich auch das Kreditrisiko der Verbriefungsstruktur mitberücksichtigen muss.

3.5 Prepayment-Konventionen und deren Auswirkung auf die Prognose von Zahlungsströmen bei Agency-MBS

3.5.1 Zur Notwendigkeit von Konventionen

Ein Investor ist darauf angewiesen, Instrumente an die Hand geliefert zu bekommen, die Aussagen über die Vorteilhaftigkeit einer Anlage gegenüber einer oder mehrerer Alternativen ermöglichen. Grundsätzlich kann jedes Wertpapier bewertet werden, indem der Barwert des von ihm generierten Zahlungsstroms ermittelt wird. Das erfordert allerdings genaue Kenntnis über Zeitpunkt und Hö-

---

69 Vgl. Fabozzi, Frank J./Modigliani, Franco, 1992, S. 160 f.

70 Zum Beispiel: Senior-Subordinated-Hierarchie, PAC, TAC, IO, PO, FRM, FRN, Zerobonds etc.; vgl. hierzu ausführlich: Kulason, Bob, 2001, S. 369-398

he der einzelnen Cash-Flows, und es müssen passende Zinssätze zum diskontieren dieser Cash-Flows verwendet werden können.

Es wurde bereits gezeigt, dass die Agency-MBS aufgrund der expliziten und impliziten Staatsgarantien quasi kein Kreditrisiko tragen. Da die Wertpapiere aber mit Prepaymentrisiko behaftet sind, existiert dennoch Unsicherheit bezüglich der Daten, die zu ihrer Bewertung erforderlich sind. Existierten keine Prepayments, so könnte der Cash-Flow eines Passthrough aufgrund der Tilgungspläne der zugrundeliegenden Hypothekarkredite relativ einfach prognostiziert werden. Er bestünde dann aus den planmäßigen Tilgungen und den Zinszahlungen auf die jeweils noch ausstehenden verbrieften Darlehensbeträge. Da die Schuldner aber von ihrer Prepaymentoption Gebrauch machen, sobald diese hinreichend im Geld ist, kommt es wegen Refinanzierungen und vorzeitigen Tilgungen von Darlehensteilen zu Prepayments. Des weiteren ergeben sich Prepayments, wenn ein Schuldner seine Immobilie verkauft oder wenn sie zwangsversteigert wird.

Aus diesen Gründen kommen zu den planmäßigen Tilgungszahlungen immer auch die nur schwer zu prognostizierenden Prepayments hinzu. Da die Zahlungsströme auf einer Pro-Rata Basis ohne Modifikation an die Investoren durchgeleitet werden, ist demzufolge der Cash-Flow eines Passthroughs für einen Investor, weder der Höhe noch dem Zeitpunkt nach exakt zu bestimmen. Darüber hinaus sorgt die Komplexität des Prepaymentrisikos auch dafür, dass die Diskontierungsfaktoren, die zur Berechnung des Barwerts notwendig sind, nur schwer ermittelt werden können.

Um dennoch Preis- und Renditeberechnungen bei MBS durchführen zu können, ist es notwendig, Annahmen über das Prepaymentverhalten der zugrundeliegenden Hypothekarkredite zu treffen, so dass ein bedingter Cash-Flow prognostiziert werden kann. An den Kapitalmärkten haben sich bestimmte Standards und Konventionen etabliert, die im Folgenden erläutert werden.

3.5.2 Industriestandards zur Ermittlung bedingter Cash-Flows

Single Monthly Mortality Rate (SMM) Diese auf Monatsbasis kalkulierte Rate, bildet die Grundlage aller Prepaymentberechnungen. Dabei werden die Prepayments eines Monats zur Summe der am Anfang dieses Monats ausstehenden Darlehen (abzüglich der für diesen Monat erwarteten planmäßigen Tilgungen) ins Verhältnis gesetzt.[71] Beträgt zum Beispiel das ausstehende Darlehenvolumen eines Passthroughs am Monatsanfang 1.000.000 US-Dollar und werden von den Schuldnern für diesen Monat 15.000 US-Dollar an Tilgungsleistungen erbracht (10.000 US-Dollar planmäßige Tilgung und 5.000 US-Dollar Prepayments), so beträgt die SMM für diesen Monat:

$$\text{SMM} = \frac{5.000}{1.000.000 - 10.000} = 0{,}0051 \text{ bzw. } 0{,}51\%. \tag{1}$$

Constant Prepayment Rate (CPR) Die SMM trägt der Tatsache Rechnung, dass die Zahlungen bei Passthroughs monatlich auftreten. In der Praxis werden Prepaymentraten aber auf ein Jahr bezogen.[72] Die CPR ist deshalb die annualisierte Variante der SMM. Sie ist die über zwölf Monate kumulierte Prepaymentrate des Hypothekarkreditpools, wobei unterstellt wird, dass die SMM in diesem Zeitraum konstant bleibt. Der Zusammenhang zwischen diesen beiden Raten wird durch die folgende Gleichung wiedergegeben:[73]

$$CPR = 1 - (1 - SMM)^{12}. \tag{2}$$

Daraus errechnet sich für den oben betrachteten Passthrough die zugehörige CPR mit 0,06 bzw. 6,0%. Das bedeutet, dass (unter der Annahme einer konstant bleibenden SMM von 0,51%) 6,0% derjenigen Darlehenssumme, die im be-

---

71 Vgl. Hayre, Lakhbir, 2001a, S. 24.
72 Vgl. Hu, Joseph C., 2001, S. 33.
73 Im Anhang (I) befindet sich eine mathematische Herleitung der Single Monthly Mortality Rate (SMM) und der Constant Prepayment Rate (CPR).

trachteten Jahr nicht sowieso planmäßig zurückgezahlt wird, bis zum Ende des Jahres durch Prepayments getilgt werden.

Public Securities Association Standard (PSA) Empirische Untersuchungen zeigen, dass sich die Prepaymentrate eines Passthrough bzw. des zugrundeliegenden Hypothekarkreditpools im Zeitablauf verändert. Die Public Securities Association[74] untersuchte in den 80er Jahren das Prepaymentverhalten von Hypothekarkrediten, die durch die FHA versichert waren und entwarf daraufhin das folgende stilisierte Schema, das heute den Industriestandard darstellt: Ein Pool gerade neu generierter Kredite hat zunächst eine sehr geringe Prepaymentgeschwindigkeit. Mit zunehmendem Alter der Darlehen steigt sie kontinuierlich an, um ab dem 30. Monat bis zur vollständigen Tilgung des Pools auf dem dann erreichten Niveau zu verharren. Die PSA ordnete diesem Schema folgende Prepaymentraten zu:

$$\begin{aligned} &\text{Falls } t \leq 30: \text{CPR} = 0{,}2 \cdot t\,\% \\ &\text{Falls } t > 30: \text{CPR} = 6\,\%. \end{aligned} \qquad (3)$$

Ein Pool gerade neu generierter Kredite hat diesem Schema zufolge im ersten Monat (t=1) eine CPR von 0,2%. Sie erhöht sich mit jedem Monat um weitere 0,2%, bis sie im 30. Monat das Niveau von 6% erreicht hat, um dann bis zur vollständigen Tilgung des Pools konstant zu bleiben. Da es sich bei den CPR um Werte handelt, die jeweils auf ein Jahr bezogen sind, muss für weitere Berechnungen zunächst durch Umformung von Gleichung 2 die zugehörige SMM für den betreffenden Monat errechnet werden. Sie beträgt im ersten Monat 0,017% und stagniert ab dem 30. Monat bei 0,51%.

Das in Gleichung 3 definierte PSA-Schema dient der MBS Industrie als Benchmark. Erwarten die Marktteilnehmer, dass die Prepaymentgeschwindigkeit eines Hypothekarkreditpools in etwa derjenigen der PSA-Benchmark entspricht, so

---

[74] Dabei handelt es sich um die weltweit größte Vereinigung von Institutionen, die in den Anleihemärkten aktiv sind. Heute firmiert dieser Verband unter der Bezeichnung „The Bond Market Association".

unterstellen sie „100% PSA". Schnellere oder langsamere Prepaymentgeschwindigkeiten werden relativ zu dieser Benchmark angegeben. 200% PSA bedeutet, dass der betreffende Pool doppelt so hohe Prepaymentraten aufweist, wie im PSA-Schema postuliert. Der Benchmarkfaktor (BF) beträgt in diesem Fall 2. Gleichung 4 verallgemeinert deshalb das PSA-Schema zu:

$$\begin{aligned} &\text{Falls } t \leq 30: CPR = BF \cdot 0{,}2 \cdot t\,\% \\ &\text{Falls } t > 30: CPR = BF \cdot 6\,\%. \end{aligned} \tag{4}$$

3.5.3 Sensitivität der zu prognostizierenden Zahlungsströme

Mit Hilfe des PSA-Schemas kann der bedingte Cash-Flow eines Passthroughs prognostiziert werden. Welchen Einfluss dabei das dem Pool unterstellte Prepaymentverhalten hat und wie wichtig deshalb die Wahl des Benchmarkfaktors für die Prognose der Zahlungsströme ist, zeigt die nachfolgende Abbildung 10. Die zugehörigen Daten und die zu ihrer Kalkulation erforderlichen Rechenschritte sind im Anhang (II) zusammengefasst. Betrachtet werde ein Agency-Passthrough mit einem Anfangsvolumen von 1.000.000 US-Dollar, einem Coupon von 9% und einer Laufzeit von 30 Jahren. Der zugrundeliegende Pool besteht aus Hypothekarkrediten, deren Verzinsung 9,5% beträgt und die eine Laufzeit von ebenfalls 30 Jahren haben.[75] Die Differenz von 50 Basispunkten zwischen Darlehensverzinsung und Coupon dient der Entlohnung des Servicers.[76]

---

[75] In der Praxis könnte es sich hierbei nur um einen GNMA I Passthrough handeln, da nur bei diesem Programm alle Hypothekarkredite des betrachteten Pools exakt die gleiche Verzinsung aufweisen müssen und eine Verbriefung gleich nach deren Vergabe zu erfolgen hat. Da bei GNMA II und den Verbriefungsprogrammen von Fannie Mae und Freddie Mac die Zinssätze und die Restlaufzeiten in vorgegebenen Bandbreiten liegen dürfen, ist es zweckmäßiger, einen Pool mit Hilfe von Weighted Average Coupon (WAC) und Weighted Average Maturity (WAM) zu charakterisieren. WAC ist der Durchschnitt der mit den zugehörigen Anfangsvolumina gewichteten Darlehenszinssätze, WAM ist der Durchschnitt der mit den zugehörigen Anfangsvolumina gewichteten Restlaufzeiten. Für das gewählte Beispiel gilt dann: WAC=9,5% und WAM=360 Monate.

[76] Von Garantieprämien für eine eventuelle Übernahme der Kreditrisiken durch den Emittenten wird abstrahiert. Vgl. hierzu die entsprechende Bemerkung im Anhang (II).

Abbildung 10: Bedingter bzw. erwarteter Cash-Flow eines Passthroughs

(in US-Dollar)

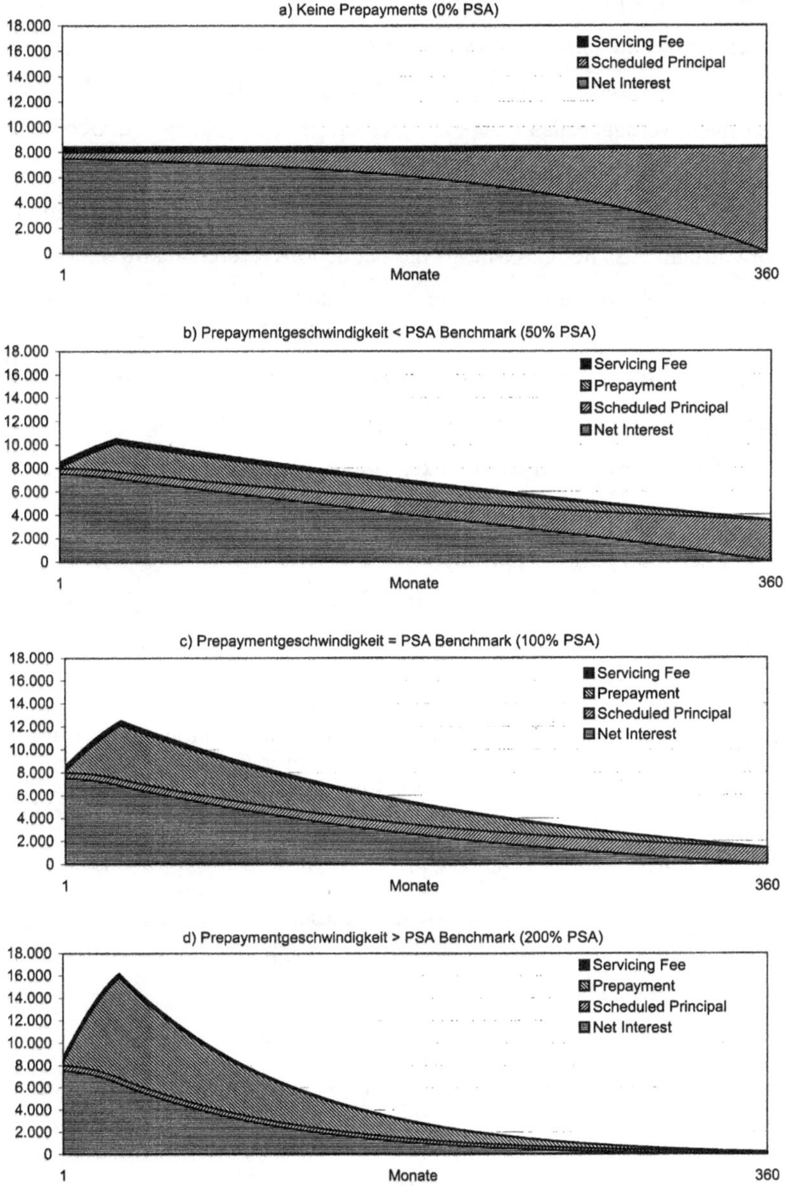

Quelle: Eigene Darstellung.

Zunächst sei in Teil (a) der Abbildung 10 von dem unwahrscheinlichen Fall ausgegangen, dass während der gesamten Laufzeit keine Prepayments stattfinden (0% PSA), so dass alle verbrieften Hypothekarkredite 30 Jahre lang, ohne vorzeitig getilgt zu werden, überleben. Der Cash-Flow des Passthrough besteht in diesem Szenario aus planmäßiger Tilgung (Scheduled Principal; Investor), Zinsen nach Maßgabe des Coupons (Net Interest; Investor) und Gebühren für die Betreuung der Darlehen (Servicing Fee; Servicer). Diese Gebühren, deren Höhe proportional zum noch ausstehenden Darlehensvolumen sinkt, sind dafür verantwortlich, dass der Cash-Flow, der bei den Investoren ankommt, im Zeitablauf zunimmt, obwohl die Zahlungen der annuitätisch zu tilgenden Hypothekarkredite über die gesamte Laufzeit konstant bleiben.[77] Ebenfalls proportional zum noch ausstehenden Darlehensvolumen sinkt der dem Investor zufließende Zinsanteil, wegen der konstanten Annuitäten nimmt aber der Tilgungsanteil innerhalb des Cash-Flows kontinuierlich zu. Macaulay Duration und mittlere Lebensdauer des Passthroughs betragen in diesem Szenario 9,3 bzw. 21,4 Jahre.[78]

Teil (b) der Abbildung 10 unterstellt, dass es im Pool zu Prepayments im Umfang von 50% PSA kommen wird. Dadurch wird der Cash-Flow des

---

[77] Vgl. Dunn, Kenneth B./McConnell, John J., 1981, S. 600.

[78] Macaulay Duration und mittlere Lebensdauer geben die durchschnittliche Bindungsdauer des investierten Kapitals an. Auf diese Weise können unterschiedlich ausgestaltete festverzinsliche Wertpapiere miteinander verglichen werden. Grundsätzlich gilt bei zwei Papieren mit identischem Rating und gleicher Restlaufzeit dasjenige mit der kürzeren Duration als weniger riskant, da der investierte Betrag schneller an den Investor zurückfließt.

Für die Macaulay Duration in Jahren gilt:

$$MD = \frac{1}{12 \cdot P} \sum_{t=1}^{n} \frac{t \cdot CFI_t}{(1 + \frac{r}{1200})^t}.$$

Für die mittlere Lebensdauer (Average Life) in Jahren gilt:

$$AL = \frac{1}{12} \sum_{t=1}^{n} \frac{t \cdot (T_t + P_t)}{V_0}.$$

Mit: n = Restlaufzeit in Monaten, P = Preis des Passthrough, CFI_t = Cash-Flow an den Investor, r = Rendite, T_t = planmäßige Tilgung, P_t = Prepayments, V_0 = Anfangsvolumen des Passthrough.

Passthrough um die nun ebenfalls abgetragene Prepaymentkomponente erweitert. Für den Investor hat dies zur Konsequenz, dass er bis zum 30. Monat, wegen der zunehmenden Prepaymentgeschwindigkeit, mit ansteigenden Beträgen zu rechnen hat. Ab dem 30. Monat stagniert die Prepaymentgeschwindigkeit auf dem dann erreichten Niveau und der absolute Umfang der Prepayments beginnt, proportional zum Volumen der ausstehenden Darlehen, zu sinken. Der Zahlungsstrom an den Investor hat ebenfalls sein Maximum erreicht und nimmt bis zum Ende der Laufzeit nach Maßgabe der Prepayments und der damit verbundenen adversen Zinseszinseffekte kontinuierlich ab. Macaulay Duration und mittlere Lebensdauer des Passthrough verringern sich wegen der tendenziell frühzeitigeren Rückflüsse auf 7,3 bzw. 15,8 Jahre.

Je höher die Prepaymentgeschwindigkeit ist, desto stärker schwanken die Zahlungen, die an den Investor weitergeleitet werden. In Teil (c) der Abbildung 10 wird die Prepaymentgeschwindigkeit des Pools auf das Niveau der PSA-Benchmark (100% PSA) angehoben. Dadurch wird der Gipfel steiler und die Zahlungen an den Investor verlagern sich noch weiter nach vorne. Macaulay Duration und mittlere Lebensdauer des Passthroughs verringern sich deshalb weiter und betragen 6,3 bzw. 12,2 Jahre.

Wird die Prepaymentgeschwindigkeit wie in Teil (d) auf 200% PSA erhöht, so werden die Konsequenzen für den Cash-Flow der Investoren noch offensichtlicher. Macaulay Duration und mittlere Lebensdauer betragen in diesem Szenario nur noch 4,9 bzw. 8,1 Jahre.

Es wird deutlich, dass die Analyse eines Agency-Passthrough ganz entscheidend von den Annahmen über die Prepaymentgeschwindigkeit der zugrundeliegenden Hypothekarkredite beeinflusst wird. Dabei besteht die Gefahr, dass die relativ zur PSA-Benchmark ausgedrückte Geschwindigkeit falsch prognostiziert wird, oder dass sie sich während des der Betrachtung zugrunde liegenden langen Zeithorizonts wegen nicht vorhersehbarer Ereignisse erhöht oder verringert. Trotz der Nachteile dieser statischen Vorgehensweise kann der Ansatz verwendet werden, um einen ersten Eindruck zu erhalten. Ist sein Preis bekannt, so kann die Rendite (Yield-to-Maturity bzw. Cash-Flow Yield) des Passthrough ermittelt werden. Dabei handelt es sich um denjenigen Zinssatz, der die Barwerte der erwarteten Cash-Flows und den am Markt beobachteten Preis zum Ausgleich bringt.[79] Für den in Abbildung 10 betrachteten Passthrough ergibt sich bei einer Restlaufzeit von 360 Monaten, einem Kurs von 105% und der Annahme einer Prepaymentgeschwindigkeit von 50% PSA eine Rendite von 8,36%. Ist diese Einschätzung jedoch falsch und die tatsächliche Prepaymentgeschwindigkeit beträgt stattdessen 200% PSA, so verringert sich die Rendite auf 8,05%.

Hat der Investor die Vorgabe, eine bestimmte Mindestrendite erwirtschaften zu müssen, so kann ausgehend vom prognostizierten Prepaymentverhalten eine Preisvorstellung über den Passthrough als Barwert der erwarteten Cash-Flows generiert werden, die mit dem tatsächlich beobachteten Marktpreis zu vergleichen ist.[80] Soll beispielsweise eine Rendite von jährlich 8,3% erwirtschaftet

---

[79] Die Ermittlung erfolgt unter Verwendung der Methode des internen Zinsfußes:

$$P = \sum_{t=1}^{n} \frac{CFI_t}{(1+r_M)^t}.$$

Mit: P = Preis des Passthrough, CFI_t = Cash-Flow an den Investor, n = Restlaufzeit in Monaten, r_M = Rendite (auf Monatsbasis) des Passthrough.

Die interne Verzinsung r_M muss iterativ ermittelt werden. Da in den USA vergleichbare Treasuries oder Unternehmensanleihen halbjährliche Zinszahlungstermine haben, muss r_M der Konvention entsprechend umgeformt werden, um eine Vergleichbarkeit herzustellen:

$$r_{BEY} = 2[(1+r_M)^6 - 1].$$

Mit: r_{BEY} = Bond Equivalent Yield.

[80] Dieser Entscheidungsprozess basiert auf der Kapitalwertmethode:

$$NPV = \sum_{t=1}^{n} \frac{CFI_t}{(1+r_M)^t} - P.$$

Mit: NPV = Net Present Value, P = Marktpreis des Passthrough, CFI_t = Cash-Flow an den Investor, n = Restlaufzeit in Monaten, r_M = vorgegebene Rendite des Passthrough (auf Monatsbasis).
Ist NPV gleich Null, so kann die gewünschte Mindestrendite erzielt werden. Ist NPV positiv, so ist die erzielbare Rendite größer als die Mindestrendite.

werden und wird von einer Prepaymentgeschwindigkeit von 100% PSA ausgegangen, so darf der betrachtete Passthrough maximal bei 103,3% notieren.[81]

Wie bei der Analyse von klassischen festverzinslichen Wertpapieren kann auch bei Passthroughs der Renditespread zu vergleichbaren Treasuries ermittelt werden. Allerdings bedeutet vergleichbar in diesem Zusammenhang nicht, dass Passthrough und Treasury die gleiche Restlaufzeit haben müssen. Die Erörterung der Prepaymentproblematik hat gezeigt, dass ein solcher Vergleich nicht hilfreich sein kann. Stattdessen werden Passthroughs mit solchen Treasuries verglichen, die eine ähnliche Duration oder mittlere Lebensdauer aufweisen.[82] Die in diesem Absatz erläuterte Vorgehensweise führt zur Ermittlung eines Spreads, dessen Aussagegehalt aufgrund der eingegangen Konventionen allerdings nicht überschätzt werden darf und der deshalb nur ein erster Schritt bei der Bewertung einer MBS sein kann.

Weiterführende Analysen müssen die Zinsstruktur berücksichtigen und der Prepaymentproblematik eine größere Bedeutung beimessen. Die Wahl eines PSA-Prepaymentschemas, das für die gesamte Laufzeit des Passthrough Gültigkeit hat, ist unrealistisch. Stattdessen muss die Tatsache berücksichtigt werden, dass sich Prepaymentgeschwindigkeiten im Zeitablauf aufgrund des Einflusses zahlreicher Faktoren permanent verändern. Eine probatere Methode zur Bewertung von Agency-MBS ist die Ermittlung des Option-Adjusted Spread (OAS). Da OAS das Prepaymentverhaltens explizit berücksichtigt, ist es aus didaktischen Gründen angebracht, diese Methode erst im Anschluss an die in Kapitel 5 erfolgende Analyse der Determinanten des Prepaymentverhaltens von Hypothekarkrediten zu diskutieren.

---

[81] Vgl. Sharpe, William F./Alexander, Gordon J., 1990, S. 355-357.
[82] Vgl. Fabozzi, Frank J. et al., 1994, S. 159.

4. Deskriptive Empirie zur Wohnungsfinanzierung

4.1 Quantifizierung der Zusammenhänge zwischen Primär- und Sekundärmarkt

Die historische Entwicklung des Hypothekarkreditprimärmarktes ist in Abbildung 11 dargestellt. Ende 2001 betrug das Volumen aller in den USA ausstehenden Hypothekarkredite 7,7 Billionen US-Dollar. Um die Bedeutung dieses Marktes zu verdeutlichen, ist in diese Abbildung zusätzlich die Staatsverschuldung der USA eingetragen. Sie betrug im selben Jahr 5,9 Billionen US-Dollar. Davon entfielen auf die marktfähigen Treasury-Bills 0,8 Billionen US-Dollar, auf die Treasury-Notes 1,4 Billionen US-Dollar und auf die Treasury-Bonds 0,6 Billionen US-Dollar.

Abbildung 11: Entwicklung des Volumens aller ausstehenden Hypothekarkredite nach Sektoren
(1975-2001)

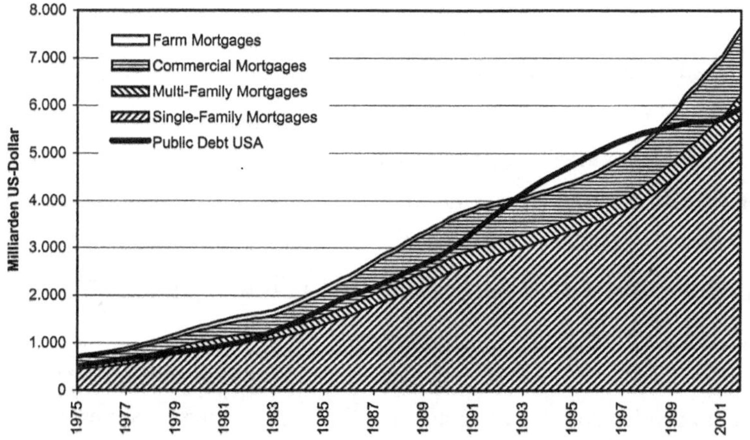

Quelle: Federal Reserve Flow of Funds; Department of Housing and Urban Development; Department of the Treasury; Fannie Mae.

Traditionell dominieren die Single-Family Mortgages das ausstehende Kreditvolumen. Bis Ende der 70er Jahre lag ihr Anteil tendenziell bei 65%. Danach weitete er sich stetig aus und betrug, wie in der nachfolgenden Abbildung 12 dargestellt, Ende 2001 bereits 75% (5.743 Mrd. US-Dollar). Dieses Marktsegment ist die Domäne von Ginnie Mae, Fannie Mae und Freddie Mac.

Abbildung 12: Primärmarkt für Hypothekarkredite nach Sektoren

(Bestand zum 31.12.2001: 7.657 Mrd. US-Dollar)

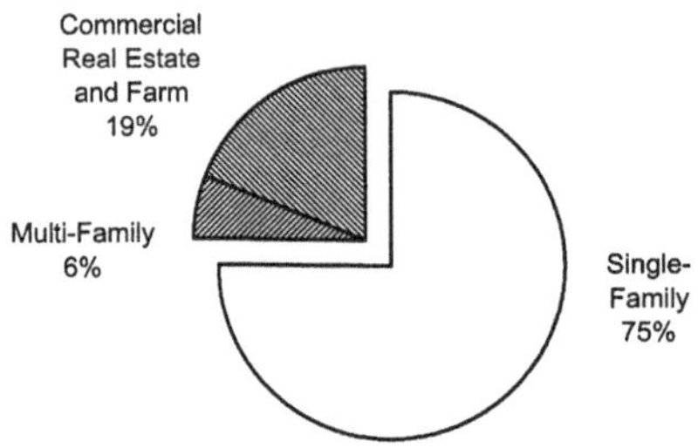

Quelle: Department of Housing and Urban Development; Ginnie Mae; Fannie Mae; Freddie Mac; eigene Berechnungen.

Multi-Family Mortgages kamen auf einen Anteil von 6% (459 Mrd. US-Dollar). Sie werden nur zu einem kleinen Teil durch Fannie Mae und Freddie Mac erworben, da ihnen ein stärkeres Engagement in diesem Sektor von den Regulierungsbehörden nicht gestattet wird. Begründet wird dies mit dem höheren Risiko dieser Darlehen. Gleiches gilt auch für gewerbliche Hypothekarkredite. Diese Gruppe kam zusammen mit den landwirtschaftlichen Hypothekarkrediten auf 19% (1.455 Mrd. US-Dollar).

Der den Primärmarkt dominierende Sektor der Single-Family Mortgages ist in der nachfolgenden Abbildung 13 aus der Sicht des Sekundärmarktes dargestellt. Es zeigt sich, dass 12% (690 Mrd. US-Dollar) des Volumens aller Ende 2001 ausstehender Hypothekarkredite zur Finanzierung von Ein- bis Vierfamilienhäusern durch die staatlichen Programme FHA, VA oder RHS versichert waren und demzufolge Government Insured Mortgages darstellten. Diese Darlehen waren quasi zu 100% über die beiden Ginnie Mae Plattformen GNMA I und GNMA II zu MBS verbrieft. Bei den verbleibenden 88% (5.054 Mrd. USD) handelt es sich um die nicht staatlich versicherten Conventional Mortgages.

Abbildung 13: Sekundärmarkt für Single-Family Mortgages (Hypothekarkredite zur Finanzierung von Ein- bis Vierfamilienhäusern)

(Bestand zum 31.12.2001: 5.743 Mrd. US-Dollar)

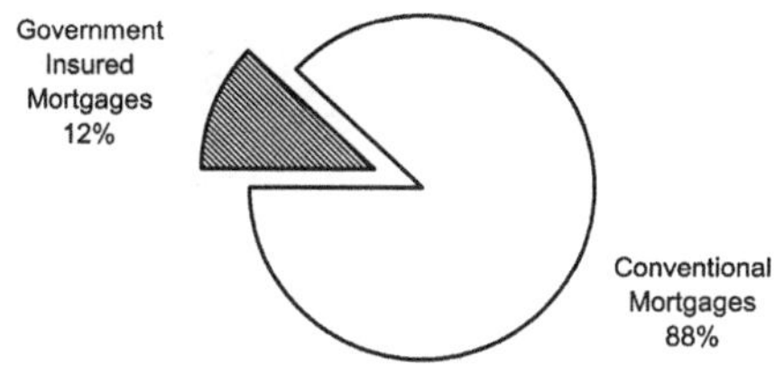

Quelle: Department of Housing and Urban Development; Ginnie Mae; Fannie Mae; Freddie Mac; eigene Berechnungen.

Wie sich wiederum das Marktsegment der Conventional Mortgages im Lichte des Sekundärmarktes darstellt, veranschaulicht die nachfolgende Abbildung 14. Nur 15% (759 Mrd. US-Dollar) dieser Darlehen eigneten sich nicht zur Verbriefung oder zum Erwerb durch Fannie Mae und Freddie Mac – sie tragen deshalb die Bezeichnung Non-Conforming Conventional Mortgages. Bei ihnen handelt es sich um Jumbo oder Subprime Mortgages. Die verbleibenden 85% (4.300 Mrd. US-Dollar) erfüllten die Kriterien der beiden GSEs, so dass es sich bei ihnen um Conforming Conventional Mortgages handelt. Es zeigt sich, dass Ende 2001 der weitaus größte Teil dieser Darlehen entweder von Fannie Mae und Freddie Mac verbrieft oder von ihnen in den eigenen Portfolios gehalten wurde (2.580 Mrd. US-Dollar). Auf den vollständig privaten Sekundärmarkt entfielen Conforming Conventional Mortgages im Umfang von lediglich 1.720 Mrd. US-Dollar.

Abbildung 14: Sekundärmarkt für Conventional Mortgages (nicht staatlich versicherte Hypothekarkredite)

(Bestand zum 31.12.2001: 5.060 Mrd. US-Dollar)

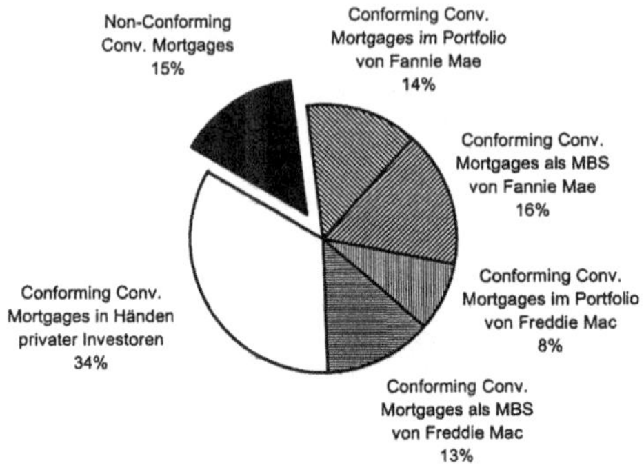

Quelle: Department of Housing and Urban Development; Ginnie Mae; Fannie Mae; Freddie Mac; eigene Berechnungen.

4.2 Betrachtung des Primärmarktes

Die beiden wichtigsten Zinssätze auf dem amerikanischen Hypothekarkreditmarkt sind diejenigen für 30-jährige Festzinshypotheken und für variabel verzinsliche Hypotheken. Letztere werden den Industriekonventionen folgend mit der Rendite der 1-jährigen Constant Maturity Treasury verglichen. Bei den langlaufenden Festzinshypotheken dient die Rendite der 10-jährigen Constant Maturity Treasury als Benchmark.[83] Ein Vergleich mit einer Treasury gleicher Laufzeit ist wegen der monatlich anfallenden Tilgungszahlungen und eventuell stattfindenden Prepayments nicht sinnvoll. Besser ist es, eine Benchmark zu wählen, die eine ähnliche Macaulay Duration aufweist. Aufgrund von Erfahrungswerten über das Prepaymentverhalten der Schuldner zeigt sich, dass die Macaulay Duration der 30-jährigen Festzinshypothek am ehesten derjenigen der 10-jährigen Treasury entspricht. Die nachfolgende Abbildung 15 zeigt den Zins für 30-

[83] Vgl. Hu, Joseph C., 2001, S. 15 f.

jährige Festzinshypotheken, die Rendite der 10-jährigen Treasury sowie den resultierenden Spread.

Abbildung 15: Zinssatz für 30-jährige Festzinshypotheken zur Finanzierung von Ein- bis Vierfamilienhäusern im Vergleich zur Rendite der 10-jährigen Constant Maturity Treasury

(1982-2002; auf Monatsbasis)

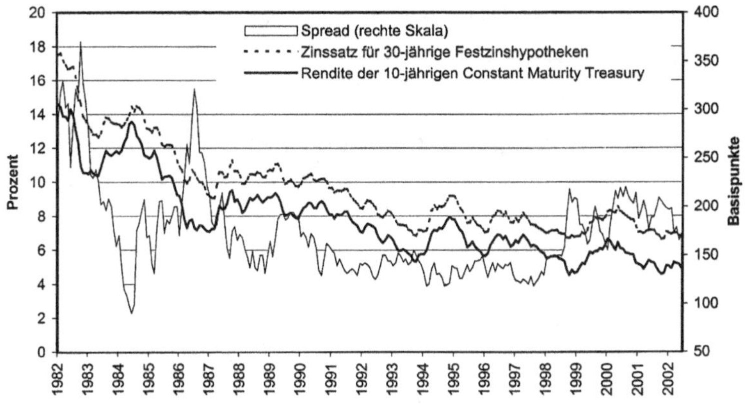

Quelle: Federal Reserve Statistical Release H15; Freddie Mac Primary Mortgage Market Survey; eigene Berechnungen.

Das Niveau der Hypothekenzinssätze sank über den gesamten Betrachtungszeitraum kontinuierlich ab und pendelte in der zweiten Hälfte der 90er Jahre zwischen 7% und 8%. Im zweiten Quartal 2002 erreichte es mit 6,6% einen Wert, wie er zuletzt Anfang der 60er Jahre zu beobachten war. In der ersten Hälfte der 80er Jahre waren die Auswirkungen der weiter oben beschriebenen Hochzinsphase deutlich zu spüren und es mussten für einen Kredit bis zu 18% bezahlt werden. Der Mortgage-to-Treasury Spread war zu dieser Zeit sehr volatil und erreichte zeitweise Werte von über 300 Basispunkten. Diese Phase zog sich bis zum Höhepunkt des Bankensterbens in den Jahren 1986-1988 hin. In den 90er Jahren nahm mit den Zinsen auch der Spread kontinuierlich ab und erreichte Werte um die 130 Basispunkte. In 1999 schwenkte die Federal Reserve auf einen restriktiven geldpolitischen Kurs um, da die Wirtschaft zu überhitzen begann. Gleichzeitig ging das Angebot an US-Treasuries aufgrund der Budgetüberschüsse der öffentlichen Haushalte zurück. Spekulationsblasen vor allem an den Technologiebörsen gefolgt von Kursverlusten in 2000 und Rezessions- und Terrorängsten in 2001 haben trotz der niedrigen Hypothekenzinsen wieder zu einem Anstieg des Spread auf ein Niveau von 200 Basispunkten geführt.

Die nachfolgende Abbildung 16 stellt dar, wie sich die Vergabe neuer Hypothekarkredite entwickelt hat. Das ebenfalls eingetragene Zinsniveau illustriert den inversen Zusammenhang beider Größen.

Abbildung 16: Kreditvergabe zur Finanzierung von Ein- bis Vierfamilienhäusern, Nettonachfrage und Zinsniveau

(1984-2001)

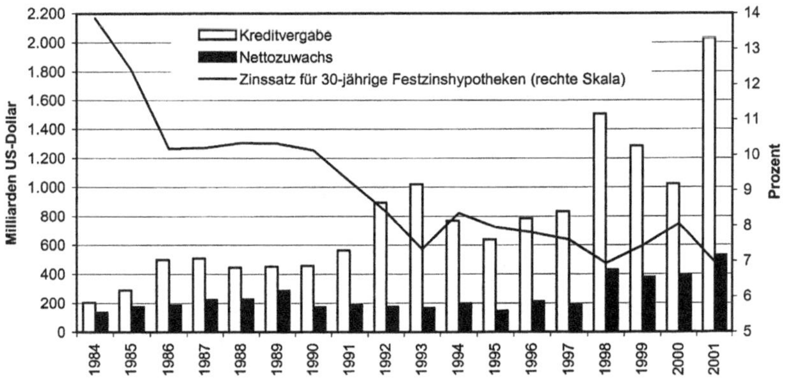

Quelle: Freddie Mac Primary Mortgage Market Survey; Federal Reserve Flow of Funds; Department of Housing and Urban Development Survey of Mortgage Lending Activity.

Während der Hochzinsphase der ersten Hälfte der 80er Jahre kam die Kreditvergabe fast zum erliegen. Das sinkende Zinsniveau der Jahre 1984-1986, 1991-1993 und 1997/98 ließ die Kreditvergabe jeweils sprunghaft ansteigen. Der schnelle Zinsrückgang im Jahr 2001 sorgte sogar für eine Verdoppelung binnen Jahresfrist. Für die Finanzierung von Ein- bis Vierfamilienhäusern wurden in 2001 Kredite im Umfang von über 2 Billionen US-Dollar vergeben. Um den ebenfalls abgetragenen Nettozuwachs des ausstehenden Kreditvolumens zu ermitteln, muss die Kreditvergabe um die Tilgungen und die aus der Prepaymentoption resultierenden Refinanzierungen verringert werden.

Abbildung 17 zeigt, dass die Schwankungen der Kreditvergabe im Wesentlichen dem volatilen Refinanzierungsanteil zuzurechnen sind.

Abbildung 17: Kreditvergabe zur Finanzierung von Ein- bis Vierfamilienhäusern, Refinanzierungsanteil und Zinsniveau

(1984-2001)

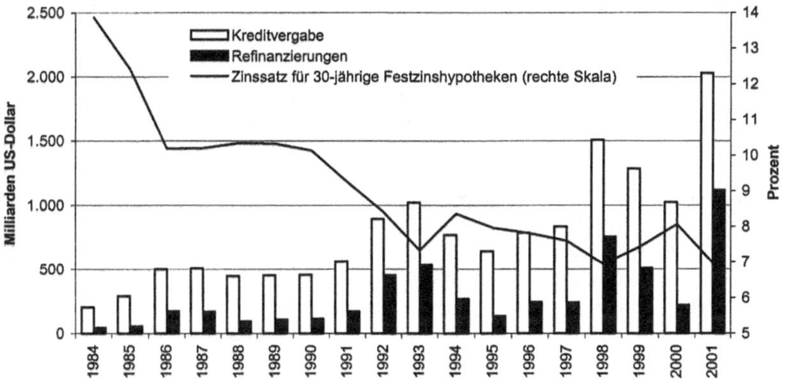

Quelle: Freddie Mac Primary Mortgage Market Survey; Department of Housing and Urban Development Survey of Mortgage Lending Activity; Mortgage Bankers Association of America; Federal Housing Finance Board Monthly Interest Rate Survey; eigene Berechnungen.

Sinkende Zinsen werden von den Schuldnern genutzt, um sich zu günstigeren Konditionen umzuschulden. Dabei haben sich die Refinanzierungsgewohnheiten der Schuldner in jüngster Zeit dahingehend verändert, dass viel sensibler auf Zinsrückgänge reagiert wird. Bessere Vergleichsmöglichkeiten über das Internet, sinkende Kreditvergabegebühren durch automatisierte (auf Scoring-Modellen basierende) Kreditvergabeprogramme und der daraus resultierende Wettbewerb, haben die Transaktionskosten der refinanzierungswilligen Immobilienbesitzer drastisch reduziert, so dass sich eine Umschuldung nun schon bei geringeren Schwankungen rechnet. Diese Entwicklung wurde von der Tatsache verstärkt, dass die Immobilienpreise, wie in der nachfolgenden Abbildung 18 dargestellt, in den Jahren 1997 bis 2001 stark gestiegen sind, so dass bei einer Umschuldung nicht nur vom generell niedrigeren Zinsniveau, sondern auch vom individuell höheren Eigenkapitalanteil profitiert werden konnte. Ein niedrigeres Loan-to-Value Ratio bedeutet geringeres Kreditrisiko und verbessert so die Finanzierungskonditionen. Eventuell wird durch die Umschuldung auch die vom Schuldner zu zahlende Primary Mortgage Insurance überflüssig. Abbildung 18 stellt außerdem die Schwankungsbreite der auf die acht Census Divisions disaggregierten Hauspreisindizes dar: Am schlechtesten entwickelt hat sich West South Central, die größten Zuwächse sind in New England zu beobachten.

Abbildung 18: Historische Entwicklung der Immobilienpreise
(1975-2001; auf Quartalsbasis; nominal; 1980 Q1 = 100)

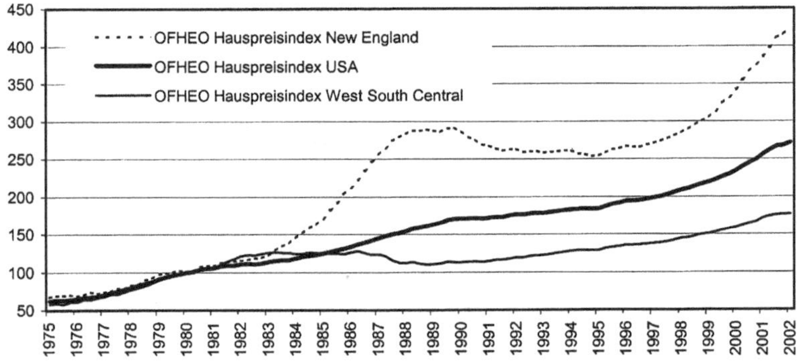

Quelle: Office of Federal Housing Enterprise Oversight; eigene Berechnungen.

Größere Aussagekraft in Bezug auf die konjunkturellen Zyklen besitzt die nachfolgende Abbildung 19. Sie stellt der Zeitreihe des realen Bruttoinlandsprodukts die Entwicklung der relativen Immobilienpreise gegenüber.[84]

Hat der Graph der relativen Immobilienpreise eine positive Steigung, so bedeutet dies, dass die Preise für Immobilien schneller steigen als die Preise aller an-

[84] Zur Ermittlung der relativen Immobilienpreise wurde ein Quotient aus OFHEO House Price Index USA und Consumer Price Index Less Shelter gebildet.

deren Güter. Eine solche Entwicklung war zwischen dem vierten Quartal 1975 und dem ersten Quartal 1979 zu beobachten. Die relativen Immobilienpreise stiegen in diesem Zeitraum um 16%, um anschließend im Zuge der Rezession, die am Verlauf des realen Bruttoinlandsprodukts zu erkennen ist, bis zum dritten Quartal 1982 wieder 10,2% abzugeben.

Abbildung 19: Reales Bruttoinlandsprodukt und relative Immobilienpreise

(1975-2001; auf Quartalsbasis; 1980 Q1 = 100)

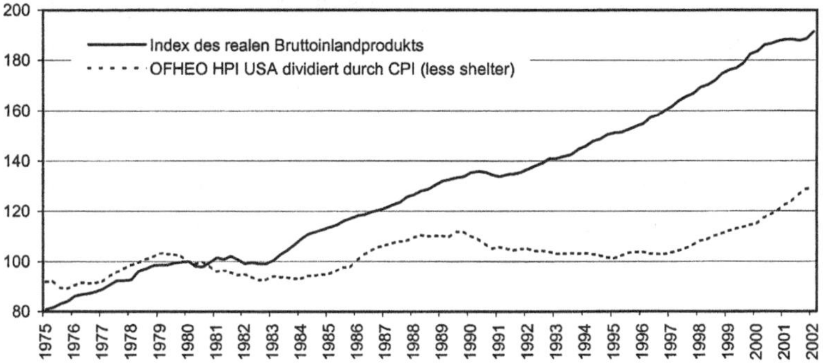

Quelle: Office of Federal Housing Enterprise Oversight; Bureau of Economic Analysis; Bureau of Labour Statistics; eigene Berechnungen.

Die danach folgende siebenjährige Anstiegsphase dauerte bis zum dritten Quartal 1989. In diesem Zeitraum stiegen die relativen Immobilienpreise um 21% und verloren anschließend rezessionsbedingt bis zum ersten Quartal 1995 erneut 9,5%. In den darauf folgenden sieben Jahren bis zum ersten Quartal 2002 sind die relativen Preise um 28% gestiegen. Im selben Zeitraum betrug der Anstieg des nominalen OFHEO Hauspreisindex USA aus Abbildung 18 sogar 47,2%. Der konjunkturelle Abschwung des Jahres 2001 hat aber im ersten Quartal 2002 bereits zu einer Verringerung der Wachstumsraten geführt.

4.3 Unterschiedliche Kreditqualität in den einzelnen Segmenten des Primärmarktes

In der Vergangenheit ging ein rezessives wirtschaftliches Umfeld gewöhnlich mit stagnierenden oder sinkenden Immobilienpreisen einher. Je höher in einer solchen Situation das ursprüngliche Loan-to-Value Ratio einer Darlehensbeziehung ist, desto leichter ist es möglich, dass das in der Immobilie enthaltene Eigenkapital aufgezehrt oder sogar negativ wird. In diesem Fall beginnt die im Darlehensvertrag implizit enthaltene Defaultoption ins Geld zu kommen.[85] Dabei handelt es sich um einen Put, der es dem Schuldner ermöglicht, das Kreditverhältnis zu kündigen, indem er die Eigentumsrechte an der Immobilie an den Kreditgeber abtritt und dieser im Gegenzug auf seine Forderungen verzichtet.[86]

Aus Sicht des betroffenen Schuldners steckt hinter der Ausübung dieser Option immer das Unvermögen, die Verpflichtungen aus dem Kreditvertrag, bei gleichzeitig vorliegendem negativen Eigenkapital, erfüllen zu können. Wäre das Eigenkapital positiv, so könnte der Schuldner die Immobilie am Markt verkaufen und mit den Erlösen den Darlehensvertrag über die Prepaymentoption zurückkaufen.[87] Ist dagegen der ausstehende Darlehensbetrag, bzw. genauer der Barwert aller noch zu leistenden Zahlungen, größer als ein möglicher Verkaufserlös, so bleibt dem zahlungsunfähigen Schuldner nur noch die Ausübung der Defaultoption, die in der Regel eine Zwangsversteigerung seiner Immobilie nach sich zieht, seine Kredithistorie nachhaltig trübt und somit zukünftige Kreditaufnahmen erschwert.[88]

---

[85] Vgl. Ambrose, Brent W. et al., 2001, S. 228 f.

[86] Vgl. Kau, James/Keenan, Donald, 1994, S. 278 f.

[87] Vgl. Avery, Robert et al.,1996, S. 623.

[88] Aus diesem Grund reicht es nicht aus, dass die Defaultoption am Geld ist, sie muss vielmehr signifikant im Geld sein, um den Schuldner für diese und weitere Kosten (Zeitaufwand; Wohnungssuche; Forderungen Dritter, die trotz der Zwangsvollstreckung bestehen bleiben etc.) zu kompensieren. Aus Schuldnersicht bedeutet dies tendenziell, dass zunächst über einen gewissen Zeitraum die Anstrengungen bezüglich der Erfüllung des Schuldendienstes mehr oder weniger erfolgreich erhöht werden. Für weitere Ausführungen zur Defaultoption und ihrer Bewertung sei zum Beispiel verwiesen auf: Foster, Chester/Van Order, Robert, 1985, S. 273-276; Vandell, Kerry D., 1995, S. 245-264; Mayer, Christopher/Genesove, David, 1997, S. 255-269, Fabozzi, Frank J./Modigliani, Franco, 1992, S. 72-79.

Die unten stehende Abbildung 20 zeigt den Anteil der eingeleiteten Zwangsvollstreckungen bezogen auf die Anzahl aller ausstehenden Hypothekarkredite zur Finanzierung von Ein- bis Vierfamilienhäusern während des Zeitraums 1986 bis 2001. Auffällig ist der kontinuierliche Anstieg der Zwangsvollstreckungen in der zweiten Hälfte der 80er Jahre. In dieser Phase entwickelten sich aus Schuldnersicht sowohl die Einkommen (in der Abbildung als prozentuale Veränderung der verfügbaren Einkommen dargestellt), als auch die Immobilienpreise (dargestellt als prozentuale Veränderung des OFHEO House Price Index USA) nachteilig. Dies zwang mit der Zeit immer mehr Schuldner dazu, ihre Defaultoption auszuüben.

Abbildung 20: Eingeleitete Zwangsvollstreckungen bezogen auf die Anzahl aller ausstehenden Hypothekarkredite zur Finanzierung von Ein- bis Vierfamilienhäusern und Entwicklung der Immobilienpreise sowie des verfügbaren Einkommens

(1986-2001)

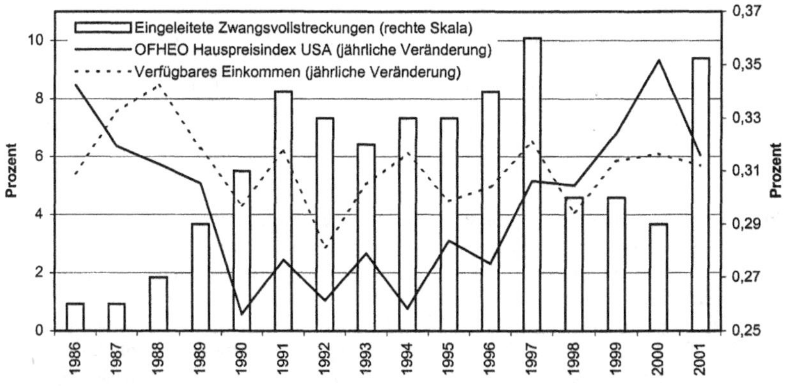

Quelle: Office of Federal Housing Enterprise Oversight; Bureau of Economic Analysis; Mortgage Bankers Association National Delinquency Survey; eigene Berechnungen.

Im Jahr 1991 verbesserte sich die Einkommenssituation und auch die Preise für Immobilien begannen wieder schneller zu steigen. Dennoch erreichte der Anteil der betroffenen Kredite in diesem Jahr mit 0,34% sein vorläufiges Maximum. Diese Verzögerung ist einerseits auf die individuellen Anstrengungen der betroffenen Schuldner, vor dem Hintergrund einer Abwägung zwischen dem Wert der

Defaultoption und den mit dem Zwangsvollstreckungsverfahren einhergehenden persönlichen Kosten, zurückzuführen. Andererseits wird, nachdem der Schuldner sich zur Ausübung der Defaultoption entschieden hat, der weitere zeitliche Ablauf maßgeblich durch die institutionellen Rahmenbedingungen[89] determiniert.

Nach 1991 ging der Anteil der Zwangsversteigerungen leicht zurück, verlief aber bis 1996 auf hohem Niveau. Das Maximum der 90er Jahre wurde 1997 mit 0,36% erreicht. Noch im selben Jahr begann sich der Immobilienpreisanstieg zu beschleunigen. Dieser für die Immobilienbesitzer erfreuliche Trend hielt bis zum Jahr 2000 an. Das verfügbare Einkommen wuchs in dieser Phase auf dem Niveau der ersten Hälfte der 90er Jahre. Von diesen Umständen begleitet sank der Anteil der Zwangsversteigerungen mit 0,29% auf den niedrigsten Stand der 90er Jahre. Im Zuge des konjunkturellen Abschwungs in 2001 erfolgte dann wieder ein Anstieg auf 0,35%. Parallel dazu verringerte sich das Immobilienpreiswachstum von 9,5% auf 6%. In einzelnen Regionen des Landes gaben die Preise sogar leicht nach. Gleichzeitig stieg der Anteil des Schuldendienstes am verfügbaren Einkommen der Haushalte auf durchschnittlich 14,2% und war damit so hoch wie zuletzt im Jahr 1986. Die Bezieher niedrigerer Einkommen waren be-

---

89 Bei Zahlungsunfähigkeit ist grundsätzlich das Zwangsvollstreckungsverfahren unter gerichtlicher Aufsicht anzuwenden. Da es langwierig und damit für den Kreditgeber kostspielig ist, ist in einigen Bundesstaaten auch das kürzere außergerichtliche Deed-of-Trust Verfahren erlaubt. Dabei erhält der säumige Schuldner nach 15 Tagen vom Kreditgeber eine Zahlungsaufforderung. Weitere 5 Tage später wird der Fall an eine spezialisierte Kanzlei übertragen, die nochmals eine Zahlungsaufforderung verschickt. Kommt der Schuldner dieser Aufforderung immer noch nicht nach, so erhält das zuständige Gericht weitere 10 Tage später eine Notice of Delinquency. Bis dahin sind dann mindestens 30 Tage verstrichen. Nach weiteren 30 Tagen kann eine Notice of Default beim Gericht eingereicht werden. Dies ist der Beginn des eigentlichen Zwangsvollstreckungsverfahrens. Von der Zahlungsunfähigkeit des Schuldners bis zu diesem Zeitpunkt sind nun mindestens 60 Tage verstrichen. Nach weiteren 90 Tagen kann dann die Notice of Trustee Sale erfolgen. Bis dahin hat der säumige Schuldner durch Zahlung aller ausstehenden Forderungen und Gebühren die Möglichkeit, den Darlehensvertrag zu heilen. 21 Tage nach der Notice of Trustee Sale kann die Immobilie versteigert werden. Bis dahin sind nun mindestens 171 Tage verstrichen. Auch jetzt noch kann der Vertrag bis 5 Tage vor der Versteigerung geheilt werden. Bis zum letzten Tag ist es außerdem möglich, einen Antrag auf ein Verfahren nach Chapter 13 zu stellen. Wird diesem vom Gericht stattgegeben, so wird das Deed-of-Trust Verfahren beendet und ein Zahlungsplan für den Schuldner aufgestellt. Dieser hat in der Regel einen Horizont von 3-5 Jahren.

sonders stark belastet. Jeder fünfte Haushalt aus dieser Gruppe musste mehr als 40% seines verfügbaren Einkommens für den Schuldendienst verwenden.[90]

Da die staatlichen Garantieprogramme der Federal Housing Administration (FHA) und der Veterans Administration (VA) einkommensschwächere Haushalte beim Immobilienerwerb unterstützen sollen, ist zu erwarten, dass FHA- bzw. VA-Mortgages eine schlechtere Risikostruktur aufweisen als Conforming Conventional Mortgages. Die nachfolgenden Abbildungen 21 bis 23 vergleichen deshalb die Qualität dieser drei Marktsegmente.[91]

Die Analyse der Zahlungsmoral der verschiedenen Schuldnergruppen in Abbildung 21 führt zu zwei Beobachtungen. Erstens liegt der Anteil der in Verzug geratenen staatlich garantierten Kredite auf einem viel höheren Niveau als derjenige der Conforming Conventional Mortgages. Das bestätigt die Vermutung, dass FHA- bzw. VA-Mortgages, aufgrund der Einkommenssituation und der Belastung der Schuldner, generell größere Risken darstellen. Hinzu kommt außerdem die Tatsache, dass staatlich garantierte Mortgages höhere Loan-to-Value Ratios (LTV) aufweisen als Conforming Conventional Mortgages. Es ist bei der FHA durchaus üblich, Kredite mit einem LTV größer als 100% zu garantieren. Bei solchen Schuldnern bewegt sich die Defaultoption schon bei geringen Rückgängen des Immobilienpreisniveaus ins Geld.[92]

Zweitens verschlechtert sich die Zahlungsmoral im staatlich garantierten Bereich kontinuierlich, während sie sich im privaten Bereich tendenziell verbessert. In 2001 waren 10,8% aller ausstehenden FHA-Mortgages in Verzug, was

---

90 Vgl. Zandi, Mark M./Nottage, Brian, 2001, S. 3.

91 Das Versicherungsprogramm des RHS wird aufgrund seiner geringen Bedeutung von dieser Betrachtung ausgeklammert.

92 Price Waterhouse untersuchte 1990 im Auftrag der Federal Housing Administration (FHA) das Zahlungsverhalten von FHA-Mortgages getrennt nach LTV-Kategorien. Die Wahrscheinlichkeit, dass ein Schuldner zahlungsunfähig wurde, war in der LTV-Kategorie „97% und größer“ doppelt so groß wie in der Kategorie „85%-90%“ und fünfmal so groß wie in der Kategorie „75% und geringer“.

dem historischen Höchststand entspricht – bei den Conforming Conventional Mortgages waren es hingegen nur 2,9%.[93]

Abbildung 21: In Verzug geratene Schuldner bezogen auf die Anzahl aller ausstehenden Hypothekarkredite zur Finanzierung von Ein- bis Vierfamilienhäusern des entsprechenden Marktsegmentes

(1986-2001; insgesamt überfällig)

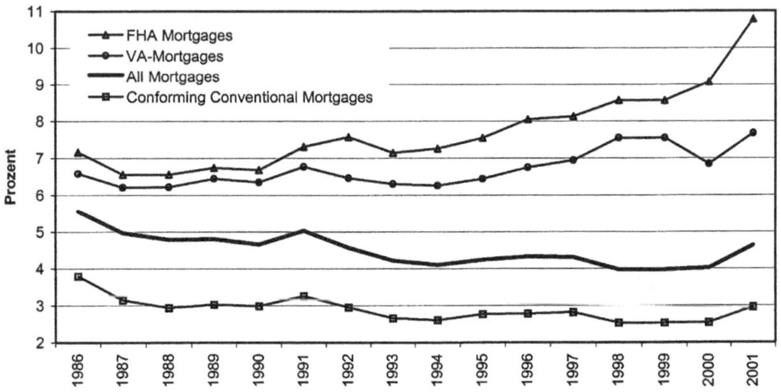

Quelle: Mortgage Bankers Association National Delinquency Survey.

Die unterschiedlichen Trends können auf zwei Ursachen zurückgeführt werden. Zum einen hat der durch FHA, VA und Ginnie Mae repräsentierte staatliche Immobilienfinanzierungssektor, indem die Einkommensgrenzen abgesenkt und die LTV angehoben wurden, immer schlechtere Risiken angesprochen, um so das gesellschaftspolitische Ziel, einem möglichst großen Teil der Bevölkerung Immobilienbesitz zu ermöglichen, zu verwirklichen.[94] Zum anderen gilt, dass der Kreditvergabeprozess von Informationsasymmetrien begleitet wird, welche die schlechten Risiken dazu veranlassen, sich als gute auszugeben. Ein Kreditgeber hat in diesem System einen Anreiz, Verfahren zur Informationsgewinnung

---

93 Es sei an dieser Stelle daran erinnert, dass der weitaus größte Teil der FHA- bzw. VA-Mortgages durch die staatliche Ginnie Mae verbrieft wird. Dabei garantiert die Agentur die ‚rechtzeitige und vollständige Zahlung von Zins und Tilgung', übernimmt also Kreditrisiken, die nicht durch die ebenfalls staatlichen Versicherungsprogramme von FHA und VA abgedeckt werden.

94 Vgl. Zandi, Mark M./Nottage, Brian, 2001, S. 1-4.

zu entwickeln und einzusetzen, die sein Informationsdefizit verringern. Fannie Mae und Freddie Mac haben Anfang der 90er Jahre in Kooperation mit Investmentbanken und Rating Agenturen Technologien zur Automatisierung des Kreditvergabeprozesses entwickelt. Dabei wurden die umfangreichen Datenbanken der beiden GSEs genutzt, um Zusammenhänge zwischen Schuldnercharakteristika und Zahlungsverhalten zu schätzen. Auf Grundlage dieser Erkenntnisse wird im Einzelfall die Kreditwürdigkeit prognostiziert. Der Kunde wird automatisch in eine Risikoklasse eingestuft, an der die Vergabeentscheidung und die individuellen Konditionen festgemacht werden.

Abbildung 22: In Verzug geratene Schuldner bezogen auf die Anzahl aller ausstehenden Hypothekarkredite zur Finanzierung von Ein- bis Vierfamilienhäusern des entsprechenden Marktsegmentes

(1986-2001; länger als 90 Tage überfällig)

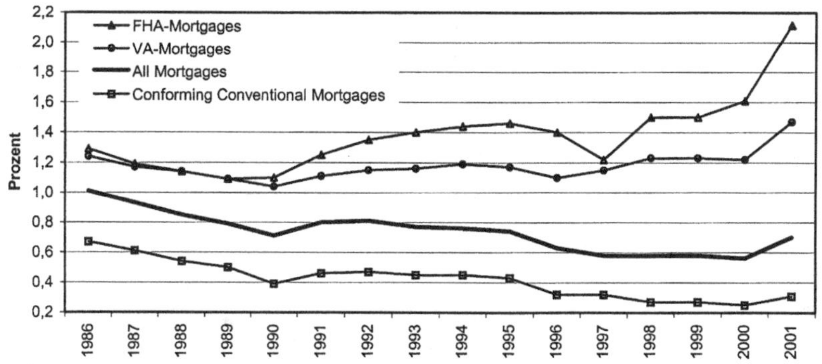

Quelle: Mortgage Bankers Association National Delinquency Survey.

Gerade Fannie Mae und Freddie Mac, die den Sekundärmarkt für Conforming Conventional Mortgages dominieren, hatten großes Interesse daran, ihre sehr effizienten Systeme (Desktop Underwriter bzw. Loan Prospector) zum Standard werden zu lassen und erreichten dies, indem sie ihre lizenzierten Primärmarktakteure zu deren Anwendung zwangen. Im staatlich garantierten Marktsegment wurde diese Entwicklung nicht nachvollzogen. Die Kreditevaluation erfolgt dort immer noch arbeitsintensiv und mit den entsprechenden Freiheitsgraden der Akteure.[95] Das führt im staatlichen Segment zu adverser Selektion, da die guten Risiken aus diesem Bereich jetzt die Möglichkeit haben, sich im konventionellen Markt auch als solche identifizieren zu lassen und so in den Genuss besserer Konditionen zu kommen. Umgekehrt haben die schlechten Risiken weniger Spielraum, ihre wahren Charakteristika zu verstecken und wandern deshalb vom konventionellen zum staatlichen Segment ab.[96] Dieses zehrt von der Tatsache, dass der Staat als Garantiegeber fungiert. Die oben stehende Abbildung 22 stellt wiederum die drei Marktsegmente dar. Nun werden allerdings die Anteile derjenigen Kredite betrachtet, die schon 90 Tage und länger überfällig sind. Bei ihnen ist die Wahrscheinlichkeit, dass der Schuldner den Darlehensvertrag nicht mehr heilen kann und es schließlich zur Zwangsversteigerung kommen wird, schon deutlich gestiegen. Die besprochenen Unterschiede im Niveau und beim Trend sind in dieser Abbildung sogar noch ausgeprägter.

Abbildung 23: Eingeleitete Zwangsvollstreckungen bezogen auf die Anzahl aller ausstehenden Hypothekarkredite zur Finanzierung von Ein- bis Vierfamilienhäusern des entsprechenden Marktsegmentes

(1986-2001)

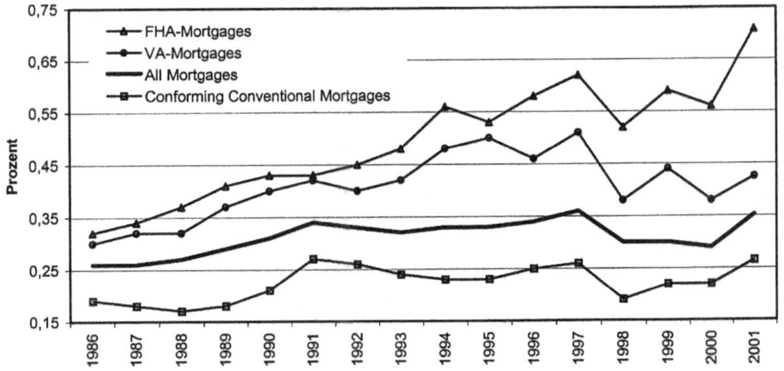

Quelle: Mortgage Bankers Association National Delinquency Survey.

---

[95] Vgl. Hayre, Lakhbir, 2001, S. 218.

[96] Vgl. Akerlof, George A., 1970, S. 488-500.

Wie sich die Anteile der tatsächlich in die Zwangsvollstreckung gelangten Mortgages entwickelt haben, stellt die oben stehende Abbildung 23 dar. Im Jahr 2001 haben sich alle Segmente verschlechtert. Besonders betroffen waren auch hier die von der FHA garantierten Hypothekarkredite mit einem Anteil von 0,74%. Bei den Conforming Conventional Mortgages lag dieser Anteil dagegen nur bei 0,25%.

4.4 Betrachtung des Sekundärmarktes

Grundsätzliche Motivation der staatlichen Eingriffe und Engagements im Immobilienfinanzierungsbereich ist es, die Konditionen von Hypothekarkrediten im Primärmarkt zu verbessern. Die Teilnehmer des Sekundärmarktes wurden in Abbildung 7 bereits als Ginnie Mae, Fannie Mae und Freddie Mac sowie als private Investoren identifiziert. Dabei ist Ginnie Mae niemals Käufer von Hypothekarkrediten, sondern ausschließlich Garantiegeber der mit ihrer Hilfe generierten und am Kapitalmarkt platzierten MBS. Fannie Mae, Freddie Mac und die privaten Investoren treten hingegen als Käufer auf und haben als solche drei Alternativen: Sie können die Darlehen im eigenen Bestand halten, an andere Sekundärmarktteilnehmer weiterverkaufen oder Teile davon zu MBS verbriefen.

Verbriefte und damit kapitalmarktfähige amerikanische Hypothekarkredite stellten Ende 2001, wie die unten stehende Abbildung 24 zeigt, in Form von (hauptsächlich) MBS mit einem Anteil von 22% (4,1 Billionen US-Dollar) an allen amerikanischen Schuldtiteln die weltweit größte Assetklasse dar. Sie dominierten die von den Unternehmen emittierten Schuldverschreibungen (20% bzw. 3,7 Billionen US-Dollar) und auch die Titel des US-Treasury (16% bzw. 3 Billionen US-Dollar), die noch 1998 den größten Bestand repräsentierten. Der Bereich der MBS wurde wiederum mit einem Anteil von knapp 70% bzw. 2,8 Billionen US-Dollar durch die Verbriefungen von Ginnie Mae, Fannie Mae und Freddie Mac beherrscht. Ihre MBS waren mit einem tagesdurchschnittlichen Handelsvolumen in 2001 von 112 Mrd. US-Dollar sehr liquide.[97] Bei den unter „Federal Agency" (12% bzw. 2,2 Billionen US-Dollar) subsumierten Titeln handelte es sich zu 60% und damit 1,3 Billionen US-Dollar um Schuldverschreibungen von Fannie Mae und Freddie Mac, mit denen sie ihre in den eigenen Portfolios befindlichen Hypothekarkredite finanzierten.[98]

Abbildung 24: Kapitalmarktfähige Schuldtitel
(Bestand zum 31.12.2001: 18,6 Billionen US-Dollar)

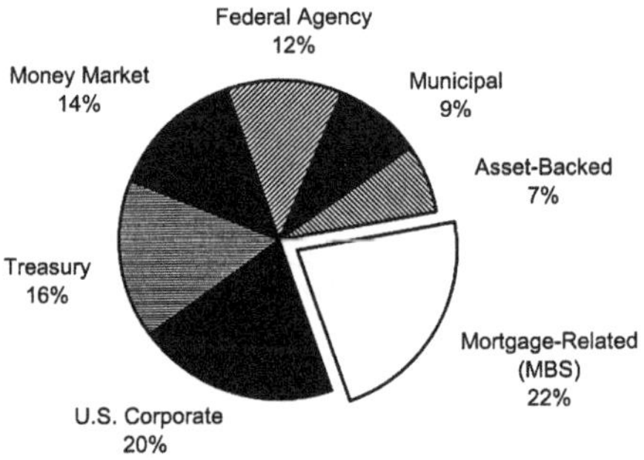

Quelle: Department of Treasury; Federal Reserve; Ginnie Mae; Fannie Mae; Freddie Mac.

Die nachfolgende Abbildung 25 stellt die Verbriefungsaktivitäten der Sekundärmarktteilnehmer in den Jahren 1980 bis 2001 dar. Es ist unmittelbar zu erkennen, dass sich sowohl der Trend als auch die absolute Höhe an der Kreditvergabe zur Finanzierung von Wohnimmobilien orientieren. Ausgehend vom niedrigen Niveau Anfang der 80er Jahre, erreichte die Verbriefungstätigkeit im Jahr 1993 fast das Niveau aller im selben Jahr neu vergebenen Hypothekarkredite. Allerdings darf man diese beiden Werte nicht ohne weiteres miteinander ver-

97 Zum Vergleich: Titel des US-Treasury wurden tagesdurchschnittlich im Umfang von 290 Mrd. US-Dollar, Unternehmensschuldverschreibungen im Umfang von 9 Mrd. US-Dollar gehandelt.

98 Vgl. The Bond Market Association, 2002, S. 2-7.

gleichen, da Fannie Mae und Freddie Mac auch ältere, im eigenen Portfolio befindliche, sogenannte Seasoned Mortgages verbriefen. Dieser Anteil lag in 2001 bei 5%. Außerdem dienen Agency-MBS oft als Input für Private-Label MBS, so dass es zu Doppelzählungen kommen kann.

Abbildung 25: Jährliche Emission von MBS

(1980-2001; verbriefte Hypothekarkredite zur Finanzierung von Ein- bis Vierfamilienhäusern)

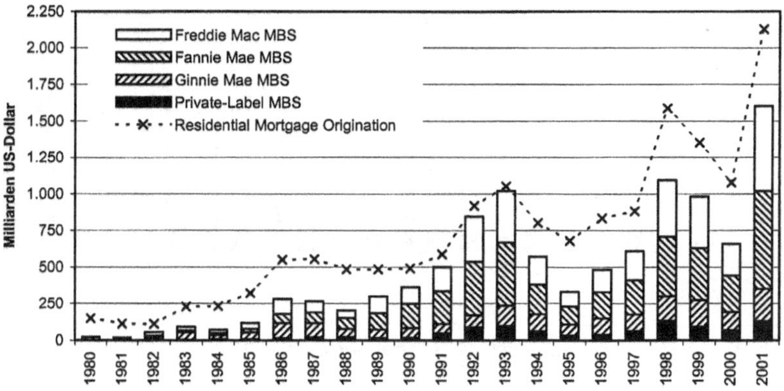

Quelle: Fannie Mae; The Bond Market Association; eigene Darstellung.

Bis zum Jahr 1987 war Ginnie Mae die größte Emittentin von MBS. Danach wurde sie von Fannie Mae und Freddie Mac abgelöst, die vom Refinanzierungsboom, der durch das sinkende Zinsniveau ausgelöst wurde, stärker profitieren konnten. Die Bedeutung der privaten Emittenten ist im Vergleich zu den Aktivitäten von Ginnie Mae, Fannie Mae und Freddie Mac vernachlässigbar gering.

Die unterschiedlichen Anteile von Ginnie Mae, Fannie Mae und Freddie Mac bei der Emission spiegeln sich auch in der Zeitreihe der ausstehenden Agency-MBS wieder, die in der nachfolgenden Abbildung 26 dargestellt ist. Bis zum Jahr 1991 bildeten die MBS von Ginnie Mae die größte Klasse. Danach machte sich die verstärkte Emissionstätigkeit von Freddie Mac und vor allem Fannie Mae bemerkbar. Ende 2001 standen Agency-MBS im Umfang von 2,83 Billionen US-Dollar aus. Der größte Anteil entfiel mit 1,29 Billionen US-Dollar auf

Fannie Mae, gefolgt von Freddie Mac (0,95 Billionen US-Dollar) und Ginnie Mae (0,59 Billionen US-Dollar).

Abbildung 26: Entwicklung der ausstehenden Agency-MBS
(1980-2001; verbriefte Hypothekarkredite zur Finanzierung von Ein- bis Vierfamilienhäusern)

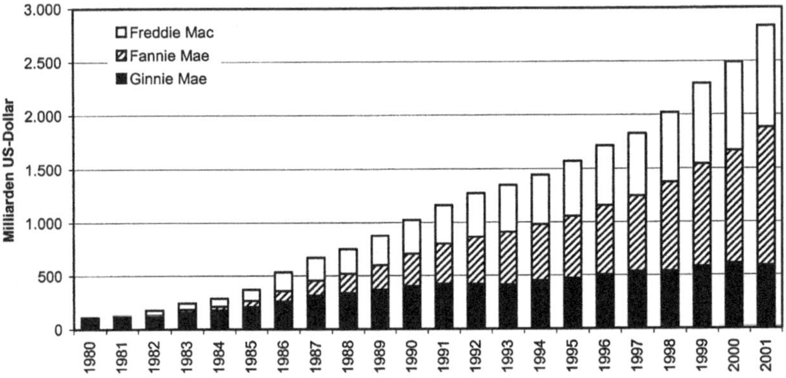

Quelle: The Bond Market Association; eigene Darstellung.

Agency-MBS sind aufgrund ihrer hohen Erklärungsbedürftigkeit und Komplexität keine Produkte für das Retail-Banking, sondern werden nahezu ausschließlich von institutionellen Investoren mit entsprechender Expertise nachgefragt. Attraktive Charakteristika wie Renditeaufschläge gegenüber Treasuries (bei gleichzeitig vorhandenen expliziten und impliziten Staatsgarantien), hohe Liquidität und Variantenvielfalt verhalfen ihnen bei dieser Gruppe zu großer Popularität. Die nachfolgende Abbildung 27 zeigt, wie sich die Mitte 1998 im Umfang von 2,05 Billionen US-Dollar ausstehenden Agency-MBS auf die Investoren verteilten.

Bemerkenswert ist in diesem Zusammenhang, dass die zweitgrößte Investorengruppe mit einem Anteil von 18,5% durch Fannie Mae und Freddie Mac selbst repräsentiert wird. Die beiden Agencies investieren in ihre eigenen Papiere, indem sie umlaufende MBS am Markt zurückkaufen oder aber neu generierte MBS gar nicht erst am Markt platzieren. In beiden Fällen bedeutet dies aber, dass ihre Aktiva, die sogenannten Retained Portfolios, in denen sich auch die nicht verbrieften Hypothekarkredite befinden, zunehmen.

Abbildung 27: Ausstehende Agency-MBS nach Investorengruppen

(Bestand zum 30.06.1998: 2,05 Billionen US-Dollar)

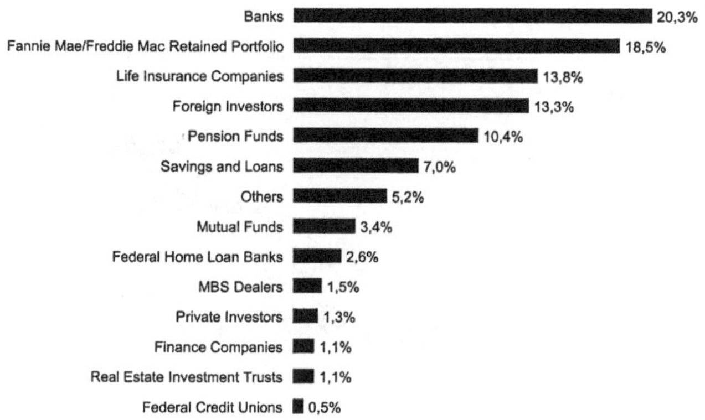

Quelle: Inside MBS and ABS; eigene Darstellung.

Seit Mitte der 90er Jahre ist zu beobachten, dass die Retained Portfolios der beiden Agencies überproportional schnell wachsen. Das hat Konsequenzen für die Risikoallokation, was mit Hilfe der nachfolgenden Abbildung 28 zunächst für Fannie Mae illustriert wird.

Die beiden oberen Flächen des Stapeldiagramms repräsentieren den Umfang der ausstehenden Fannie Mae MBS, wobei die oberste denjenigen Anteil darstellt, der auch tatsächlich von Dritten gehalten wird. Fannie Mae garantiert diesen Investoren die ‚rechtzeitige und vollständige Zahlung von Zins und Tilgung' und übernimmt somit das Kreditrisiko. Der Investor wiederum übernimmt das Zinsrisiko, das aus den Prepayments der Schuldner resultiert.

Bei der mittleren Fläche handelt es sich um diejenigen MBS, die im Bestand von Fannie Mae gehalten werden. Zusätzlich zum Kreditrisiko übernimmt die Agency hier auch das Zinsrisiko. Seit 1994 wurde dieser Anteil stark ausgeweitet. Fannie Mae substituiert damit im Grunde die mit Zinsrisiko behafteten MBS durch zinsrisikofreie Schuldverschreibungen, die an den Kapitalmärkten aufgrund des Status der Emittentin als Government-Sponsored Enterprise (GSE) sehr geschätzt sind.

Abbildung 28: Risikoallokation Fannie Mae vs. Investoren
(1980-2001)

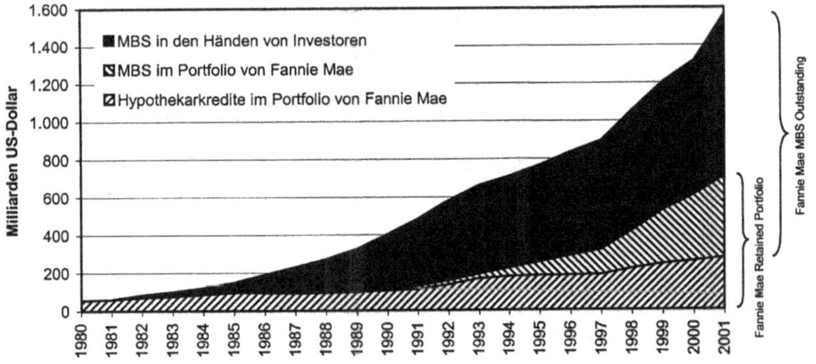

Quelle: Office of Federal Housing Enterprise Oversight; The Bond Market Association; Fannie Mae, Freddie Mac; eigene Darstellung.

Die untere Fläche stellt die Hypothekarkredite im Bestand von Fannie Mae dar. Auch hier trägt sie sowohl das Kredit- als auch das Zinsrisiko. Zusammengenommen repräsentieren die beiden unteren Flächen das Retained Portfolio. In absoluten Zahlen ausgedrückt bedeutet dies für das Jahr 2001, dass Fannie Mae Kreditrisiken im Umfang von 1,56 Billionen US-Dollar und Zinsrisiken im Umfang von 0,7 Billionen US-Dollar absorbierte. Um diese Risiken abzusichern, wurden Derivatepositionen[99] im notionalen Umfang[100] von 533 Mrd. US-Dollar aufgebaut. Zur Refinanzierung des Retained Portfolios (und zusätzlicher Non-

99 Im Wesentlichen handelt es sich hierbei um Swaps, Basis Swaps, Swaptions und Interest Rate Caps.

100 Notional bezieht sich auf die mögliche Höhe eines Geschäftes, das aufgrund einer eingegangenen Derivateposition zustande kommen kann. Beispiel: Ein Zinsswap, der es ermöglicht, 10 Mrd. US-Dollar zu LIBOR zu erhalten, hat einen notionalen Wert von 10 Mrd. US-Dollar.

Mortgage-Investments) bestanden Verbindlichkeiten im Umfang von 781 Mrd. US-Dollar.

Abbildung 29 stellt die besprochenen Sachverhalte nachträglich für Freddie Mac dar. Der notionale Umfang der Derivatepositionen betrug in 2001 1.052 Mrd. US-Dollar und die Verbindlichkeiten beliefen sich auf 598 Mrd. US-Dollar.[101]

Abbildung 29: Risikoallokation Freddie Mac vs. Investoren

(1980-2001)

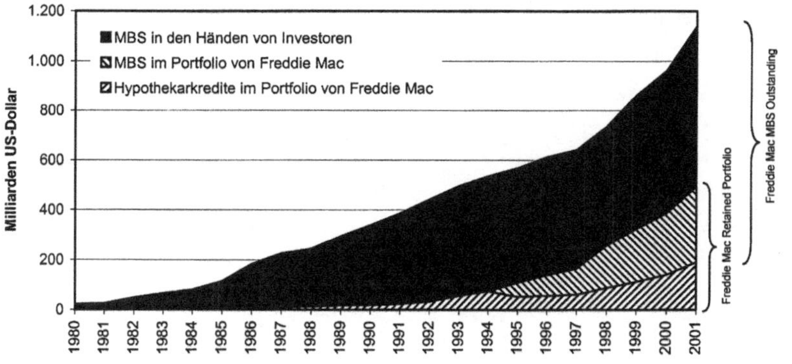

Quelle: Office of Federal Housing Enterprise Oversight; The Bond Market Association; Fannie Mae; Freddie Mac; eigene Darstellung.

[101] Da Ginnie Mae keine Retained Portfolios aufbauen darf, sieht sie sich auch keinem Zinsrisiko ausgesetzt. Ihre Kreditrisiken werden durch die von ihr garantierten ausstehenden MBS (Ende 2001: 591 Mrd. US-Dollar) determiniert.

5. Analyse des Prepaymentverhaltens von Hypothekarkrediten im Kontext von Agency-MBS

5.1 Vorbemerkung

Es wurde bereits gezeigt, dass eine Anlage in Agency-MBS gegenüber dem Investment in einzelne Hypothekarkredite für risikoaverse Anleger attraktiver ist: Agency-MBS tragen aufgrund der Tatsache, dass Ginnie Mae, Fannie Mae und Freddie Mac die ‚rechtzeitige und vollständige Zahlung von Zins und Tilgung' garantieren, quasi kein Kreditrisiko. Dennoch ist ein Investment in Agency-MBS insofern riskant, als diese Wertpapiere mit Prepaymentrisiko behaftet sind. Das bedeutet, dass einem Investor neben den planmäßigen Zins- und Tilgungszahlungen auch die nur schwer zu prognostizierenden, außerplanmäßigen Tilgungen (Prepayments) zufließen.

Im Folgenden werden deshalb die Determinanten des Prepaymentverhaltens von Hypothekarkrediten systematisiert. Dabei ist zu beachten, dass die Analyse notwendigerweise eine ganz andere sein muss, wenn nicht nur einzelne Darlehen, sondern ein ganzer Pool – wie er typischerweise einer Agency-MBS zugrunde liegt – untersucht wird.

Prepayments finden grundsätzlich im Zusammenhang mit folgenden Ereignissen statt:

- Verkauf der Immobilie,
- Refinanzierung des Darlehens,
- Zwangsversteigerung der Immobilie,
- Schuldner tilgt einen Teil des Darlehens über Sonderzahlungen.

5.2 Verkauf der Immobilie

5.2.1 Discount Coupon Mortgages und das Konzept der Turnover Rate

Zunächst sei davon ausgegangen, dass es sich bei den betrachteten Darlehen ausschließlich um Discount Coupon Mortgages handelt. Da diese einen Zinssatz aufweisen, der unter dem aktuellen Marktniveau liegt, ist die Prepaymentoption der Schuldner aus dem Geld und es besteht kein Refinanzierungsanreiz.[102] In diesem Szenario sind Prepayments zunächst ausschließlich durch Immobilienverkäufe motiviert, da die Schuldner grundsätzlich verpflichtet sind, den noch ausstehenden Darlehensbetrag beim Verkauf der zur Besicherung dienenden Immobilie zu tilgen.

Eine Ausnahme bilden die staatlich garantierten FHA- bzw. VA-Mortgages. Bei ihnen hat der Käufer die Möglichkeit, den Darlehensvertrag des Verkäufers zu übernehmen, falls er sich formal dafür qualifiziert. Da zunächst Discount Coupon Mortgages betrachtet werden, ist davon auszugehen, dass ein Käufer das FHA- bzw. VA-Darlehen auch tatsächlich übernehmen wird, so dass staatlich versicherte Darlehen in diesem Szenario keine nennenswerte Prepaymentquelle darstellen.

Für die Prepaymentanalyse im Zusammenhang mit Immobilienverkäufen bietet es sich an, den Umschlag bestehender Ein- bis Vierfamilienhäuser auf deren Bestand zu beziehen. Diese Turnover Rate ist die Gesamtrate der durch Immobilienverkäufe ausgelösten Prepayments und kann demzufolge als Constant Prepayment Rate (CPR) ausgedrückt werden.[103] Die nachfolgende Abbildung 30 stellt die Turnover Rate der Jahre 1978 bis 2001 dar.

---

[102] Dies ist dann der Fall, wenn der Marktzins seit Abschluss der Darlehen wieder angestiegen ist oder wenn die Schuldner sich über eine zusätzlich zu entrichtende Gebühr, einen günstigeren Darlehenszins erkauft haben (Die Funktionsweise ähnelt dann derjenigen eines Disagiodarlehens. Der Schuldner zahlt bei der Darlehensvergabe sogenannte „Points". Ein Punkt bedeutet dabei ein Prozent der Darlehenssumme und führt, da es sich um im Voraus bezahlten Zins handelt, zu einer entsprechenden Verringerung des Zinssatzes).

[103] Der vom U.S. Census Bureau in unregelmäßigen Abständen durchgeführte American Housing Survey ergab, dass in 1999 62,7% aller eigengenutzten Ein- bis Vierfamilienhäuser mit einem Hypothekendarlehen belastet waren. Der Median der ausstehenden Darlehensvolumina lag bei 64.000 US-Dollar. Der Umschlag bestehender Ein- bis Vierfamili-

Abbildung 30: Durch Immobilienverkäufe ausgelöste Prepayments (1978-2001)

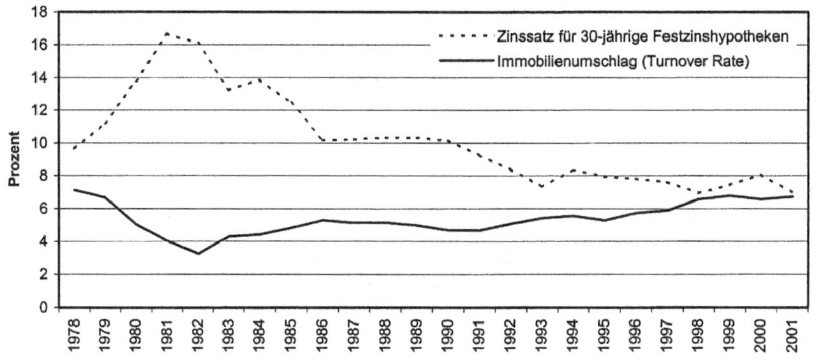

Quelle: U.S. Census Bureau; National Association of Realtors; Freddie Mac; eigene Darstellung.

Ebenfalls eingetragen ist das Hypothekarkreditniveau, das den Immobilienumschlag ganz entscheidend beeinflusst: Das hohe Zinsniveau in der ersten Hälfte der 80er Jahre ließ die Turnover Rate in 1982 auf eine CPR von 3,2% fallen. Der Kauf einer neuen Immobilie war wegen des hohen Zinsniveaus nahezu unerschwinglich geworden. Der kontinuierliche Rückgang der Zinsen während der 90er Jahre stimulierte den Immobilienumschlag und die daraus resultierenden Prepayments. Bis 2001 stieg die Turnover Rate begleitet von historisch niedrigen Hypothekarkreditzinsen auf eine CPR von 6,7%.

Konjunkturelle Situation und Immobilienpreisentwicklung sind Einflüsse, die neben dem Zinsniveau in das Entscheidungskalkül eines Hausbesitzers einfließen, wenn es darum geht, eine neue, eventuell sogar größere Immobilie zu erwerben.[104] Die 90er Jahre waren gekennzeichnet von einem lang anhaltenden wirtschaftlichen Aufschwung, in dessen Folge seit 1995 auch die Immobilienpreise stark angestiegen sind.

---

enhäuser kann somit als Ausgangsgröße bei der Analyse der durch Immobilienverkäufe motivierten Prepayments herangezogen werden.

104 Vgl. Hayre, Lakhbir/Young, Robert, 2000, S. 22.

Demographische und soziale Veränderungen beeinflussen die Nachfrage nach Immobilien generell über Bevölkerungswachstum, Migration, Haushaltsgröße und Wandel der Präferenzen.[105] Familienplanung, Mobilität der Arbeitnehmer, steuerliche Aspekte und Transaktionskosten spielen ebenfalls eine Rolle.[106]

Während die in Abbildung 30 abgetragenen Jahreswerte der Turnover Rate einem leicht ansteigenden Trend folgen, im großen und ganzen aber – abgesehen von den Jahren 1981-83 – nicht besonders volatil sind, unterliegen die Monatswerte im Jahresverlauf ungleich größeren saisonalen Schwankungen. Erfahrungsgemäß beginnt die Turnover Rate im März anzusteigen, erreicht mit einer CPR von 6-7% zwischen Juli und August ihr Maximum und fällt dann in den Spätsommermonaten langsam ab, um während der Wintermonate, mit einer CPR von 3%, auf niedrigem Niveau zu verharren. Dieser Verlauf ist damit zu begründen, dass Umzugstermine (und damit Hausverkäufe) wegen der Schulferien und dem Beginn des neuen Schuljahres tendenziell in die Sommermonate gelegt werden.[107] Für einen Investor hat dies zur Folge, dass die verkaufsbedingten Prepayments bei Hypothekarkrediten im Jahresverlauf einer Schwankung von über 100% unterliegen können.

5.2.2 Seasoning

Diese grundsätzlichen Beobachtungen zum Immobilienumschlag werden bei einem spezifischen Hypothekarkreditpool durch einen Effekt überlagert, der als Seasoning bezeichnet wird und sich auf den Ausreifungsprozess des Prepaymentverhaltens der betreffenden Hypothekarkredite bezieht. Die nachfolgende Abbildung 31 zeigt eine Punktewolke aus unterschiedlich alten Conventional Mortgages und den zugehörigen Prepaymentgeschwindigkeiten (in CPR).

Neu vergebene Darlehen haben zunächst eine niedrige Prepaymentgeschwindigkeit. Mit zunehmendem Alter steigt diese dann an, um ab einem bestimmten Zeitpunkt auf konstantem Niveau zu verharren. Es ist deutlich zu erkennen, dass

---

[105] Vgl. DiPasquale, Denise/Wheaton, William C., 1996, S. 183 f.
[106] Vgl. Green, Jerry/Shoven, John P., 1986, S. 43 f.
[107] Vgl. Westhoff, Dale/Srinivasan, V.S., 2000, S. 279.

der Prozess des Seasoning sich mit den Beobachtungen der Public Securities Association deckt, die zum PSA Industriestandard geführt haben. Zum Vergleich ist ein entsprechendes PSA-Schema (mit 125% PSA) eingezeichnet.

Abbildung 31: Seasoning am Beispiel von Conventional Mortgages

(30-jährige Laufzeit; Discount Coupon; in Prozent)

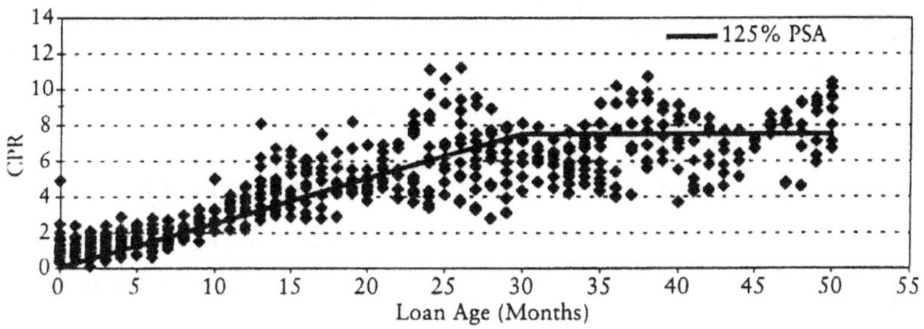

Quelle: Salomon Smith Barney.

Die anfänglich niedrige Prepaymentgeschwindigkeit eines Hypothekarkreditpools lässt sich dadurch erklären, dass die neuen Immobilien zum einen den aktuellen Bedürfnissen der Bewohner gerecht werden, mithin der Wunsch nach einem neuen Haus ex definitione noch nicht wieder ausgeprägt ist, zum anderen schrecken die Schuldner in dieser Phase davor zurück, schon wieder die mit dem Umzug verbundenen Transaktionskosten auf sich nehmen zu müssen.[108] Mit fortschreitendem Alter der Darlehen treten diese Gründe in den Hintergrund: Ein durch persönliche Umstände motivierter Umzug wird wahrscheinlicher, das Einkommen nimmt zu, so dass eine Verbesserung der Wohnsituation finanziert werden kann.[109] Dies hat zur Folge, dass sich die Prepayments des Pools der natürlichen, durch die Turnover Rate vorgegebenen Geschwindigkeit, annähern.[110]

[108] Such- bzw. Maklerkosten, Umzugskosten, Nebenkosten der Darlehensvergabe, Notarkosten, Opportunitätskosten in Form der aufgewendeten Zeit.
[109] Vgl. Becketti, Sean, 1989, S. 50.
[110] Vgl. Hayre, Lakhbir/Young, Robert, 2000, S. 25.

Starke Wertsteigerungen bei den zugrundeliegenden Immobilien können diesem Konvergenzprozess des Prepaymentverhaltens zuwiderlaufen, indem sie dafür sorgen, dass der Eigenkapitalanteil der Schuldner schnell ansteigt und sie diesen nutzen, um ein größeres Darlehen für eine bessere Immobilie zu erhalten.[111] Regional begrenzte Preissteigerungen können so bei geographisch schlecht diversifizierten Pools zu einer starken Beschleunigung der Prepaymentgeschwindigkeit führen, die so vom Investor nicht antizipiert wurde.

5.2.3 Relative Mobilität

Schuldner signalisieren durch die Wahl des Darlehentyps ihre relative Mobilität. Ein Schuldner, der ein 30-jähriges festverzinsliches Darlehen wählt und sich dieses mit einem hohen Disagio auszahlen lässt, um seine laufende Zinsbelastung zu verringern, demonstriert durch diese Selbstselektion, dass er beabsichtigt, die gekaufte Immobilie längerfristig zu bewohnen. Entscheidet sich ein Schuldner dagegen für eine Balloon Mortgage, so zeigt er, dass er nicht am Eigenkapitalaufbau, sondern an einer günstigen Finanzierung mit kurz- bis mittelfristigen Konditionen interessiert ist, da er eventuell schon bald wieder mit einem Umzug rechnet.[112]

---

[111] Beispiel: Ein Schuldner hat eine Immobilie im Wert von 100.000 US-Dollar zu 80% fremdfinanziert. Nach drei Jahren ist der Wert des Hauses auf 110.000 US-Dollar gestiegen und der ausstehende Darlehensbetrag aufgrund der erfolgten Tilgungsleistungen auf 70.000 US-Dollar gesunken. Der Eigenkapitalanteil hat sich in dieser Zeit von 20.000 US-Dollar auf 40.000 US-Dollar erhöht, so dass die betreffende Person nun bei einem Fremdfinanzierungsanteil von ebenfalls 80% eine Immobilie im Wert von 200.000 US-Dollar erwerben könnte. Dieses Beispiel setzt voraus, dass der entsprechend höhere Schuldendienst aufgrund der Einkommenssituation auch erbracht werden kann. Auch wenn dies nicht der Fall ist, hat der Schuldner einen Anreiz, seine verbesserte Eigenkapitalposition zu nutzen, um entweder eine günstigere Finanzierung zu erhalten oder aber um teure Konsumentenkredite umzuschulden. In allen drei Fällen hat die Immobilienpreissteigerung zur Konsequenz, dass das ursprüngliche Darlehen getilgt wird, was im betreffenden Hypothekarkreditpool zu Prepayments für die Investoren des Passthrough führt. Vgl. ausführlicher zum Einfluss der Eigenkapitalsituation auf die Verkaufsentscheidung: Mayer, Christopher/Genesove, David, 1997, S. 255-257; Stein, Jeremy C., 1995, S. 379-382; Pavlov, Andrey D., 2001, S. 201.

[112] Vgl. Hu, Joseph C., 2001, S. 7.

5.2.4 Lock-In Effekt

Die Diskussion des Immobilienumschlags im Zusammenhang mit Discount Coupon Mortgages hat bisher nur die direkten Nebenkosten eines Umzugs hervorgehoben. Hinzu kommt aber, dass der Schuldner beim Verkauf der alten Immobilie seine günstigen Finanzierungskonditionen aufgeben und den Kauf der neuen Immobilie zum aktuell höheren Marktniveau finanzieren muss. Dieser zusätzliche Negativanreiz verhält sich proportional zum aufgegebenen Zinsvorteil und der Darlehenshöhe. Er führt dazu, dass Schuldner tendenziell länger zögern, ehe sie sich für den Kauf einer neuen Immobilie entscheiden.[113]

Erhöht sich der Eigenkapitalanteil eines Schuldners im Zeitablauf aufgrund von Tilgungszahlungen und Wertsteigerung, so verliert Lock-In Effekt an Bedeutung. Ein neues Darlehen kann geringer ausfallen und der Schuldner stellt aufgrund des gestiegenen Eigenkapitals ein geringeres Risiko für den Kreditgeber dar, was ceteris paribus zu günstigeren Konditionen führt.[114]

Der Lock-In Effekt ist weniger relevant, falls eine Immobilie mit einem staatlich garantierten FHA- bzw. VA-Darlehen finanziert ist. Der Käufer wird sich den im Vergleich zum vorherrschenden Marktniveau günstigen Zinssatz sichern, indem er das bestehende Darlehen übernimmt. Der Verkäufer wiederum ist sich des Wertes dieser Option bewusst und versucht, diesen Sachverhalt in die Immobilie einzupreisen.[115] Es kommt zu einer Verhandlung, bei der sich beide nach Maßgabe ihres Verhandlungsgeschicks besser stellen können: Je größer der Lock-In Effekt ist, desto wahrscheinlicher wird es, dass der Käufer ein staatlich garantiertes Darlehen übernehmen wird und der Verkäufer sich diesen Vorteil

---

[113] Vgl. Green, Jerry/Shoven, John P., 1986, S. 42.

[114] Betrachtet sei wieder der Schuldner aus Fußnote 37. Nach drei Jahren war sein Eigenkapital von 20.000 US-Dollar auf 40.000 US-Dollar angewachsen. Erwirbt er nun nach dem Verkauf der alten Immobilie eine ähnliche Immobilie zu 110.000 US-Dollar, so benötigt er ein Darlehen über 70.000 US-Dollar. Sein LTV beträgt somit nur noch 63% und entsprechend günstiger wird sein Risiko eingeschätzt. Beim Kauf der alten Immobilie vor drei Jahren betrug das LTV noch 80% und der ursprüngliche Darlehensbetrag lag bei 80.000 US-Dollar. Dies kann dazu führen, dass der Lock-In Effekt überkompensiert wird.

[115] Um sich für die höheren Zinsen entschädigen zu lassen, die er selbst zahlen muss, wenn er anschließend seine neue Immobilie zum Marktniveau finanzieren muss.

über den Verkaufspreis der Immobilie auch bezahlen lassen kann.[116] Im Unterschied zum konventionellen Darlehen kommt es in diesem Fall trotz Lock-In Effekt zum Verkauf der Immobilie – wegen der Übernahe des Darlehenvertrags durch den Käufer finden aber keine Prepayments statt.

5.3 Refinanzierung des Darlehens

5.3.1 Turnover Rate und tatsächlich beobachtbare Prepayments: Notwendigkeit der Einbeziehung von Premium Coupon Mortgages

Die nachfolgende Abbildung 32 vergleicht die aus der Turnover Rate resultierenden transaktionsbedingten Prepayments (Turnover Rate) mit den tatsächlich beobachteten Prepayments eines spezifischen Ginnie Mae Passthroughs vom TYP GNMA I, dessen Kollateral 1977 generiert und verbrieft wurde. Da der Coupon des Passthrough 7,5% beträgt, bedeutet dies, dass die zugrundeliegenden Hypothekarkredite einen Zinssatz von 8% aufweisen müssen.[117]

Der feste Immobilienmarkt Ende der 70er Jahre führte zu einem schnellen Ausreifen (Seasoning) der verbrieften Darlehen. In der Hochzinsphase der Jahre 1979 bis 1986 verlangsamte sich die Prepaymentgeschwindigkeit dann dramatisch. Da die Ginnie Mae Programme nur staatlich garantierte – und somit übertragbare – Darlehen verbriefen, konnte die Prepaymentgeschwindigkeit sogar die Turnover Rate unterschreiten, weil in dieser Zeit der Anreiz, das Darlehen vom Verkäufer zu übernehmen, besonders groß war.

Mitte 1986 begann die Prepaymentgeschwindigkeit wegen einer ersten Refinanzierungswelle wieder anzusteigen. In dieser Zeit lag das Hypothekarkreditzinsniveau mit durchschnittlich 10% allerdings immer noch über den 8%, die von den Schuldnern der betrachteten Darlehen zu zahlen waren. Der Grund für dieses scheinbar irrationale Verhalten lag darin, dass viele Schuldner über eine Re-

[116] Vgl. Hayre, Lakhbir/Young, Robert, 2000, S. 27.

[117] Bei GNMA I werden pro Pool nur Hypothekarkredite mit gleichem Zinssatz verbrieft. Außerdem fallen Gebühren für das Servicing und die Übernahme des Kreditrisikos in Höhe von 50 Basispunkten an (vgl. Tabelle 1).

finanzierung an das mittlerweile in ihren Immobilien kumulierte Eigenkapital gelangen wollten. Dafür nahmen sie auch das höhere Zinsniveau bei der Anschlussfinanzierung in Kauf. Ein Schuldner, der sein Darlehen refinanziert, fällt ex definitione aus dem Pool heraus, der einem Passthrough zugrunde liegt. Für das auf seinen Austritt folgende Prepaymentverhalten sind dann nur noch die im Pool verbleibenden Schuldner maßgeblich.

Abbildung 32: Prepaymentgeschwindigkeit eines Ginnie Mae Passthroughs vs. Turnover Rate bei Bestandsimmobilien

(März 1977 - Februar 2000; auf Monatsbasis; in Prozent)

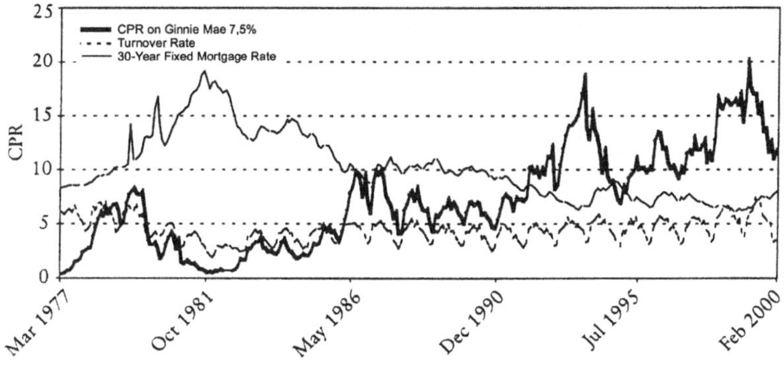

Quelle: Salomon Smith Barney; National Association of Realtors; U.S. Census Bureau; eigene Darstellung.

Von 1988 bis Anfang 1991 folgten die Prepayments des Passthrough im Wesentlichen der Turnover Rate, da vom konstanten Zinsniveau in diesem Zeitraum keine Impulse ausgingen.

Zwischen 1991 und 1993 kam es dann zu einem Rückgang der Hypothekarkreditzinsen von 10% auf unter 8%, der, da die Prepaymentoption der Schuldner sich erstmalig ins Geld bewegte, zu einer zweiten Refinanzierungswelle führte: Die Prepaymentgeschwindigkeit erreichte knapp 20% CPR.

In der Folgezeit bewegte sich die Prepaymentgeschwindigkeit des Pools auf hohem Niveau (10% CPR), um dann Ende 1998 erneut nach oben zu schießen, als die Zinsen – erstmals seit 1969 – wieder unter das Niveau von 7% fielen und nun viele der noch im Pool befindlichen Darlehen refinanziert wurden. Da die Darlehen zu dieser Zeit aufgrund ihres Alters nur noch relativ geringe Restbeträge aufwiesen, fiel diese dritte Refinanzierungswelle mit knapp über 20% CPR relativ moderat aus. Passthroughs, die zu diesem Zeitpunkt aus jüngeren Darlehen bestanden, verzeichneten damals Prepaymentgeschwindigkeiten von bis zu 60% CPR.

Diese Analyse zeigt, dass die Turnover Rate alleine das Prepaymentverhalten des Passthrough nicht ausreichend nachzeichnen kann. Die Residuen zwischen der Turnover Rate und den beobachteten Prepayments sind im Wesentlichen auf Refinanzierungen[118] zurückzuführen.

Deshalb schließt die Betrachtung im weiteren Verlauf auch Premium Coupon Mortgages ein. Da diese einen Zinssatz haben, der über dem aktuellen Marktniveau liegt, kann es neben den transaktionsbedingten Prepayments auch zu solchen kommen, die durch Refinanzierungen ausgelöst werden.

5.3.2 Refinanzierungsanreiz in Verbindung mit rationalem Prepaymentverhalten

Refinanzierungen sind Prepayments, die aus ökonomischen Überlegungen resultieren und durch das Ausüben der implizit im Darlehensvertrag enthaltenen Call-Option zustande kommen.[119] Die nachfolgende Abbildung 33 stellt das Entscheidungskalkül eines Schuldners in Abhängigkeit vom Zinsniveau[120] in einem beliebigen Zeitpunkt t während der Darlehenslaufzeit dar. Es sei zunächst davon ausgegangen, dass ein vollkommener Markt ohne Transaktionskosten vorliegt.

---

[118] Zwangsversteigerungen und außerplanmäßige Tilgungszahlungen haben nur einen sehr geringen Anteil und werden erst weiter unten berücksichtigt.

[119] Vgl. Hayre, Lakhbir/Young, Robert, 2000, S. 28.

[120] In diesem Zusammenhang meint Zinsniveau den am Markt vorherrschenden Zinssatz für entsprechende Hypothekarkredite. Eine mathematische Formulierung rationalen Prepaymentverhaltens muss die Zinsstruktur und die Unsicherheit über die Zinsentwicklung modellieren. In der akademischen Literatur wird deshalb in der Regel der am weitesten verbreitete Zinsprozess (Mean-Reverting Square Root Process) von Cox/Ingersoll/Ross (1985) verwendet. Vgl. hierzu zum Beispiel: Kau, James B. et al., 1992; Stanton, Richard, 1995; Dunn, Kenneth B./McConnell, John J., 1981.

Beim Abschluss eines Hypothekendarlehens tätigt ein Schuldner prinzipiell zwei getrennte Geschäfte: Zum einen verpflichtet er sich, Zahlungen, die in einem Tilgungsplan fixiert sind, an den Kreditgeber zu leisten. Zum anderen erwirbt er vom Kreditgeber einen Call auf genau diesen Zahlungsstrom. Dieser Call kann jederzeit während der Darlehenslaufzeit ausgeübt werden. Ausübungspreis ist der dann noch ausstehende Darlehensbetrag. Der Schuldner baut somit eine Short Position an einer Non-Callable Mortgage $\overline{M}$ und eine Long Call Position auf $\overline{M}$ auf. Dieser Sachverhalt kann wiederum durch eine Short Position an einer Callable Mortgage M dargestellt werden.[121] M repräsentiert den Wert der Verbindlichkeiten aus der Sicht des Kreditgebers bzw. den Marktwert der Verbindlichkeiten.[122]

Die Differenz zwischen dem Barwert der vom Schuldner noch zu leistenden Zahlungen $\overline{M}$ und dem betragsmäßig niedrigeren Marktwert der Callable Mortgage M entspricht dem Wert der Long Call Position. Solange das Marktniveau über dem vertraglichen Zinssatz r_s des Schuldners liegt, hat die Option nur einen Zeitwert. Je mehr es sich von oben kommend an r_s annähert, desto größer wird dieser Zeitwert, weil sich dadurch die Wahrscheinlichkeit erhöht, dass die Option zu einem späteren Zeitpunkt ins Geld kommen kann. Wird r_s vom Marktniveau unterschritten ($\Delta r = r_s - r > 0$), so gilt, dass $\overline{M}$>A und die Option beginnt inneren Wert aufzubauen. Der Schuldner könnte sie nun sofort ausüben und durch Zahlung des noch ausstehenden Darlehensbetrages A den höheren Wert $\overline{M}$ ablösen. Seine Ersparnis betrüge dann $\overline{M} - A$. Anschließend könnte er den Betrag A zum niedrigeren Zinsniveau refinanzieren.

[121] Vgl. Fabozzi, Frank J./Modigliani Franco, 1992, S. 260.
[122] Vgl. Kau, James B./Keenan, Donald C., 1995, S. 244.

Abbildung 33: Rationales Prepaymentverhalten des Schuldners als Ergebnis optionspreistheoretischer Optimierung

(in Abhängigkeit vom Zinsniveau; ohne Berücksichtigung von Transaktionskosten)

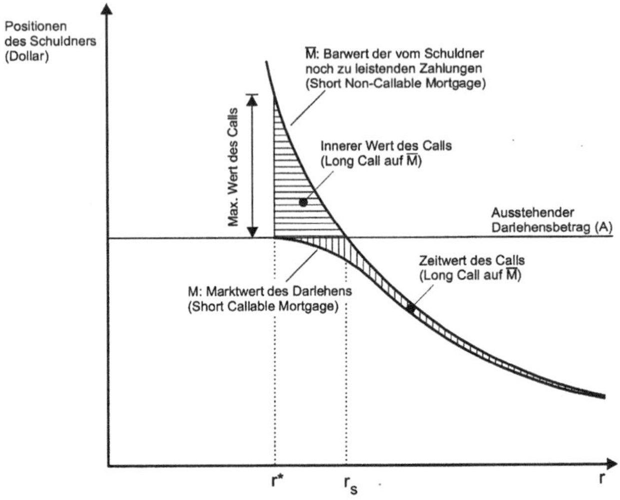

Quelle: Eigene Darstellung.

Das eigentliche Ziel des Schuldners ist es aber, den Marktwert seiner Verbindlichkeiten M zu minimieren.[123] Da $\overline{M}$ nicht von der Prepaymententscheidung des Schuldners abhängig ist, entspricht die Minimierung von M einer Maximierung des Optionswertes.[124] Gleichzeitig gilt als Randbedingung, dass es suboptimal ist, den Call auszuüben, solange $M < A$.[125]

Bei der optimalen Call Strategie gibt es ein r*, so dass der Wert des Calls maximiert wird. Dies ist genau dann der Fall, wenn $M = A$. Das Ausüben des Calls bei einem Zinsniveau oberhalb von r* wäre irrational, weil der Ausübungspreis A größer ist als der Wert von M. Der Schuldner erhielte zwar den Gegenwert von $\overline{M}$, müsste dafür aber auf den Wert des Calls verzichten. Ein Ausüben des

---

[123] Vgl. Quigley, John M./Van Order, Robert, 1990, S. 239.

[124] Vgl. Stanton, Richard, 1995, S. 681.

[125] Für die Herleitung der Randbedingung vgl. Dunn, Kenneth B./McConnell, John J., 1981, S. 602 f.

Calls bei einem Zinsniveau unterhalb von r* kann ex Definitione nicht stattfinden, da der Schuldner sonst in einem früheren Zeitpunkt gegen seine Minimierungsbedingung verstoßen hätte.

Der Wert von Δr und damit von r* hängt somit davon ab, wie weit der Call im Geld sein muss, damit es optimal ist, ihn auszuüben und folglich auf die Möglichkeit einer späteren Ausübung zu verzichten.[126] In r* ist der Wert des Calls maximal. Der negativ konvexe Verlauf von M in der Nähe von r* zeigt, wie der Marktwert der Verbindlichkeiten den Call antizipiert bevor dieser ausgeführt wird. Die optimale Prepaymentstrategie und der Marktwert des Darlehens können folglich nur simultan ermittelt werden.[127]

5.3.3 Transaktionskosten, Heterogenität und irrationales Prepaymentverhalten

Streng optionspreisbasierte Modelle endogenisieren das Prepaymentverhalten der Schuldner und führen es ausschließlich auf Zinsdifferentiale und Erwartungen über zukünftige Zinspfade und Volatilitäten zurück.[128] Aufgrund ihrer restriktiven Annahmen kommen sie deshalb zu dem Ergebnis, dass in einem Hypothekarkreditpool oberhalb von r* keine Refinanzierungen stattfinden. Wird r* dann erreicht, so werden alle Darlehen des Pools auf einen Schlag refinanziert.[129]

Die Punktewolke in der nachfolgenden Abbildung 34 bezieht sich auf Darlehen mit einem Zinssatz von $r_s = 8\%$, die zu Ginnie Mae Passthroughs verbrieft wurden, und stellt deren Prepaymentverhalten in Abhängigkeit vom Refinanzierungsanreiz $\Delta r = r_s - r$ dar.

---

126 Die Optionspreistheorie unterstellt, dass dem Nichtausüben der Refinanzierungsoption ein Wert beigemessen werden kann, der positiv korreliert ist mit der Richtung und der Volatilität des zukünftig erwarteten Zinspfades.

127 Aufbauend auf Black und Scholes (1973) und Cox, Ingersoll und Ross (1978) wurden zahlreiche Versuche unternommen, auf Optionspreismodellen basierende Bewertungsverfahren für Hypothekarkredite zu konstruieren.

128 Vgl. Archer, Wayne R./Ling, David C., 1993, S. 376.

129 Vgl. Stanton, Richard, 1995, S. 377 f.

Abbildung 34: Prepayments bei Ginnie Mae Passthroughs und Refinanzierungsanreiz bei den zugrundeliegenden Hypothekarkrediten

(in Prozent)

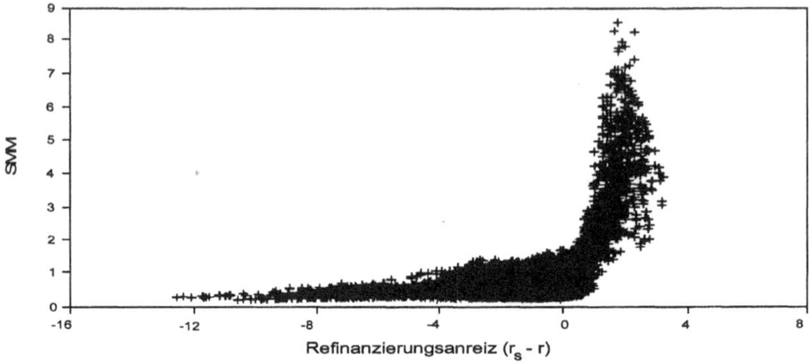

Quelle: Fabozzi, Frank J./Modigliani Franco, 1992; eigene Darstellung.

Es zeigt sich, dass die Prepaymentrate zunimmt, sobald die Call-Option der Schuldner ins Geld kommt ($\Delta r = r_s - r > 0$). Allerdings gibt es nicht *die eine* optimale Zinsdifferenz $\Delta r^* = r_s - r^* > 0$, bei der alle Darlehen gleichzeitig refinanziert werden. Es ist vielmehr so, dass innerhalb eines Intervalls von einem bis drei Prozentpunkten Zinsdifferenz eine verstärkte Refinanzierungstätigkeit beobachtet werden kann.

Die Einführung von Transaktionskosten und die Aufhebung der Homogenitätsannahme können diesen scheinbaren Widerspruch beseitigen: Im Zusammenhang mit einer Refinanzierung fallen monetäre Kosten (Gebühren für die Darlehensvergabe, Provisionen für Gutachter etc.) und Opportunitätskosten (Zeitaufwand, Informationskosten etc.) an, die es erforderlich machen, dass die Call-Option weiter im Geld sein muss bevor sich ihre Ausübung lohnt als durch die streng optionspreisbasierte Betrachtung vorgeschlagen. Transaktionskosten (TAK) erhöhen aus Sicht des Schuldners den Ausübungspreis und führen in der obigen Abbildung 33 dazu, dass sich A nach oben verschiebt und die notwendige Renditedifferenz Δr^*_{TAK} größer werden muss. Wird weiterhin zugelassen, dass die Schuldner (i) über individuelle Charakteristika verfügen, so gilt, dass die Transaktionskosten für unterschiedliche Schuldner (TAK_i) verschieden hoch sind, mithin $\Delta r^*_{TAK_i}$ von Schuldner zu Schuldner variiert.[130]

5.3.4 Pfadabhängigkeit des Refinanzierungsverhaltens

Die Erweiterung des optionspreisbasierten Ansatzes um individuell unterschiedlich hohe Transaktionskosten erlaubt es, zu erklären, dass das gegenwärtige Prepaymentverhalten eines Darlehenpools nicht nur vom aktuellen Niveau der Hypothekarkreditzinsen und von Erwartungen bezüglich der zukünftigen Zinsentwicklung abhängt, sondern auch vom historischen Zinspfad. Die gepoolten Darlehen eines Passthroughs weisen Zinssätze auf, die in einem relativ engen Intervall liegen müssen bzw. bei GNMA I sogar identisch sein müssen. Daneben gilt, dass der optimale Refinanzierungsanreiz $\Delta r^*_{TAK_i}$ aufgrund heterogener Transaktionskosten bei jedem Darlehen unterschiedlich hoch ist. Unterschreitet das Zinsniveau zum ersten Mal nach Abschluss der Darlehensverträge das Niveau r_s und erreicht r_1, so beginnen diejenigen Schuldner mit der Refinanzierung ihrer Darlehen, bei denen die Transaktionskosten am niedrigsten sind, die zugehörigen $\Delta r^*_{TAK_i}$ folglich nicht sehr groß sein müssen. Kehrt sich die Zinsentwicklung dann um (r_1 hat einen Tiefpunkt markiert), so verlangsamt sich die Prepaymentgeschwindigkeit wieder. Kommt es anschließend zu einem erneuten Rückgang des Zinsniveaus, so bleibt die Prepaymentgeschwindigkeit auf dem niedrigen Niveau. Diejenigen Schuldner, die innerhalb des betrachteten Pools von einer Refinanzierung profitieren konnten, haben ihre Chance bereits beim ersten Rückgang von r_s auf r_1 genutzt und sind deshalb aus dem Pool ausgeschieden. Im Pool befinden sich jetzt nur noch Schuldner, deren Transaktionskosten

---

[130] Schuldner mit niedrigem LTV und hohem Einkommen stellen gute Risiken dar, was die Konditionen einer Anschlussfinanzierung positiv beeinflusst. Ausbildungsniveau und Vertrautheit mit den Formalia erleichtern das Refinanzierungsprocedere. Wachsamkeit und Sensitivität bezüglich der Zinsentwicklung ermöglichen besseres Timing. Schuldner mit niedrigen Darlehensrestbeträgen verzichten eher auf eine Refinanzierung als solche mit großen Beträgen. Diese Unterschiede führen dazu, dass die monetären Kosten unterschiedlich hoch ausfallen und die Opportunitätskosten viel differenzierter wahrgenommen werden.

$\Delta r^*_{TAK_i}$ höher sind als die der bereits ausgeschiedenen. Erst wenn das Zinsniveau die Marke r_1 unterschreitet, wird es für denjenigen Teil der verbleibenden Darlehen mit den dann wiederum niedrigsten Transaktionskosten lohnenswert, zu refinanzieren. Der Zinspfad der vergangenen Jahre kann folglich wie eine Sperrklinke auf das refinanzierungsbedingte Prepaymentverhalten des Pools wirken. Immer wenn neue Tiefststände im Zinsniveau erreicht werden, lohnt sich das Ausüben der Call-Option bei einem Teil derjenigen Darlehen, die bis dahin im Pool überlebt haben und es kommt zu einer Refinanzierungswelle.

5.3.5 Veränderte Rahmenbedingungen

Das Refinanzierungsverhalten der Schuldner reagiert immer sensibler und kurzfristiger auf Rückgänge des Zinsniveaus, was zu einer Verstärkung des Sperrklinkeneffekts beiträgt. So führte das Unterschreiten der 7%-Marke für 30-jährige Festzinsdarlehen im März 2001 dazu, dass die Refinanzierungsquote auf 55% emporschnellte.[131] Dafür können folgende Entwicklungen verantwortlich gemacht werden:

Die Ausbreitung des Internet hat dazu geführt, dass die Schuldner über ein viel höheres Informationsniveau verfügen. Hinzu kommt, dass bei sinkenden Zinsen ein Medienecho einsetzt, das dann besonders stark ist, wenn eine signifikante Marke unterschritten wird.

Der Wettbewerbsdruck im Primärmarkt sorgt dafür, dass Schuldner in solchen Fällen viel aggressiver umworben werden, ihre Darlehen doch zu refinanzieren. Verkaufsargumente sind in diesem Zusammenhang neue Finanzierungsprodukte, gesunkene Kosten und Gebühren sowie kürzere Bearbeitungszeiten. Neue Pro-dukte sollen den individuellen Interessen der Schuldner entgegenkommen und die Bereitschaft zur Refinanzierung stimulieren. Dabei geht die Tendenz zu höheren LTV und reduzierten oder vordergründig gar nicht mehr vorhandenen

[131] Siehe Abbildung 17.

Gebühren. Letzteres führt dazu, dass die subjektiv empfundenen Transaktionskosten der Refinanzierung drastisch sinken.[132]

Auch das Engagement von Fannie Mae und Freddie Mac hat dazu beigetragen, Refinanzierungen zu stimulieren und in diesen Ausmaßen erst zu ermöglichen, da sie zu einem generellen Rückgang der Transaktionskosten beigetragen haben. 1983 machten diese noch 3% des Darlehenbetrages aus, in 2001 waren es nur noch 0,5%. Die von Fannie Mae und Freddie Mac autorisierten Primärmarktteilnehmer (vor allem Mortgage Broker) werden angehalten, ihren Kreditevaluationsprozess online über die automatisierten Scoringsysteme der beiden GSEs durchzuführen. Sofort nach Eingabe der Schuldnerdaten erhält der Broker die Information, ob die GSEs bereit sind, das Darlehen zu kaufen und falls ja, zu welchem Preis. Das bringt eine Zeitersparnis mit sich und führt über die standardisierte Bearbeitung zu einer Kostensenkung. Aus Sicht der GSEs trägt die Automatisierung außerdem dazu bei, im Primärmarkt Freiheitsgrade bei der Kreditvergabe abzubauen und somit die Informationsasymmetrien zwischen Broker und Sekundärmarkt bezüglich der Kreditqualität zu reduzieren. Die stetige Erhöhung der zum Kauf bzw. zur Verbriefung durch die GSEs zugelassenen Darlehensbeträge (Conforming Loan Limit) sorgt dafür, dass sich regelmäßig nach der Anpassung diejenigen Darlehen, die vorher noch zu groß waren, für die zinsgünstigeren Programme von Fannie Mae und Freddie Mac qualifizieren, was einen Refinanzierungsanreiz darstellt. Außerdem tragen die GSEs dazu bei, die Refinanzierungswellen überhaupt erst zu ermöglichen, da sie die dafür notwendige Liquidität bereitstellen.

5.3.6 Vom aktuellen Marktzinsniveau unabhängige Refinanzierungen

Bislang wurde der Refinanzierungsanreiz unter Verwendung von optionspreistheoretischen Überlegungen ausschließlich auf Zinsdifferentiale und Transaktionskosten zurückgeführt. Tatsächlich können Refinanzierungen aber auch beobachtet werden, obwohl die Call-Option der Schuldner gar nicht im Geld ist.

---

[132] Vgl. Bennett, Paul et al., 1997, S. 89.

Ein Grund dafür ist, dass das in der Immobilie gebundene Eigenkapital der Schuldner im Zuge einer Refinanzierung dazu genutzt werden soll, um teure Konsumentenkredite[133] zu konsolidieren oder Liquidität für zusätzlichen Konsum zu generieren. Dabei wird das bestehende Darlehen vorzeitig getilgt und ein neues mit größerem Volumen aufgenommen. Dies führt ceteris paribus dazu, das sich das LTV des Darlehens erhöht und der Schuldner höhere Zinsen in Kauf nehmen muss. In einem Umfeld steigender Immobilienpreise und sinkender Zinsen ist der Anreiz besonders groß, den Wertzuwachs aus der Immobilie herauszuziehen.[134] Vorteilhaft erweist sich in diesem Zusammenhang auch die Tatsache, dass Zinszahlungen auf Hypothekendarlehen steuerlich abzugsfähig sind, was bei Konsumschulden nicht der Fall ist.

Eine weiterer Erklärungsansatz ist, dass sich die Bonität des Schuldners im Zeitablauf verbessert haben kann, so dass im Falle einer Refinanzierung von einer teuren Risikoklasse in eine günstigere gewechselt werden kann. Viele Kreditgeber stufen Schuldner mit einer auffälligen Kredithistorie in eine bessere Kategorie ein, nachdem sie über einen bestimmten Zeitraum (in der Regel zwölf Monate) nicht in Verzug geraten sind. Somit existiert, auch wenn es nicht zu einem Rückgang des Zinsniveaus kommt, ein stetiger Fluss an Refinanzierungen, weil es immer Schuldner gibt, deren Kreditwürdigkeit sich gerade verbessert hat. Umgekehrt werden solche Schuldner auf eine Refinanzierung verzichten, deren Prepaymentoption aufgrund gesunkener Zinsen zwar im Geld ist, deren Bonität sich aber seit Abschluss des Darlehens verschlechtert hat.

---

[133] Ende 1997 betrug die durchschnittliche Verschuldung eines amerikanischen Haushalts ohne Berücksichtigung von Hypothekendarlehen 18.200 US-Dollar. Dieser Betrag erhöhte sich bis Dezember 2001 um 38% auf 25.200 US-Dollar (Quellen: U.S. Census Bureau, Federal Reserve Board).

[134] Im Zeitraum 1995 bis 2001 ist der nominale OFHEO Hauspreisindex um 47,2% gestiegen. Parallel dazu unterschritten die Hypothekenzinsen in 2001 die 7%-Marke. Durch Refinanzierungen konnten die privaten Haushalte in 2001 einen Mittelzufluss in Höhe von 70 Mrd. US-Dollar verbuchen. In der ersten Hälfte des Jahres 2002 kamen weitere 100 Mrd. US-Dollar hinzu.

5.4 Zwangsversteigerung der Immobilie

5.4.1 Einordnung in die Prepaymentsystematik

Kommt ein Schuldner dauerhaft seinen Zahlungsverpflichtungen nicht mehr nach, so wird die zur Besicherung eingesetzte Immobilie liquidiert. Da von der ersten nicht gezahlten Rate bis zur Versteigerung der Immobilie in der Regel fast sechs Monate vergehen, sorgen Ginnie Mae, Fannie Mae und Freddie Mac als Garanten ihrer MBS in der Zwischenzeit mit eigenen Mitteln dafür, dass der Investor ‚rechtzeitige und vollständige Zahlungen von Zins und Tilgung' erhält. Sobald dann der Versteigerungserlös realisiert ist, wird der ausstehende Darlehensbetrag als Prepayment an die Investoren durchgeleitet. Reicht dieser Erlös nicht aus, um den dann noch ausstehenden Betrag abzulösen, so schießen die Garanten die Differenz aus eigenen Mitteln zu.

Liquidationen tragen im Vergleich zu den bereits diskutierten Immobilieverkäufen und den Refinanzierungen nur einen kleinen Beitrag zur Prepaymentgeschwindigkeit von Passthroughs bei. In den 80er und 90er Jahren fielen bei Krediten, die durch die drei Agencies verbrieft wurden, durchschnittlich liquidationsbedingte Prepayments im Umfang von 0,25% CPR bis 0,35% CPR an. Allerdings gilt, dass die liquidationsbedingte Prepaymentgeschwindigkeit bei staatlich garantierten Hypothekarkrediten (FHA bzw. VA), dem Kollateral der Ginnie Mae Verbriefungsprogramme GNMA I und II, dreimal so hoch ist wie bei den Conforming Conventional Mortgages, die den Verbriefungsprogrammen von Fannie Mae und Freddie Mac zugrunde liegen.[135]

Unterschiede sind aber nicht nur zwischen den Programmen von Ginnie Mae, Fannie Mae und Freddie Mac zu beobachten, sondern treten auch innerhalb ihrer Programme auf. Ist eine Region von stagnierenden oder sinkenden Immobilienpreisen und einem schwachen konjunkturellen Umfeld betroffen, so wird es bei einer MBS, deren Darlehenspool ausgerechnet auf diese Region konzentriert ist,

---

[135] Auf Hausverkäufe waren dagegen 3,5% CPR bis 6,5% CPR zurückzuführen und Refinanzierungen haben bis zu 60% CPR erreicht. Vgl. hierzu auch Abbildung 23.

zu hohen liquidationsbedingten Prepayments[136] kommen, während ein anderer Pool, der geographisch breiter diversifiziert ist, davon weitaus weniger betroffen ist. Als die Immobilienpreise während der 80er Jahre im Durchschnitt um 75% anstiegen, übertrafen Kalifornien (240%) und die Neuengland-Staaten (300%) diese Entwicklung bei weitem. Anfang der 90er kehrte sich dieser Trend um und die liquidationsbedingten Prepayments stiegen bei Pools mit starker Konzentration in Los Angeles bzw. Boston auf über 10% CPR.[137]

5.4.2 Immobilienpreise und rationale Beendigung des Schuldendienstes

Zusammen mit der bereits diskutierten Call-Option (Prepaymentoption) hat der Schuldner beim Abschluss des Darlehens auch eine Put-Option (Defaultoption) erworben, die es ihm erlaubt, die Immobilie jederzeit an den Gläubiger zu verkaufen. Im Gegenzug erreicht er, dass er keine weiteren Zahlungen mehr leisten muss. Die nachfolgende Abbildung 35 stellt das Entscheidungskalkül des Schuldners in Abhängigkeit vom Marktwert H der Immobilie in einem beliebigen Zeitpunkt t bei vorgegebenem Zinsniveau r dar.

Die Differenz zwischen dem Barwert, der vom Schuldner noch zu leistenden Zahlungen $\overline{M}$ und dem Marktwert des Darlehens M entspricht dem Wert der Put Option. Solange der Marktwert der Immobilie H größer ist als der Barwert der noch zu leistenden Zahlungen $\overline{M}$, ist das Eigenkapital des Schuldners positiv. Der Schuldner hat keinen Anreiz, seinen Schuldendienst einzustellen. Der Put hat in diesem Bereich nur Zeitwert, der sich allerdings erhöht, je mehr H in Richtung $\overline{M}$ fällt.

Sobald H kleiner wird als $\overline{M}$, beginnt der Put auch inneren Wert aufzubauen. Der Schuldner könnte ihn nun ausüben, müsste dann aber auf die Möglichkeit einer späteren Ausübung bei eventuell noch niedrigerem H verzichten.[138] Da es

---

[136] Da Liquidationen von sinkenden Immobilienpreisen getrieben werden, bedeutet das für den Garantiegeber der MBS, dass die Kreditverluste exponentiell zunehmen, weil dann auch die Versteigerungserlöse abnehmen.

[137] Vgl. Case, Karl E./Shiller, Robert J., 1996, S. 251-253.

[138] Vgl. Vandell, Kerry D., 1995, S. 248 und Kau, James/Keenan, Donald, 1994, S. 288.

das eigentliche Ziel des Schuldners ist, den Marktwert seiner Verbindlichkeiten M zu minimieren, ermittelt er implizit denjenigen Marktwert H*, bei dem der Wert des Put maximiert wird, was mithin den Wert der Verbindlichkeiten minimiert.

Abbildung 35: Rationale Beendigung des Schuldendienstes als Ergebnis optionspreistheoretischer Optimierung

(in Abhängigkeit vom Immobilienpreisniveau; ohne Berücksichtigung von Transaktionskosten)

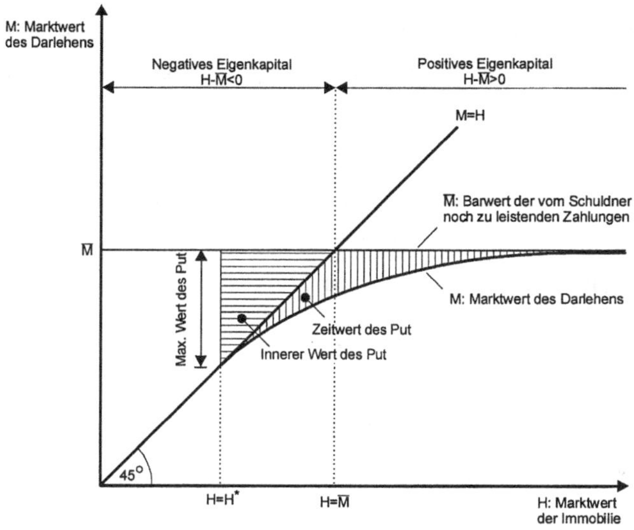

Quelle: Eigene Darstellung.

Aufgrund dieses Optimierungskalküls beträgt bei H* die Wahrscheinlichkeit, dass der Schuldner den Put ausüben wird, 100%. Der Zeitwert des Put verschwindet und der Marktwert des Darlehens muss genau dem Wert der zur Besicherung eingesetzten Immobilie entsprechen.

Das Ausüben des Put im Bereich $H > \overline{M}$ ist suboptimal, weil der Schuldner dadurch sein Eigenkapital verliert. Ein Schuldner mit Zahlungsschwierigkeiten sollte stattdessen seine Immobilie verkaufen und mit einem Teil des Erlöses das Darlehen tilgen. Ein Ausüben des Put bei einem Preisniveau unterhalb von H* kann nicht stattfinden, weil der Schuldner dann zu einem früheren Zeitpunkt gegen seine Minimierungsbedingung verstoßen hätte.[139]

5.5 Sonderzahlungen

5.5.1 Einordnung in die Prepaymentsystematik

Außerplanmäßige Zahlungen als Ursache von Prepayments haben mit durchschnittlich 0,5% CPR ebenfalls einen eher untergeordneten Einfluss auf die Prepaymentgeschwindigkeit eines gegebenen Hypothekenpools.[140] Gegen Ende der Darlehenslaufzeit kann dieser Wert allerdings auf bis zu 20% CPR ansteigen, wenn ausstehende Restbeträge durch Einmalzahlungen getilgt werden – was allerdings aufgrund der dann noch ausstehenden geringen Darlehensbeträge für einen Investor in absoluten Zahlen kaum noch ins Gewicht fällt. Aus Sicht der meisten Schuldner verbirgt sich dahinter der nachvollziehbare Wunsch, angesichts des nahenden Ruhestands schuldenfrei sein zu wollen.

5.5.2 Motivation der Schuldner

Sonderzahlungen bedeuten, dass ein Schuldner seine in der Regel kurzfristig angelegten Ersparnisse einsetzt, um langfristige Verbindlichkeiten zu tilgen. Dadurch kann er sich bei einer steilen Zinsstrukturkurve besser stellen.[141] Bei Vorliegen einer relativ flachen Zinsstrukturkurve ist eine Sonderzahlung allerdings keine optimale Strategie für einen Schuldner: Liegt der Marktzins für Hypothekendarlehen unter dem vertraglich vereinbarten Zins, so kann sich der Schuldner grundsätzlich mit einer vollständigen Refinanzierung des Darlehens besser stel-

---

[139] Die Berücksichtigung von Transaktionskosten und die Tatsache, dass der Schuldner durch das Ausüben der Option – mit Blick auf späteren Finanzierungsbedarf – eine Schädigung seiner Bonität in Kauf nimmt, sind dafür verantwortlich, dass der Wert der Immobilie generell noch weiter fallen muss als in Abbildung 35 dargestellt, bevor sich das Ausüben der Option lohnt.

[140] Vgl. Hayre, Lakhbir/Young, Robert, 2000, S. 40.

[141] Vgl. Hu, Joseph C., 2001, S. 42.

len als mit einer Sonderzahlung. Umgekehrt lohnt es sich nicht, mehr als vereinbart zu tilgen, wenn der Marktzins über dem vertraglich vereinbarten Zins liegt.

Allerdings vernachlässigt diese Sichtweise, dass viele Schuldner nicht in der Lage oder willens sind, die mit einer Refinanzierung verbundenen Transaktionskosten aufzubringen und so, obwohl die Call-Option im Geld ist, auf deren Ausübung verzichten. Sondertilgungen werden darüber hinaus oft auch durchgeführt, weil Verschuldung an sich als unangenehm empfunden wird. Dabei tritt dann rationales Optimierungsverhalten in den Hintergrund.

5.6 Die Methode des Option-Adjusted Spreads zur arbitragefreien Bewertung von Agency-MBS

5.6.1 Renditespread gegenüber US-Treasuries

In Absatz 3.5.3 wurde bereits gezeigt, wie die Rendite (Yield-to-Maturity) einer Agency-MBS iterativ ermittelt werden kann, wenn ihr Marktpreis bekannt ist und der von ihr generierte Cash-Flow (unter Verwendung einer Prepaymentannahme) prognostiziert wird. Bei der Analyse von festverzinslichen Wertpapieren wird der Markt für US-Treasuries als Bezugsgröße herangezogen, wobei Renditen typischerweise als Spread gegenüber vergleichbaren Treasuries angegeben werden. Da bei Passthrough-MBS die Tilgung nicht wie bei Treasuries grundsätzlich am Laufzeitende, sondern in monatlichen Raten, deren Höhe aufgrund des Prepaymentrisikos mit Unsicherheit behaftet ist, erfolgt, gestaltet sich die Definition einer vergleichbareren Treasury als nahezu unmöglich.

Dennoch hat sich im Markt die Konvention durchgesetzt, Passthroughs mit Treasuries zu vergleichen, die eine ähnliche Duration bzw. mittlere Lebensdauer aufweisen.[142] Weil sowohl die Rendite eines Passthroughs als auch seine mittlere Lebensdauer von der prognostizierten Prepaymentgeschwindigkeit abhängen,

[142] Die Rendite der Benchmark kann aus der Renditekurve für Treasuries abgelesen bzw. interpoliert werden. Dort werden vom amerikanischen Schatzamt stichtagsbezogen die Endfälligkeitsrenditen von Treasuries unterschiedlicher Laufzeit dargestellt. Die Renditekurve ist Grundlage für die Ermittlung der Zinsstruktur risikoloser Nullkuponanleihen (theoretische Spot Zero Rate Curve).

diese aber wiederum vom (erwarteten) Zinsniveau determiniert wird, ist es ratsam, mehrere Szenarien zu berechnen und eine mögliche Investitionsentscheidung auf das konservativste Ergebnis zu basieren.[143]

Diese Herangehensweise zeichnet sich zwar durch einfache Anwendbarkeit und leichte Interpretierbarkeit aus, sie weist aber auch einige Prämissen und Schwächen auf, die zur Einführung komplexerer Bewertungsverfahren geführt haben. Bei den zu benennenden Nachteilen handelt es sich um die folgenden Punkte:

(1) Die Yield-to-Maturity impliziert, dass alle Zahlungsströme mit dem gleichen Faktor diskontiert werden können und ignoriert dabei die Zinsstruktur. Ein solches Vorgehen liefert nur dann konsistente Ergebnisse, wenn die vorherrschende Zinsstrukturkurve vollkommen flach ist.[144]

(2) Es wird davon ausgegangen, dass bei diesem Verfahren alle Zahlungsströme immer zu einem Zinssatz wiederangelegt werden können, welcher der Yield-to-Maturity entspricht. Das ist bei MBS besonders kritisch, da die Zahlungen monatlich erfolgen und nicht nur aus Zins, sondern auch aus planmäßiger Tilgung und Prepayments bestehen.

(3) Die Interpretation der Ergebnisse ist vor dem Hintergrund der Zinssensitivität des Prepaymentverhaltens und der daraus resultierenden Unsicherheit bezüglich der mittleren Lebensdauer der MBS sowie einer dann möglicherweise falsch gewählten Benchmark-Treasury arbiträr.

(4) Gerade vor dem Hintergrund dieser Zinssensitivität ist die Herangehensweise der Yield-to-Maturity nur wenig geeignet, da sie weder Zinsvolatilität noch Pfadabhängigkeit des Prepaymentverhaltens berücksichtigt.

5.6.2 Statischer Spread unter Berücksichtigung der Zinsstrukturkurve

Nach Caks (1977) lässt sich jedes festverzinsliche Wertpapier durch ein Portfolio von risikolosen Nullkuponanleihen des US-Treasury synthetisieren. Für eine MBS mit einer Restlaufzeit von T Monaten bedeutet dies, dass jede monatliche

[143] Vgl. Hayre, Lakhbir, 1999, S. 25 f.
[144] Vgl. Caks, John, 1977, S. 103 f.

Zahlung CF_t, (mit t = 1,..., T), als eine Nullkuponanleihe entsprechender Höhe und Laufzeit verstanden werden kann, welche den zugehörigen risikolosen Zins (Spot Zero Rate) ${}_0z_t$ erbringt. Der statische Spread s_{stat} ist dann derjenige Aufschlag über die gesamte theoretische Treasury Spot Zero Rate Curve, der die Summe der Barwerte der monatlichen Zahlungen und den beobachteten Marktpreis P der MBS zum Ausgleich bringt:[145]

$$P_{MBS} = \frac{CF_1}{(1+{}_0z_1+s_{stat})^1} + \frac{CF_2}{(1+{}_0z_2+s_{stat})^2} + \ldots + \frac{CF_T}{(1+{}_0z_T+s_{stat})^T} \qquad (1a)$$

bzw. $$P_{MBS} = \sum_{t=1}^{T} \frac{CF_t}{(1+{}_0z_t+s_{stat})^t}. \qquad (1b)$$

Die hierzu erforderlichen Spot Zero Rates ${}_0z_1$, ${}_0z_2$,..., ${}_0z_T$ lassen sich nach der Erwartungstheorie der Zinsstruktur aus den einmonatigen Forward Zero Rates ${}_0f_1$, ${}_1f_2$,..., ${}_{T-1}f_T$ ermitteln, welche den für zukünftige Einmonatsperioden erwarteten Spot Zero Rates ${}_0z_1^e$, ${}_1z_2^e$,..., ${}_{T-1}z_T^e$ entsprechen.[146] Die Spot Zero Rate für die Laufzeit t kann dann als geometrisches Mittel der entsprechenden Forward Zero Rates berechnet werden:

$${}_0z_t = \{(1+{}_0f_1)(1+{}_1f_2)(1+{}_2f_3)\ldots(1+{}_{t-1}f_t)\}^{1/t} - 1 \qquad (2a)$$

bzw. $${}_0z_t = \prod_{i=1}^{t} (1+{}_{i-1}f_i)^{1/i} - 1. \qquad (2b)$$

Die Forward Zero Rates ${}_0f_1$, ${}_1f_2$,..., ${}_{T-1}f_T$ wiederum lassen sich rekursiv aus der Renditekurve für Treasuries ermitteln. Für einen Titel mit zweiperiodiger Restlaufzeit, einer Kuponzahlung C, dem Rückzahlungsbetrag R und einem Preis von P gilt:

---

[145] Der statische Spread muss grundsätzlich durch Iteration ermittelt werden.
[146] Vgl. Sharpe, William F./Alexander, Gordon J., 1990, S. 101-104.

$$P_{\text{Treasury}} = \frac{C}{(1+{}_0z_1)^1} + \frac{C+R}{(1+{}_0z_2)^2} \qquad (3a)$$

bzw. $$P_{\text{Treasury}} = \frac{C}{(1+{}_0f_1)} + \frac{C+R}{(1+{}_0f_1)(1+{}_1f_2)}. \qquad (3b)$$

Da die Forward Zero Rate ${}_0f_1$ identisch sein muss mit der gegenwärtigen einperiodigen Spot Zero Rate ${}_0z_1$, kann ${}_1f_2$ durch Umformung ermittelt werden. Die Wiederholung dieses Vorgangs für drei und mehr Perioden liefert alle notwendigen Forward Zero Rates ${}_0f_1$, ${}_1f_2$,..., ${}_{T-1}f_T$ und ermöglicht so die Bestimmung der theoretischen Treasury Spot Zero Rate Curve ${}_0z_1$, ${}_0z_2$,..., ${}_0z_T$,[147] deren Werte in Gleichung 1b eingeführt die Berechnung des statischen Spreads ermöglichen.

5.6.3 Option-adjusted Spread unter Berücksichtigung der Zinsstrukturkurve und der Zinsvolatilität

Die Berücksichtigung der Zinsstruktur ermöglicht es, die oben aufgeführten Nachteile (1) [Nichtberücksichtigung der Zinsstruktur] und (2) [Wiederanlageproblematik] der Yield-to-Maturity zu umgehen. Allerdings impliziert die Vorgehensweise des statischen Spreads, dass der Zahlungsstrom des betrachteten Passthrough sich nicht verändern kann, weil von Schwankungen der Zinssätze abstrahiert wird. Die aus der aktuellen Renditekurve für Treasuries ableitbaren (einmonatigen) Forward Zero Rates ${}_0f_1$, ${}_1f_2$,..., ${}_{T-1}f_T$ stellen in $t = 0$ eine implizite Einschätzung der Marktteilnehmer über zukünftig erwartete (einmonatige) Spot Zero Rates ${}_0z_1^e$, ${}_1z_2^e$,..., ${}_{T-1}z_T^e$ dar. Das Verfahren des statischen Spreads unterstellt, dass die Forward Zero Rate ${}_kf_{k+1}$ im Zeitablauf $t = 0,..., k$ konstant bleibt.

---

[147] Vgl. Caks, John, 1977, S. 104.

Tabelle 2: Simulierte Pfade für einmonatige Forward Zero Rates

Monat (t)	Zinspfad (n)				
	(1)	(2)	(3)	...	(N)
1	${}_0f_1(1)$	${}_0f_1(2)$	${}_0f_1(3)$	...	${}_0f_1(N)$
2	${}_1f_2(1)$	${}_1f_2(2)$	${}_1f_2(3)$	...	${}_1f_2(N)$
3	${}_2f_3(1)$	${}_2f_3(2)$	${}_2f_3(3)$	...	${}_2f_3(N)$
...	...	...	...	...	...
T	${}_{T-1}f_T(1)$	${}_{T-1}f_T(2)$	${}_{T-1}f_T(3)$	...	${}_{T-1}f_T(N)$

Quelle: Eigene Darstellung.

Diese Beschränkung wird im Folgenden aufgehoben, so dass die Forward Zero Rates in jeder neuen Periode nach Maßgabe einer vorzugebenden Varianz gegenüber dem Wert des Vormonats schwanken können.[148] Die Verwendung eines martingalen Zinsprozesses[149], der konsistent mit der aktuellen Renditekurve sein muss, ermöglicht es in Kombination mit stochastischer Monte Carlo Simulation, arbitragefreie Zinspfade zu generieren, die mögliche zukünftige Ausprägungen der erwarteten Spot Zero Rates ${}_0z_1^e$, ${}_1z_2^e$,..., ${}_{T-1}z_T^e$ und damit der entsprechenden Forward Zero Rates ${}_0f_1$, ${}_1f_2$,..., ${}_{T-1}f_T$ reflektieren. Die oben stehendeTabelle 2 stellt N solcher Pfade dar.

Ebenfalls durch Simulation wird in einem zweiten Schritt für jeden Pfad aus Tabelle 2 das zugehörige Zinsniveau für Hypothekarkredite generiert, welches den Refinanzierungsanreiz aus der Sicht der Schuldner modelliert. Die Ergebnisse sind in Tabelle 3 dargestellt.

[148] Damit werden die Nachteile drei und vier der Yield-to-Maturity behoben.

[149] Für ausführliche Beschreibungen verschiedener Zinsprozesse vgl. Cox, John C./Ingersoll, Jonathan E./Ross, Stephen A., 1985; Ho, Thomas S./Lee, Sang-Bin, 1986; Dothan, Uri L., 1978 und Vasicek, Oldrich A., 1977.

Tabelle 3: Simulierte Pfade für die Refinanzierungszinssätze

Monat (t)	Zinspfad (n)				
	(1)	(2)	(3)	...	(N)
1	$r_1(1)$	$r_1(2)$	$r_1(3)$	...	$r_1(N)$
2	$r_2(1)$	$r_2(2)$	$r_2(3)$	...	$r_2(N)$
3	$r_3(1)$	$r_3(2)$	$r_3(3)$	...	$r_3(N)$
...	...	...	...	...	...
T	$r_T(1)$	$r_T(2)$	$r_T(3)$	...	$r_T(N)$

Quelle: Eigene Darstellung.

Die Formulierung der Refinanzierungszinssätze erlaubt es nun, (unter Verwendung eines Prepaymentmodells) die bedingten Prepayments und somit die Cash-Flows entlang der einzelnen Zinspfade zu prognostizieren (Tabelle 4).

Tabelle 4: Simulierte Cash-Flows entlang der einzelnen Zinspfade

Monat (t)	Zinspfad (n)				
	(1)	(2)	(3)	...	(N)
1	$CF_1(1)$	$CF_1(2)$	$CF_1(3)$	...	$CF_1(N)$
2	$CF_2(1)$	$CF_2(2)$	$CF_2(3)$	...	$CF_2(N)$
3	$CF_3(1)$	$CF_3(2)$	$CF_3(3)$	...	$CF_3(N)$
...	...	...	...	...	...
T	$CF_T(1)$	$CF_T(2)$	$CF_T(3)$	...	$CF_T(N)$

Quelle: Eigene Darstellung.

Bevor der Barwert der Cash-Flows entlang der jeweiligen Zinspfade berechnet werden kann, muss zunächst noch die zu jedem Pfad korrespondierende theoretische Treasury Spot Zero Rate Curve ermittelt werden, um die Diskontierungsfaktoren zu erhalten. Als Input dienen die Forward Zero Rates aus Tabelle 2, die unter Verwendung des in Gleichung 2 formulierten Zusammenhangs zu den in Tabelle 5 dargestellten Spot Zero Rates transformiert werden.

Tabelle 5: Simulierte Spot Zero Rates

Monat (t)	Zinspfad (n)				
	(1)	(2)	(3)	...	(N)
1	$_0z_1(1)$	$_0z_1(2)$	$_0z_1(3)$	...	$_0z_1(N)$
2	$_0z_2(1)$	$_0z_2(2)$	$_0z_2(3)$	...	$_0z_2(N)$
3	$_0z_3(1)$	$_0z_3(2)$	$_0z_3(3)$	...	$_0z_3(N)$
...	...	...	...	...	...
T	$_0z_T(1)$	$_0z_T(2)$	$_0z_T(3)$	...	$_0z_T(N)$

Quelle: Eigene Darstellung.

Mit diesen Spot Zero Rates – zuzüglich einem konstanten Spread s – kann nun für jeden der N Zinspfade der Barwert PV(n) der zugehörigen Cash-Flows ermittelt werden:

$$PV(n) = \frac{CF_1(n)}{(1+{}_0z_1(n)+s)^1} + \frac{CF_2(n)}{(1+{}_0z_2(n)+s)^2} + \ldots + \frac{CF_T(n)}{(1+{}_0z_T(n)+s)^T} \quad (4a)$$

bzw. $$PV(n) = \sum_{t=1}^{T} \frac{CF_t(n)}{(1+{}_0z_t(n)+s)^t}. \quad (4b)$$

Der option-adjusted Spread s_{OAS} ist dann derjenige Aufschlag s, der wenn er zu jeder Spot Rate auf allen Zinspfaden addiert wird, das arithmetische Mittel der Barwerte und den beobachteten Marktpreis der MBS zum Ausgleich bringt:[150]

$$P_{MBS} = \frac{1}{N}\sum_{n=1}^{N} PV(n) \quad (5a)$$

bzw. $$P_{MBS} = \frac{1}{N}\sum_{n=1}^{N}\sum_{t=1}^{T} \frac{CF_t(n)}{(1+{}_0z_t(n)+s_{OAS})^t}. \quad (5b)$$

[150] Der option-adjusted Spread muss durch Iteration ermittelt werden.

5.6.4 Interpretation des Option-Adjusted Spreads

Falls keine Zinsvolatilität vorliegt, stellt der statische Spread einen Spezialfall des option-adjusted Spreads dar.[151] Dieses Szenario ist zwar unrealistisch, es beantwortet aber die hypothetische Frage, mit welchem Renditespread über die theoretische Treasury Spot Zero Rate Curve ein Anleger rechnen könnte, falls keine zinsinduzierten Prepayments stattfänden, mithin die Schuldner keine Call-Option auf die verbrieften Darlehen hätten.

Umgekehrt repräsentiert der option-adjusted Spread den Renditespread über die theoretische Treasury Spot Zero Rate Curve unter Berücksichtigung, dass die Realisierung der zukünftigen Zinsen unbekannt ist und es demnach zu zinsinduzierten Prepayments kommen kann. Die Prepayments nehmen tendenziell zu, wenn das Zinsniveau sinkt, so dass der Investor vor der Problematik steht, höhere Beträge als erwartet, zum niedrigeren Niveau reinvestieren zu müssen. Dies ist für ihn von Nachteil, da so der erzielbare Renditespread gegenüber dem Idealfall, dass keine Zinsvolatilität vorliegt, verringert wird.

Die Differenz zwischen dem „hypothetischen" statischen Spread und dem option-adjusted Spread reflektiert somit die impliziten Kosten (bzw. aus der Sicht der Schuldner den Wert) der Prepaymentoption:[152]

$$\text{Kosten}_{\text{Call}} = s_{\text{stat}} - s_{\text{OAS}}. \tag{6}$$

Die nachfolgende Tabelle 6 zeigt Daten zu verschiedenen Ginnie Mae Passthroughs, die dem Informationsdienst „Yield Book" von Salomon Smith Barney entnommen wurden. Bei GNMA I 6% beträgt der statische Spread 110 bp und der option-adjusted Spread 70 bp. Die Differenz von 40 bp repräsentiert

151 Vgl. Fabozzi, Frank J./Richard, Scott F., 1995, S. 612.

152 Vgl. hierzu auch Abbildung 33. Dort ist dieser Sachverhalt als Differenz zwischen dem Barwert, der vom Schuldner noch zu leistenden Zahlungen und dem Marktwert des Darlehens äquivalent dargestellt.

die Kosten der Option. Da es sich um einen Discount Passthrough handelt[153], ist die Call Option aus dem Geld, die Investoren sind noch vor Prepayments geschützt und die Kosten der Option sind geringer als dies bei höheren Kupons der Fall ist.

Bei GNMA I 7,5% sind die Optionskosten mit 76 bp höher, weil es sich bei diesem Papier um einen Premium Passthrough handelt, dessen Option gerade ins Geld[154] kommt und dessen Prepaymentgeschwindigkeit deshalb sehr sensibel auf einen möglichen Rückgang der Zinsen reagieren wird.

Tabelle 6: Option-adjusted Spread bei Ginnie Mae Passthroughs (TYP: GNMA I)

(Stichtag: 11. Februar 1999)

Kupon (%)	Gewichtete mittlere Restlaufzeit	Preis (US-Dollar)	Prepayment-geschw. (% CPR)	Yield-to-Maturity (%)	Gewichtete mittlere Lebensdauer	Spread gegenüber Treasury (bp)	Statischer Spread (bp)	Option-adjusted Spread (bp)	Wert bzw. Kosten der Option (bp)
6,0	29-10	98-17	5,3	6,24	11,4	130	110	70	40
6,5	29-08	100-23	7,5	6,42	9,5	153	134	75	59
7,0	28-04	102-10	12,6	6,51	6,5	166	153	78	75
7,5	28-02	103-10	20,3	6,42	4,2	160	161	85	76
8,0	28-01	104-10	23,4	6,41	3,6	160	167	105	62
8,5	28-00	106-02	23,3	6,33	3,7	152	158	108	50

Quelle: Salomon Smith Barney.

Bei GNMA I 8% und GNMA I 8,5% fällt die Option mit 62 bp bzw. 50 bp wieder weniger ins Gewicht, obwohl diese Papiere bereits weit im Geld sind. Verantwortlich hierfür ist die Pfadabhängigkeit des Prepaymentverhaltens. Beide Passthroughs haben die kritische Phase, in der die Option gerade ins Geld kommt, schon hinter sich, so dass die große Prepaymentwelle bereits stattgefunden haben muss. Diejenigen Schuldner, die sich jetzt noch im Pool befinden, re-

---

[153] Die aktuellen Zinsen lagen am 11. Februar 1999 mit 7% über dem Niveau der bei GNMA I 6% verbrieften Darlehen, welches 6,5% betrug.

[154] Bei GNMA I 7,5% betrug das Zinsniveau der verbrieften Darlehen 8%, so dass das vorherrschende Marktniveau von 7% schon einen Prozentpunkt darunter lag. Unter Berücksichtigung von refinanzierungsbedingten Transaktionskosten der Schuldner ist deshalb zu vermuten, dass dieser Passthrough bei einer geringen Zunahme des Refinanzierungsanreizes seine Prepaymentgeschwindigkeit drastisch beschleunigen wird (vgl. hierzu auch Abbildung 34).

agieren tendenziell weniger sensibel auf Schwankungen des Zinsniveaus. Außerdem besteht für den Anleger die Chance, dass sich die Prepaymentgeschwindigkeit aufgrund eventuell wieder steigender Zinsen sogar verlangsamt. Dies führt zu einer Verlängerung der Macaulay Duration und der mittleren Lebensdauer und begünstigt den Investor, da es sich um Premium Passthroughs handelt.

Beim Verfahren des option-adjusted Spread wird die Prepaymentoption nicht explizit über Modelle der Optionspreisermittlung bewertet. Ihr Wert ergibt sich vielmehr indirekt.[155] Je größer die in das Bewertungsverfahren einfließende Zinsvolatilität ist, desto größer werden der Wert der Option und der option-adjusted Spread, der zur Kompensation des Prepaymentrisikos erforderlich ist.[156] Die Integration eines Prepaymentmodells zur Ermittlung der Cash-Flows entlang der simulierten Zinspfade erlaubt es, auch Prepayments zu berücksichtigen, die nicht zinsinduziert sind. Dadurch kann der Hauptnachteil rein optionspreistheoretischer Modelle umgangen werden, da diese scheinbar irrationales Prepaymentverhalten[157] nicht modellieren können.

Die Methode des option-adjusted Spread ist der Yield-to-Maturity und dem statischen Spread überlegen. Dennoch sollten bei ihrer Anwendung die folgenden Kritikpunkte bedacht werden:

(1) Sie ermittelt einen Spread über die theoretische Treasury Spot Zero Rate Curve, der allerdings nur dann erzielt werden kann, wenn der Passthrough bis zur endgültigen Tilgung gehalten wird und seine Cash-Flows in Instrumente reinvestiert werden können, die einen option-adjusted Spread in gleicher Höhe generieren.

(2) Sie ist auf die Güte des verwendeten Zinsprozesses und der damit simulierten Zinspfade angewiesen. Dabei wird nicht automatisch der richtige Pfad ermit-

---

155 Vgl. Fabozzi, Frank J./Modigliani, Franco, 1992, S. 285.

156 Vgl. Brown, David T., 1999, S. 16.

157 Dabei handelt es sich zum Beispiel um Refinanzierungen, die stattfinden, obwohl die Prepaymentoption gar nicht im Geld ist oder um Prepayments, die entstehen, weil die zugrundeliegende Immobilie verkauft wird (vgl. Kapitel 5).

telt, sondern es werden viele mögliche Pfade in Abhängigkeit einer unterstellten Zinsvolatilität generiert.

(3) Diese Zinspfade stellen dann den Input für die Prepaymentprojektion dar. Dabei ist die Qualität der Daten vom gewählten Prepaymentmodell abhängig.

(4) Da die Investmentbanken konkurrierende Analyseplattformen betreiben und zur Verfügung stellen, die auf jeweils unterschiedlichen Zins- und Prepaymentmodellen basieren, ist eine Vergleichbarkeit von Bewertungsergebnissen zwischen diesen Systemen kaum gegeben – mithin hat jedes einzelne von ihnen bis zu einem gewissen Grad einen willkürlichen Charakter.

5.6.5 Schuldverschreibungen von Fannie Mae und Freddie Mac als Alternative zu Agency-MBS

Obwohl Agency-MBS quasi kein Kreditrisiko tragen, handelt es sich bei ihnen aufgrund ihres Prepaymentrisikos doch um sehr erklärungsbedürftige und hochkomplexe Investments, vor denen viele institutionelle Anleger zurückschrecken. Da Fannie Mae und Freddie Mac neben der reinen Verbriefung auch selbst in Hypothekarkredite investieren, eröffnet sich internationalen Investoren die Möglichkeit, anstelle von Agency-MBS in die Schuldverschreibungen von Fannie Mae und Freddie Mac zu investieren, die diese wiederum emittieren, um ihre Portfolioinvestments zu finanzieren. Diese Schuldverschreibungen haben den Vorteil, dass Fannie Mae und Freddie Mac nun neben den Kreditrisiken auch noch das Prepaymentrisiko der betreffenden Hypothekarkredite absorbieren.

Aus Sicht der amerikanischen Wohnungspolitik stellen Sekundärmarktinstitutionen Ginnie Mae, Fannie Mae und Freddie Mac Instrumente dar, um über eine staatlich alimentierte Risikoumverteilung auf nationaler aber vor allem internationaler Ebene Kapital in die Wohnungsfinanzierung zu kanalisieren, wobei die Aktivitäten der beiden GSEs Fannie Mae und Freddie Mac speziell auf das Marktsegment der Conforming Conventional Mortgages ausgerichtet wurden.[158]

---

[158] Vgl. Roll, Richard, 2000, S.11 f.

Das folgende Kapitel 6 ordnet deshalb Fannie Mae und Freddie Mac in das System der amerikanischen Wohnungspolitik ein.

6. Einordnung von Fannie Mae und Freddie Mac in das System der Wohnungspolitik der USA

6.1 Theoretische Fundierung der Wohnungspolitik

6.1.1 Ansatzpunkte zur Erklärung staatlichen Handelns

> *"The pricing mechanism of the market secures an optimal allocation of resources, provided that certain conditions are met. These conditions are met reasonably well over wide areas of economic activity, so that the bulk of the allocation function may be left to the forces of the market. [...] Yet conditions arise in many connections where the forces of the market cannot secure optimal results. Here we are faced with the problem of how public policy can intervene to secure a more efficient resource allocation."* [159]

Die traditionelle Finanzwissenschaft hat den politischen Entscheidungsprozess zunächst aus ihrer Analyse ausgeklammert und die Frage des Staatshandelns aus dem Marktversagen heraus zu erklären versucht, d.h. aus Situationen, in denen der Markt unfähig ist, eine pareto-optimale Allokation zu generieren.[160] Daraus leitet sich „bei Marktversagen eine potentielle Rolle für den Staat [ab], aktiv zu werden [und es gilt] in erster Linie die Fälle von Marktversagen genau zu identifizieren."[161] Erst in einem zweiten Schritt wird dann ein kollektiver Entschei-

---

159 Musgrave, Richard A., 1959, S. 6.

160 Der erste Hauptsatz der Wohlfahrtsökonomik besagt, dass jedes allgemeine Gleichgewicht bei vollkommener Konkurrenz pareto-optimal ist, falls die folgenden Voraussetzungen erfüllt sind: Die Präferenzen der Konsumenten sind stetig, monoton und hängen nur vom eigenen Güterbündel ab (es liegen keine Externalitäten vor), die Produktionsfunktionen sind stetig und hängen ebenfalls nur von eigenen Inputs und Outputs ab (es liegen keine Externalitäten vor), die Wirtschaftssubjekte besitzen vollständige Information (es liegt keine asymmetrische Information vor).

161 Blankart, Charles B., 2001, S. 55.

dungsprozess[162] in Gang gesetzt, um ausgehend von der Diagnose des Marktversagens einen politischen Beschluss herbeizuführen.

Die positive Marktversagenstheorie versucht das staatliche Handeln als solches zu erklären und unterstellt dabei implizit, dass der Staat nur dort eingreift, wo auch wirklich Marktversagen vorherrscht und dass er in diesem Falle ein besseres Ergebnis realisiert als der Markt.[163] Der Fall des Staatseingriffes bei Nichtvorliegen von Marktversagen wird in diesem Zusammenhang mit Hilfe der auf Musgrave[164] zurückgehenden meritorischen, demeritorischen und verteilungspolitischen Güter zu erklären versucht. Diese Vorgehensweise führt aber zu der tautologischen Feststellung, dass „der Staat entweder wegen Marktversagen aktiv wird oder wenn dies nicht der Fall ist, dann eben aus (de-)meritorischen Erwägungen."[165] Aussagen zum Fall, dass Marktversagen zwar vorliegt, der Staat aber nicht eingreift, sieht die positive Fragestellung nicht vor.

Die normative Marktversagenstheorie umgeht diese Schwächen, da sie nicht zu erklären versucht, wo der Staat handelt, sondern wo er handeln solle. Ihre Aufgabe ist es, auf den Wohlfahrtsverlust, als Folge von Marktversagen, hinzuweisen. Das Vorliegen von Marktversagen ist dann allerdings weder notwendig noch hinreichend für einen politischen Eingriff.[166]

Im Folgenden werden im Sinne eines Überblicks zunächst die Gründe für Marktversagen identifiziert:

Öffentliche Güter zeichnen sich durch die Absenz von Ausschließbarkeit und Rivalität aus. Da beliebig viele zusätzliche Nachfrager bedient werden können, ohne dass irgendein Individuum in seiner Nutzung eingeschränkt wird, muss der Marktpreis für die Inanspruchnahme bereits vorhandener öffentlicher Güter null sein. Dieser fehlende Zwang zur Offenbarung der Zahlungsbereitschaft bewirkt

---

162 Die Problematik von kollektiven Entscheidungsfindungsprozessen in Demokratien ist nicht Gegenstand dieses Absatzes. Der interessierte Leser wird an dieser Stelle verwiesen auf die Arbeiten von: Arrow, Kenneth J., 1951; Buchanan, James M., 1954 sowie 1975; Buchanan, James M./Tullock, Gordon, 1962 und Downs, Anthony, 1957.

163 Vgl. Blankart, Charles B., 2001, S. 67.

164 Vgl. Musgrave, Richard A., 1959, S. 13-17.

165 Blankart, Charles B., 2001, S. 69.

166 Dieser wird erst durch den politischen Willensbildungsprozess legitimiert.

aber in Kombination mit der Nichtanwendbarkeit des Ausschlussprinzips, dass der Markt alleine nicht in der Lage ist, neue öffentliche Güter zu produzieren. In diesem Fall kommt es zu einem vollständigen Versagen des Marktmechanismus und dem Staat fällt die Aufgabe zu, diese Güter bereitzustellen.[167]

In angreifbaren Märkten ist *Marktmacht* auf die Existenz von Marktzutrittsschranken zurückzuführen, die entweder staatlich institutionalisiert sind,[168] oder die gegen die wettbewerbliche Marktordnung verstoßen und deshalb von den Kartellbehörden zu ahnden sind.

Ein *natürliches Monopol* liegt dagegen vor, wenn hohe Fixkosten zu sinkenden Durchschnittskosten führen. In diesem Fall kann ein Produzent den Markt kostengünstiger beliefern als mehrere. Da die Fixkosten versunkene Kosten darstellen und somit nicht mehr entscheidungsrelevant sind, kann potentiellen Markteintrittskandidaten glaubwürdig mit Predatory Pricing gedroht werden. Die Regulierung eines natürlichen Monopols kann dergestalt ausfallen, dass das Unternehmen gezwungen wird, diejenige Menge zu produzieren, bei der Preis und Durchschnittskosten übereinstimmen. Soll die Ausbringungsmenge bis zur Wettbewerbslösung gesteigert werden, so muss es für die entstehenden Verluste kompensiert werden.

Das Vorliegen *externer Effekte* führt wegen des Auseinanderfallens von privaten und sozialen Kosten bzw. Erträgen zu Fehlallokationen, falls eine Kompensation der geschädigten bzw. der Nutzen stiftenden Individuen nicht über den Preismechanismus stattfinden kann. Ursache ist, dass Externalitäten aufgrund fehlender, nicht durchsetzbarer oder nicht sinnvoll definierter Eigentumsrechte[169] keinen Eingang in das Entscheidungskalkül der Marktteilnehmer finden. Pigou[170] schlägt vor, dass der Staat die Verursacher von negativen externen Effekten über Steuern dazu bringen soll, ihre Aktivitäten zu reduzieren und die Verursacher von positiven externen Effekten über Subventionen zu weiterem Engagement

---

[167] Vgl. Baumol, William J./Blinder, Alan S., 1991, S. 618 und Musgrave, Richard A., 1959, S. 8.
[168] Über Regulierungen, Normen, Lizenzen etc.
[169] Vgl. zur Theorie der „Property Rights" Demsetz, Harold, 1967.
[170] Vgl. Pigou, Arthur C., 1920.

ermutigen soll. Coase[171] plädiert dagegen für eine private Internalisierung dieser Effekte, indem er die exklusive Zuteilung von Eigentumsrechten fordert.

Eine weitere Marktunvollkommenheit kann das Vorherrschen von *Informationsmängeln* sein. Diese führen dazu, dass ein Individuum zu Fehleinschätzungen bezüglich der Qualität, des Nutzens oder des Preises eines Gutes gelangt.

Bezüglich der Qualität eines Gutes gilt in der Regel, dass die beiden Vertragspartner einer Transaktion über *asymmetrische Informationen* verfügen.[172] Bei Suchgütern kann der Käufer diese Problematik prinzipiell durch (kostspielige) Informationsbeschaffung vor Vertragsabschluss beseitigen. Bei Erfahrungsgütern reduziert sich das Informationsdefizit des Käufers erst nach Vertragsabschluss. Die Qualität von Vertrauensgütern ist dagegen erst im Laufe der Vertragserfüllung beobachtbar. Das Vorliegen von asymmetrischen Informationen führt zu den Problemfeldern der *adversen Selektion* und des *moral hazard*.[173] Ebenfalls auf Informationsasymmetrien und -mängeln basieren die *meritorischen Güter*. In diesem Fall ist der Markt, anders als bei den öffentlichen Gütern, in der Lage, ein Ergebnis zu generieren. Dieses wird allerdings nicht als wünschenswert erachtet, so dass staatliches Handeln gerechtfertigt scheint. Solche Situationen diagnostiziert Musgrave exemplarisch bei „[...] publicly furnished school luncheons, subsidized low-cost housing, [.] free education, [...] and liquor“ und argumentiert für diese Fälle „[W]hile consumer sovereignty is the general rule, situations may arise, within the context of a democratic community, where an informed group is justified in imposing its decision upon others.“[174] Diese Sichtweise muss aus normativer Sicht allerdings in einem Zirkelschluss enden, da sie staatliches Handeln auf einen fallweise zu attestierenden

---

[171] Vgl. Coase, Ronald, 1932.

[172] Bei homogenen Gütern, die auf Standardisierung oder Massenproduktion zurückzuführen sind, besteht die Möglichkeit, dass bei den Vertragspartnern keine asymmetrische Information vorliegt, wenn es sich um wiederholte Transaktionen handelt. Ein Kunde, der zum ersten Mal einen Future-Kontrakt über seine Bank eingeht, muss sich sehr wohl über die Funktionsweise und Ausgestaltung des Produktes informieren. Diese Informationsbeschaffungskosten entfallen aber aufgrund der Standardisierung des Futures, wenn der Kunde zu einem späteren Zeitpunkt einen neuen Kontrakt eingeht.

[173] Vgl. Akerlof, George A., 1970, S. 488-500.

[174] Musgrave, Richard A., 1959, S. 13.

Wissensvorsprung einer sich paternalistisch verhaltenden, vermeintlichen Elite zurückführt und, solange es den benevolenten Diktator nicht gibt, in den Bereich der Willkür einordnet. Hayek lehnt diese Anmaßung von Wissen und die daraus abgeleitete Rechtfertigung für staatliches Handeln generell ab: „Once we see that, in the absence of a unified body of knowledge of all the particulars to be taken into account, the overall order depends on the use of knowledge possessed by the individuals and used for their purposes, it becomes clear that the role of the government in this process cannot be to determine particular results for particular individuals or groups, but only to provide certain generic conditions whose effects on the individuals will be unpredictable.“[175]

Ist der Markt zwar in der Lage, eine pareto-optimale Allokation zu generieren, so kann es sein, dass die damit verbundene Primärverteilung als ungerecht erachtet wird und staatliche Umverteilungsmaßnahmen gefordert werden. Grundsätzlich besteht gesellschaftlicher Konsens darüber, dass in ihrer Existenz bedrohte Individuen durch die Gemeinschaft unterstützt werden sollten. Inwieweit aber über Umverteilung eine Angleichung der individuellen Lebensverhältnisse zu erfolgen hat und wie in diesem Zusammenhang der Begriff „Gerechtigkeit“ abgegrenzt werden soll, ist eine philosophische Fragestellung. Die Ökonomie kann allerdings vergleichende Urteile über die Effizienz und den Zielerreichungsgrad der eingesetzten Instrumente fällen und auf dieser Grundlage Ratschläge an die Politik geben.[176]

Staatliche Eingriffe können außerdem aus Gründen der Stabilisierung erfolgen. Im Zentrum stehen dabei die Ziele Preisniveaustabilität, hoher Beschäftigungsgrad, angemessenes und stetiges Wirtschaftswachstum sowie außenwirtschaftliches Gleichgewicht. Zum Einsatz kommen Instrumente der Geld-, Fiskal- und Außenwirtschaftspolitik, aber auch der Einkommens- und Ordnungspolitik. Ihre

---

[175] Hayek, Friedrich-August v., 1976, S. 11.

[176] Der zweite Hauptsatz der Wohlfahrtsökonomik besagt, dass jeder pareto-optimale Zustand durch ein allgemeines Konkurrenzgleichgewicht bei geeignet gewählter Verteilung dezentralisiert werden kann, falls zusätzlich zu den Voraussetzungen des ersten Hauptsatzes gilt: Alle Präferenzen sind konvex (Mischungen von Gütern werden bevorzugt), die Produktionsfunktionen sind konkav, d.h. die Technologie ist konvex (Skalenerträge sind ausgeschlossen), (Kopf-)Steuern können ohne Transaktionskosten erhoben werden.

jeweilige Gewichtung richtet sich im Wesentlichen nach der zugrundeliegenden theoretischen Stabilitätskonzeption, die auf politischer Ebene gewählt wird.[177]

6.1.2 Besondere Eigenschaften des Gutes Wohnung

Der Wohnungsmarkt weist im Vergleich zu anderen Märkten Besonderheiten auf, die für sich genommen oder auch in Wechselwirkung mit den im vorangegangenen Absatz genannten Gründen staatliche Korrekturmaßnahmen rechtfertigen sollen und zu einer umfassenden Beteiligung aller Regierungsinstanzen von der lokalen bis zur nationalen Ebene geführt haben.[178] Für diese Besonderheiten werden im Allgemeinen die nachfolgend genannten Charakteristika des Gutes Wohnung[179] verantwortlich gemacht.

Langlebigkeit und geringe Kapitalumschlagshäufigkeit: Je nach Qualität, Nutzungsintensität und Instandhaltung kann bei Wohnungen eine Nutzungsdauer von bis zu 100 Jahren erzielt werden, die durch grundlegende Sanierungen auch deutlich verlängert werden kann. Das führt erstens dazu, dass Wohnungen lange potentiell marktwirksam sind und erklärt unter Berücksichtigung der Tatsache, dass die Zu- und Abgänge im Gesamtbestand relativ gering sind, die Dominanz des Bestandswohnungsmarktes.[180] In Kombination mit der hohen Kapitalbindung führt die Langlebigkeit zweitens zu einer sehr geringen Kapitalumschlagshäufigkeit.[181] Vor dem Hintergrund eines hohen Fremdfinanzierungsanteils

---

[177] Vgl. zu den Stabilitätszielen: Giersch, Herbert, 1961 und weiterführend zur Stabilisierungspolitik: Frey, Bruno S./Kirchgässner, Gebhard, 1994; Nordhaus, William D., 1975.

[178] Vgl. Smith, Lawrence B./Rosen, Kenneth T./Fallis, George, 1988, S. 40.

[179] Der Begriff „Wohnung" soll im weiteren Verlauf dieses Kapitels allgemein dasjenige Gut bezeichnen, das der Befriedigung des Grundbedürfnisses „Wohnen" dient. Diese Abgrenzung differenziert nicht nach den unterschiedlichen Ausprägungen von Wohnimmobilien (Einfamilienhäuser, Mehrfamilienhäuser, Geschosswohnungsbau und Sozialwohnungen) oder nach tenure choice (Eigentum oder Miete). Dort wo eine solche Differenzierung notwendig erscheint, wird sie explizit durch die Verwendung des entsprechenden Terminus vorgenommen. Entsprechend gilt für die Bezeichnung „Wohnungsmarkt", dass dort das Gut Wohnung in der vorstehenden Abgrenzung gehandelt wird. Demnach umfasst der Wohnungsmarkt sowohl den Markt für Nutzungsrechte (Mietmarkt) als auch den Markt für Eigentumsrechte (Immobilienmarkt).

[180] Vgl. Maclennan, Duncan, 1982, S. 38 f.

[181] Vgl. Expertenkommission Wohnungspolitik, 1994, Ziffer 1102.

kommen so für den Investor bzw. Eigennutzer zu den Risiken des Realvermögens auch noch die Risiken des Geldvermögens und dort vor allem das Zinsrisiko hinzu.

Geringe Transaktionshäufigkeit: Wohnungen werden relativ selten gehandelt, so dass aktuelle Marktbewertungen oft fehlen. Hintergrund sind vor allem die hohen direkten Transaktionskosten und bei eigengenutzten Wohnungen auch die indirekten Hemmnisse, die in der Regel mit den soziokulturellen Aspekten eines Umzugs erklärt werden können.[182] Aus diesem Grund stellt sich die Frage, ob der Marktpreismechanismus ceteris paribus funktionieren und die richtigen Knappheitssignale an die Marktteilnehmer senden kann.

Heterogenität: Im Vergleich zu anderen Gütern weisen Wohnungen einen sehr hohen Grad an Komplexität auf, der sich aus den ihnen direkt anhaftenden Ausstattungsmerkmalen wie Positionierung innerhalb des Gebäudes, Grundriss, Zustand oder Zimmerzahl und den ihnen indirekt anhaftenden Charakteristika, die aus dem Zusammenspiel von Standort und Wohnumfeld resultieren, ergibt. Hinzu kommt die Tatsache, dass eine gegebene Wohnung mit dem sie objektiv konstituierenden Merkmalsbündel von verschiedenen Individuen subjektiv immer unterschiedlich beurteilt wird.[183] Werden nicht nur einzelne Wohnungen betrachtet, sondern Eigenheime und Mehrfamilienhäuser, so erhöht sich die Komplexität dieser Problematik noch weiter.

Standortgebundenheit und Siedlungsbildung: Abgesehen vom Sonderfall des Mobile-Homes gilt für Wohnungen in der Regel, dass sie ihrem Namen gerecht werden und tatsächlich immobil sind. Daraus resultiert, dass ihr Gebrauchswert ganz entscheidend vom Zugang zu Infrastruktur (Schulen, Einkaufsmöglichkeiten, Verkehrsanbindung etc.) und vom Zustand der Nachbarbebauung (in Wechselwirkung mit deren Bewohnern) beeinflusst wird.[184] Diese Bereiche unterliegen im Zeitablauf einem stetigen Wandel und können sich so während der lan-

---

[182] Ein Umzug bedeutet immer auch, dass gewachsene soziale Bindungen, Freundschaften und Zugehörigkeiten aufgegeben werden müssen und am neuen Wohnort wieder gebildet werden müssen.

[183] Vgl. Smith, Lawrence B./Rosen, Kenneth T./Fallis, George, 1988, S. 37.

[184] Vgl. Maclennan, Duncan, 1982, S. 47 f.

gen Lebensdauer einer Immobilie entscheidend verändern. Eine Wohnung muss folglich immer im Siedlungsverbund gesehen werden.[185] Dann gilt, dass sich aus städte- und landesplanerischer Sicht Verbundvorteile bei der Bereitstellung von Infrastruktur und aus Sicht der Einwohner Netzexternalitäten realisieren lassen.

Eigentums- versus Nutzungsrecht: Der Nutzer einer Wohnung braucht nicht gleichzeitig ihr Eigentümer zu sein, da für das Gut Wohnen funktionsfähige Miet- und Leasingmärkte existieren. Diese Wahlmöglichkeit zwischen Miete und Eigentum richtet sich nach persönlichen Präferenzen und steuerlichen Überlegungen der Haushalte. Sie ist allerdings nur gegeben, wenn die finanzielle Leistungsfähigkeit (Vermögen für den Eigenkapitalanteil und Einkommen für den Schuldendienst) den Erwerb einer Wohnung überhaupt zulässt.

6.1.3 Konsequenzen für die Angebotsseite des Wohnungsmarktes

Die diskutierten Eigenschaften des Gutes Wohnung haben Konsequenzen für den Wohnungsmarkt, die sich auf Anbieter- und Nachfragerseite unterschiedlich auswirken und deren Kenntnis Grundlage für das Verständnis staatlicher Wohnungspolitik ist. Im Folgenden werden die Besonderheiten des Wohnungsmarktes zunächst aus der Sicht der Anbieter vorgestellt.

Marktsegmentierung: Die Anbieter von Wohnungen agieren auf verschiedenen Märkten. Im Bereich des Mietwohnungsbaus ist zu unterscheiden zwischen dem freifinanzierten und dem öffentlich geförderten Wohnungsbau bzw. dem Bau von Sozialwohnungen durch die öffentliche Hand. Bei den eigengenutzten Immobilien[186] kann es sich um Eigentumswohnungen[187] oder Eigenheime[188] handeln.

---

[185] Vgl. Kühne-Büning, Lidwina, 1994, S. 9 f.

[186] Bei eigengenutztem Wohnraum sind Anbieter von und Nachfrager nach Wohnungsnutzungen identisch.

[187] Eigentumswohnungen können zum Beispiel von einem Bauträger als solche originär auf den Markt gebracht werden. Sie können aber auch entstehen, indem Mietwohnungen nachträglich in Eigentumswohnungen umgewandelt werden.

[188] Beim klassischen Eigenheim handelt es sich um ein freistehendes Einfamilienhaus, das eine Einliegerwohnung haben kann. Doppel- und Reihenhäuser sind ebenfalls beliebte For-

Hohe Anfangsinvestition und Langfristigkeit der Investition: Investitionen (Kauf oder Neubau) am Wohnungsmarkt (bzw. der Erwerb einer eigengenutzten Wohnung) sind von langfristiger Dauer. Bei (dauerhafter) Vermietung fließen die Einkünfte mit dem Beginn der Nutzungsphase zwar periodisch – aber über lange Zeiträume. Generell ist zu Beginn der Investition ein hoher Kapitaleinsatz erforderlich, der in den seltensten Fällen ausschließlich durch Eigenkapital gedeckt wird. Das führt bei der Wohnungsfinanzierung zu einem relativ hohen Fremdkapitalanteil.

Lange Reaktionszeiten und lange Produktionsdauer: Wohnungsanbieter sind nicht in der Lage, kurzfristig auf Veränderungen in der Wohnungsnachfrage zu reagieren. Dafür sind im Fall einer Ausweitung des Angebots die vergleichsweise langen Planungs-, Genehmigungs- und Bauerstellungsphasen verantwortlich, wobei der grundsätzliche Entschluss zum Wohnungsbau durch den Erwartungsbildungsprozess des einzelnen Anbieters determiniert wird.[189] Eine Reduktion des bestehenden Angebots über die natürlichen Abgänge hinaus ist aufgrund der Langlebigkeit von Wohnungen nur durch Abriss, Leerstand oder Umwidmung unter Hinnahme von Kosten zu realisieren. Im Bereich der Mietwohnungen sorgen umfangreiche Regulierungen, die das Verhältnis zwischen Mieter und Vermieter determinieren, für zusätzliche Anpassungsverzögerungen.

Unsicherheit: Aufgrund der verhältnismäßig langen Lebens- und Amortisationsdauer einer Wohnung ist der Investitionszeitraum kaum überschaubar. Die systematischen Risiken, die aus marktinhärenten Veränderungen (Preis-, Zins-, Einkommensentwicklung etc.) resultieren, lassen sich über solche Zeitspannen nicht prognostizieren und die unsystematischen Risiken (Brand, Unwetter, Erdbeben etc.) kumulieren sich.

---

men des Eigenheims. Kleine Mehrfamilienhäuser haben im Vergleich zu reinen Miethäusern weniger Wohnungen (typischerweise drei bis sechs) und zeichnen sich in der Regel dadurch aus, dass der Eigentümer eine der Wohnungen selbst bewohnt und die restlichen Wohnungen an Familienangehörige oder Dritte vermietet.

[189] Alternativen sind die Umwandlung von Miet- in Eigentumswohnungen, der Umbau (Umwidmung der Nutzungsart), der Ausbau (latent vorhandener Wohnraum wird aktiviert) und der Anbau (bestehende Immobilien – meist Eigenheime – werden erweitert).

Renovationen und Bestandsinvestitionen: Um den Wert einer Immobilie zu erhalten, ist es unerlässlich, die notwendigen Instandsetzungsmaßnahmen durchzuführen. Alterungsbedingter Gebrauchswertverlust und Abweichungen gegenüber aktuell nachgefragten Ausstattungs- und Qualitätsstandards können durch Bestandsinvestitionen überwunden werden, soll die langfristige Nutzbarkeit einer Wohnung gesichert werden.

Abhängigkeit von essentiellen Inputs: Um neue Wohnungen erstellen zu können, muss baureifes Land vorhanden sein, für dessen Bereitstellung die Kommunen zuständig sind.

6.1.4 Konsequenzen für die Nachfrageseite des Wohnungsmarktes

Wohnen als Grundbedürfnis: Schon zu Urzeiten wählten die Menschen Höhlen als Behausungen, weil sie ihnen Schutz vor Gefahren boten und somit zum Überleben beitrugen. Aus dieser archetypischen Erinnerung leitet sich die menschliche Angst, kein Obdach zu haben, ab. Wohnen und damit der Konsum des Gutes Wohnung ist im engeren Sinne nicht substituierbar. Jenseits dieses Grundbedürfnisses besteht innerhalb des Spektrums der verfügbaren Wohnungen allerdings eine gewisse Substituierbarkeit. Das Grundbedürfnis muss aus normativer Sicht operationalisiert werden, um den Rahmen für staatliches Engagement im Bereich des Wohnungsmarktes zu bestimmen.[190]

Fehlende Marktübersicht: Ein Haushalt tritt nur relativ selten am Wohnungsmarkt in der Rolle des Nachfragers auf. In Kombination mit der Heterogenität des Wohnungsangebots ergeben sich so Informationsmängel, die vor dem Hintergrund langfristiger vertraglicher Bindungen ein besonderes Gewicht erhalten.

Veränderlichkeit der Wohnbedürfnisse, Unteilbarkeit und Anpassungskosten: Haushalte durchlaufen im Zeitablauf verschiedene Stadien,[191] die mit Verände-

---

[190] Mögliche Maßstäbe: Wohnfläche je Bewohner, Mindestanforderungen an die Wohnungsausstattung, Anteil der Wohnungsausgaben am verfügbaren Haushaltseinkommen etc.

[191] Diese können stilisiert dargestellt werden als: Haushaltsgründung, Familiengründung, Nachwuchs im Kleinkindalter, Nachwuchs im Teenageralter, Nachwuchs verlässt den Haushalt, Ruhestand, Haushaltsauflösung.

rungen der Wohnbedürfnisse einhergehen. Sie werden begleitet und überlagert von Veränderungen der wirtschaftlichen Situation und der Konsumgewohnheiten. Reagiert ein Haushalt auf Abweichungen zwischen den Eigenschaften der gerade bewohnten Wohnung und den sich ändernden Anforderungen durch Umzug, so entstehen ihm Transaktionskosten. Diese sind typischerweise im Bereich der Wohneigentumsrechte höher als bei den Mietrechten. Soll ein Umzug aufgrund von gestiegenem Flächenbedarf vermieden werden, so besteht zumindest bei Ein- und Mehrfamilienhäusern die Möglichkeit eines Aus- oder Anbaus, was sich beim Eigennutzer in Finanzierungskosten und beim Mieter in höherer Miete niederschlägt. Bei Geschosswohnungen ist es nicht möglich auf einen gestiegenen Flächenbedarf zu reagieren. Allerdings ist es auch dort möglich, durch Renovation oder Sanierung auf neue Trends und Standards zu reagieren.

Bedeutung des Wohnumfeldes: Wohnungen sind keine autarken Gebilde. Die darin lebenden Haushalte sind auf Interaktion mit ihrer Umwelt angewiesen. Sie benutzen die bereitgestellte Infrastruktur, wenn sie zur Arbeit fahren, Dienstleistungen nachfragen oder Kinder zur Schule schicken und sie sind als Menschen Teil eines sozialen Umfelds, mit dem sie sich identifizieren oder zumindest arrangieren müssen.

6.2 Synthese: Rechtfertigung staatlicher Eingriffe in den Wohnungsmarkt

6.2.1 Wohnen als meritorisches Gut

Die Meritorisierung des Wohnens und die daraus abgeleitete Rechtfertigung staatlicher Eingriffe in den Wohnungsmarkt ist eine elegante Möglichkeit, die Lücke zwischen positiver und normativer Sichtweise der Wohnungspolitik per se zu schließen. Sie reicht aber auch in den normativen Bereich hinein, weil sie dort dazu verwendet wird, den notwendigen Umfang staatlicher Interventionen festzulegen, damit, ausgehend von der Diagnose eines Marktversagens, die gewünschte second-best Lösung realisiert werden kann. Daneben wird die Meritorisierung des Wohnens über den Umweg eines versorgungspolitischen Auftrags auch für verteilungspolitische Ziele eingesetzt.[192]

Ausgangspunkt dieser Meritorisierung ist die Unterstellung, dass die Konsumenten verzerrte Präferenzen in Bezug auf das Gut Wohnen haben. Sie sind nicht in der Lage, den wahren Nutzen zu erkennen und fragen folglich zu wenig davon nach. Konkret werden die zu gering entfalteten Präferenzen darauf zurückgeführt, dass den Konsumenten die Wirkungen befriedigender Wohnverhältnisse auf das individuelle Wohlbefinden bzw. das Zusammenleben von Individuen zu wenig bekannt sind, sie also diesbezüglich Informationsmängel aufweisen. Dieses Phänomen entsteht, weil die individuelle Meinungsbildung über die Art der Wohnungsversorgung zum größten Teil durch das eigene soziale Umfeld erfolgt, so dass mögliche Wirkungsunterschiede der Wohnumgebung kaum wahrgenommen werden können.[193]

Aus meritorischer Sicht liegt es dann nahe, den Marktpreis durch Subventionszahlungen an die Produzenten so weit zu senken, bis trotz unvollkommener Information jenes Niveau der Bedürfnisbefriedigung erreicht wird, das einem objektiv günstigen Stand für den Konsumenten entspricht.[194] Erkennt der Konsument in der Folge den wahren Wert des Gutes Wohnen, so kann die Subvention gestrichen werden, da er nun bereit ist, selbst ein entsprechendes Opfer für den gewonnenen Nutzen zu entrichten.[195]

Abgesehen von extrem schlechten Wohnverhältnissen fällt es allerdings schwer, ein quantitatives oder zumindest qualitatives Maß für die Abweichung der tatsächlich bekundeten Nachfrage von der als angemessen angesehenen Nachfrage

---

192 Vgl. Mackscheidt, Klaus, 1981, S. 219.

193 Vgl. Mackscheidt, Klaus, 1981, S. 218.

194 Eine derartige Maßnahme ist um so erfolgreicher, je stärker der Konsument auf einen Rückgang des Marktpreises mit einer Ausdehnung seiner Nachfrage reagiert. Dieser Zusammenhang wird durch die Preiselastizität der Nachfrage ausgedrückt. Nur im Grenzfall eines vollkommen unelastischen Zusammenhangs kann ein Preisrückgang nicht zu einer Nachfrageausweitung führen.

195 Vgl. Musgrave, Richard A., 1959, S. 14. Das Konzept der meritorischen Güter hat nicht nur die Aufgabe, die bestehende Allokation zu optimieren, sondern es sollen auch Lerneffekte bei den Individuen induziert werden, so dass das System mit der Zeit von alleine in der Lage ist, die pareto-optimale Allokation zu generieren.

zu definieren. Damit ist unsicher, ob eine Meritorisierung, die sich auf Informationsmängel der Konsumenten beruft, gerechtfertigt ist. Darüber hinaus muss das Ausmaß einer möglichen Meritorisierung des Wohnens das Ergebnis eines Willküraktes einer scheinbar besser informierten Elite sein. Wenn auf der Seite der Konsumenten wirklich Informationsmängel bezüglich des Wohnnutzens vorliegen, dann müssen diese durch gezielte Aufklärung beseitigt werden, so dass eine volle Konsumentensouveränität hergestellt wird. Eine angebotsseitige Objektförderung mit dem Ziel, die Nachfrage zu stimulieren, ist dann überflüssig.

6.2.2 Externalitäten

Die Standortgebundenheit von Wohnungen sowie die Tendenz zur Siedlungsbildung lassen dem Wohnumfeld aus der Sicht der Nachfrager eine außerordentliche Bedeutung zukommen. Sie leiten ihren Wohnnutzen nicht nur aus dem direkten Konsum des Gutes Wohnung ab, sondern dieser wird auch durch positive und negative Externalitäten beeinflusst, die aus dem sozialen, baulichen und natürlichen Umfeld resultieren.[196]

Das bauliche Umfeld ist wiederum das Ergebnis von individuellen Investitionsentscheidungen bezüglich Instandhaltung, Modernisierung und Neubau auf der Anbieterseite. Solche Einzelmaßnahmen erhöhen tendenziell den Wohnwert des ganzen Viertels, so dass auch Eigentümer, die nicht investieren, eine höhere Rendite auf ihr Wohnungskapital erzielen. In diesem Kontext ist es aber für jeden einzelnen Eigentümer vorteilhaft, zunächst nur die anderen investieren zu lassen und selbst als Trittbrettfahrer aufzutreten.[197] Die positive Externalität des gestiegenen Wohnwerts würde ihm zugute kommen, ohne dass er an den Kosten beteiligt wäre.[198]

---

[196] Vgl. Burns, Leland S./Grebler, Leo, 1977, S. 106f und Bundesministerium der Finanzen, 1994, S. 32.

[197] Vgl. Maclennan, Duncan, 1982, S. 157 und Aaron, Henry J., 1972, S. 28.

[198] Vgl. Bundesministerium der Finanzen, 1994, S. 33.

Diese klassische Situation eines Gefangenendilemmas kann dazu führen, dass Investitionen komplett unterbleiben und das gesamte Wohngebiet unbewohnbar wird. Ein solcher Prozess wird begleitet und wiederum rückgekoppelt von einer Verschlechterung des sozialen Gefüges innerhalb des betroffenen Viertels.[199] Aus dieser Abwärtsspirale kann sich das System von alleine nicht befreien, so dass in diesem Zusammenhang staatliche Intervention wünschenswert erscheint. Allerdings lassen sich in diesem Zusammenhang nur selektive Maßnahmen wie Stadterneuerungsprogramme und langfristige Kommunalplanungen, nicht jedoch globale, den gesamten Wohnungsmarkt betreffende Instrumente rechtfertigen.[200]

Rosen weist auf eine weitere – in der Literatur kontrovers diskutierte – Externalität hin, die er als die „social costs of slums" bezeichnet. Älteren Untersuchungen zufolge hat der schlechte bauliche Zustand eines heruntergekommenen Viertels nicht nur negative Auswirkungen auf den Wert der Nachbarbebauung, sondern ist auch dafür verantwortlich, dass sich das Viertel zur Brutstätte von Kriminalität, Verbrechen, Armut, Überfremdung und Krankheitsherden entwickelt.[201] Neuere Untersuchungen bestätigen zwar diese Beobachtungen, kehren aber die Kausalität um, indem sie argumentieren, dass die Ursache dieser Phänomene nicht in der schlechten Behausung der Menschen zu suchen sei, sondern in deren Armut und der Diskriminierung ethnischer Minderheiten.[202]

---

199 Ein ursprünglich ausgewogenes soziales Gefüge verändert sich in diesem Szenario dahingehend, dass gut ausgebildete und daher meist besser verdienende Mieter das Viertel verlassen, um den negativen Externalitäten des schlechten baulichen Umfelds zu entgehen. Weil sie Leerstand vermeiden wollen, sind die Eigentümer gezwungen, ihre Mietforderungen zu reduzieren. Dadurch werden Bezieher niedrigerer Einkommen angezogen, die tendenziell über ein schlechteres Ausbildungsniveau verfügen. Gesellschaftliche Randgruppen, denen der Zuzug früher verwehrt wurde, erhalten jetzt eher Zugang. Noch verbliebene ursprüngliche Mieter entschließen sich nun ebenfalls dazu, das Viertel zu verlassen. Es kommt zu Leerstand und Verfall.

200 Vgl. Bundesministerium der Finanzen, 1994, S. 33.

201 Vgl. Rosen, Harvey S., 1985, S. 378 und in Anlehnung an Weicher, John C., 1979, S. 491. Eine übersichtliche Darstellung der Literatur, die diesen Zusammenhang zu bestätigen versucht, findet sich bei Fisher, Robert M., 1959.

202 Vgl. für einen Literaturüberblick zu dieser Position Weicher, John C., 1980, S. 5-11 und Burns, Leland S./Grebler, Leo, 1977, S. 126-140.

Die vom amerikanischen Kongress ins Leben gerufene *Bipartisan Millennial Housing Commission* benennt in ihrem Bericht aus dem Jahre 2002 umgekehrt die folgenden positiven Externalitäten guten Wohnens:

> *"Decent, affordable, and accessible housing fosters self-sufficiency, brings stability to families and new vitality to distressed communities, and supports overall economic growth. Very particularly, it improves live outcomes for children. In the process, it reduces a host of costly social and economic problems that place enormous strains on the nation's education, public health, social service, law enforcement, criminal justice, and welfare systems."*[203]

6.2.3 Unsicherheit und Informationsasymmetrien

Für die meisten Haushalte stellt der Erwerb von Wohneigentum den größten finanziellen Kraftakt ihres Lebens dar. Aufgrund der geringen Transaktionshäufigkeit und der ausgeprägten Heterogenität des Gutes Wohnung haben sie allerdings eine fehlende oder zumindest sehr eingeschränkte Marktübersicht, die durch mangelhafte Expertise bezüglich der Qualität einer konkreten Bausubstanz noch verstärkt wird. Solche Informationsasymmetrien kann ein Haushalt jedoch relativ problemlos überwinden, da für diese Fälle Makler als Intermediäre und Sachverständige zur Ermittlung der Qualität und damit des Wertes einer Wohnung zur Verfügung stehen.[204]

Aus der langen Lebensdauer einer Wohnung erwächst allerdings die Problematik, dass die Entwicklung mikro- und makroökonomischer Variablen kaum prognostiziert werden kann. Für Besitzer stellt sich deshalb die Frage, wie sich der Wert ihrer – in den meisten Fällen größten – Vermögensposition entwickeln wird; für Vermieter, wie sich die Vermietbarkeit des Objekts in der Zukunft dar-

---

[203] Bipartisan Millennial Housing Commission, 2002, S. 10.
[204] Vgl. Aaron, Henry J., 1972, S. 29 f.

stellen wird.[205] Da aufgrund der hohen Anfangsinvestition in der Regel auf Fremdkapital zurückgegriffen werden muss, stellt sich außerdem die Frage, ob das Einkommen bzw. die Mieterträge für den Schuldendienst ausreichen werden und wie sich bei variabel verzinslichen Darlehen oder im Falle einer notwendigen Anschlussfinanzierung das Zinsniveau entwickeln wird.

Gerade wegen des hohen Fremdfinanzierungsanteils ist der Wohnungsmarkt darauf angewiesen, dass die Schnittstelle zwischen Schuldner und Kreditgeber reibungslos funktioniert. Die Informationsprobleme der Kreditgeber sind in diesem Zusammenhang allerdings weitaus komplexer als die Schwierigkeiten der Wohnungskonsumenten. Ausgeprägte Informationsasymmetrien zwischen den beiden Parteien sind für das Kreditrisiko des Darlehengebers verantwortlich, da dieser die Bonität eines potentiellen Schuldners vor Vertragsbeginn nur ungenau einschätzen und aufgrund der Unsicherheit der sie zukünftig beeinflussenden Variablen auch kaum prognostizieren kann. Außerdem kann der Kreditgeber den Schuldner während der Darlehenslaufzeit nur unzureichend überwachen, so dass Probleme wie *hidden action* und *moral hazard* auftreten und zu einer selbstinduzierten Verschlechterung der Bonität führen können.

Selbst die sorgfältigste Evaluation kann also einen Ausfall des Darlehens nicht ausschließen. In diesem Fall ist die Höhe des Verlusts (loss given default) abhängig vom unsicheren Wert des Kollaterals, der bei rationaler Defaultentscheidung des Schuldners nicht ausreichen wird, den ausstehenden Forderungsbetrag des Kreditgebers abzudecken.[206] Aaron argumentiert, dass ein einzelner Kreditgeber aufgrund seiner zu geringen Datenbasis die dahinter stehende versicherungsmathematische Problemstellung nicht bewältigen könne.[207]

---

[205] Für den Vermieter ergeben sich aus der Tatsache, dass er das Nutzungsrecht an seinem Eigentum über langfristige vertragliche Vereinbarungen an einen Dritten abtritt weitere Probleme. Da solche Mietverträge nie vollständig sein können, ist es wichtig, dass das Mietrecht für eine Vielzahl von Interessenskollisionen (Reparaturen, Mietanpassungen usw.) ausgewogene Regeln bereithält.

[206] Vergleiche zur rationalen Beendigung des Schuldendienstes im Zusammenhang mit der Immobilienpreisentwicklung und der daraus resultierenden Problematik für den Darlehensgeber ausführlicher Abschnitt 5.4.

[207] Vgl. Aaron, Henry J., 1972, S. 30.

Will der ursprüngliche Kreditgeber das Darlehen nicht selbst halten, sondern an einen Investor verkaufen, so muss er einen Abschlag in Kauf nehmen, der einerseits auf neuerlicher Informationsasymmetrie bezüglich der Kreditqualität und andererseits auf mangelnder Liquidität beruht.[208]

Unsicherheit bezüglich des Prepaymentverhaltens der Darlehensnehmer setzt den Kreditgeber/Investor zusätzlich dem Risiko aus, dass die Zahlungsströme aus dem Darlehensvertrag nur schwer sowohl der Höhe als auch dem Zeitpunkt nach prognostizierbar sind. Bei rationaler Prepaymententscheidung des Schuldners erfolgen diese allerdings immer zu einem Zeitpunkt, in dem eine Wiederanlage des Rückflusses nur zu einem geringeren Marktzins erfolgen kann.[209] Hypothekarkredite eignen sich deshalb nur sehr eingeschränkt für fixed-income Investoren (wie zum Beispiel Versicherungen), die den Großteil der Marktteilnehmer an den Kapitalmärkten repräsentieren.

Als Fazit bleibt festzuhalten, dass risikoaverse Kreditgeber aufgrund asymmetrischer Informationsverteilung bezüglich der Bonität potentieller Kunden und Unsicherheit bezüglich der Wertentwicklung des Kollaterals Anreize haben, langfristige Finanzierungen mit hoher Beleihung zu vermeiden. Davon sind vor allem junge Familien und Erstkäufer betroffen, da gerade sie in der Regel nur über wenig Eigenkapital verfügen. Außerdem eignen sie sich aufgrund der zusätzlich auftretenden Prepaymentproblematik nur eingeschränkt als Investment, was die Entwicklung eines liquiden Sekundärmarktes erschwert.

In den USA wird eine Umverteilung von Kreditrisiken zu Lasten des Staates über die Instrumente der staatlichen Darlehensversicherung am Primärmarkt (FHA, VA und RHS)[210] und der Verbriefung in Kombination mit staatlicher

---

[208] Vgl. Roll, Richard, 2000, S. 2.

[209] Behält der ursprüngliche Kreditgeber das Darlehen in der eigenen Bilanz, so wird die Problematik der Fristenkongruenten Refinanzierung durch das Prepaymentrisiko noch verstärkt.
Vgl. zur rationalen Prepaymententscheidung im Zusammenhang mit der Zinsentwicklung und der daraus resultierenden Problematik für den Darlehensgeber/Investor ausführlicher Abschnitt 5.3.

[210] Die Voraussetzungen, die ein Schuldner erfüllen muss, um eine staatliche Darlehensversicherung zu erhalten, wurden in Absatz 3.2.2 behandelt.

bzw. staatlich alimentierter Kreditverbesserung am Sekundärmarkt (Ginnie Mae bzw. Fannie Mae und Freddie Mac) praktiziert. Die Prepaymentrisiken werden über die Verbriefung zu MBS kalkulierbarer gemacht und an spezialisierte Investoren weitergegeben, die über die entsprechende Expertise verfügen.[211]

Zusätzlich dazu haben Fannie Mae und Freddie Mac ihre Portfolioinvestitionen in der vergangenen Dekade drastisch ausgeweitet.[212] Da sie diese Aktivitäten über die Emission von Schuldverschreibungen finanziert haben, die nur zu einem kleinen Teil vorzeitig kündbar sind, haben sie de facto zusätzlich zum Kreditrisiko auch den Großteil des Prepaymentrisikos übernommen und so die Attraktivität eines (wenn auch indirekten) Investments in Hypothekarkredite für ausländische Investoren, für Investoren mit ungenügender Prepayment-Expertise und für Investoren, denen ein direktes Engagement nicht gestattet ist, erhöht.[213] Auf diese Weise wurde der Sekundärmarkt für US-Hypothekarkredite mit den weltweiten Kapital-märkten zur Deckung gebracht und ein Maximum an Liquidität geschaffen, das in Kombination mit den hervorragenden Finanzierungskonditionen von Fannie Mae und Freddie Mac zu günstigen und stabilen Darlehenszinsen geführt hat. Im Ergebnis muss allerdings festgehalten werden, dass der amerikanische Hypothekarkreditmarkt seine Stärke aus der Institutionalisierung staatlicher Risikoabsorption bezieht.

6.2.4 Marktmacht

Monopolistische Kontrolle und Marktmacht sind schädlich für die Entfaltung eines freien Marktes. In der Bauwirtschaft versuchen Interessenverbände unter Einsatz ihrer Verhandlungsmacht, die Löhne künstlich in die Höhe zu treiben,[214] willkürliche Arbeitsregeln einzuführen, das Arbeitsangebot zu kontrollieren und die Einführung kostensenkender Produktionstechnologien und Baustoffe zu ver-

211 Zu den unterschiedlichen Verbriefungsprogrammen vergleiche Absatz 3.4.2.
212 Vgl. die Abbildungen 28 und 29.
213 Vgl. Roll, Richard, 2000, S. 6 und 12.
214 Vgl. Muth, Richard F., 1960, S. 44.

hindern und tragen so dazu bei, die Produktionskosten hoch zu halten.[215] Solche Interessenverbände sind allerdings kein exklusives Merkmal der Bauwirtschaft. Sie sind vielmehr in allen Wirtschafts- und Gesellschaftsbereichen präsent und nutzen ihren Einfluss, den sie aus einem hohen Organisationsgrad und (vermeintlichen) Informationsvorteilen ableiten,[216] um *rent seeking* für ihre Mitglieder zu betreiben und müssen somit als Teil des demokratischen Willensbildungsprozesses akzeptiert werden.

Der Staat selbst greift in vielfältiger Weise über Regulierungen und Subventionen in den Wohnungsmarkt ein und sorgt auf diese Weise für Verzerrungen des Wettbewerbs.[217] Die Kommunen verfügen über die exklusiven Instrumente der Baulandausweisung und Flächennutzungsplanung und können durch deren restriktiven Einsatz die Herstellungskosten und damit den Wohnungsbau beeinflussen.

Der Wohnungsmarkt ist grundsätzlich durch eine atomistische Struktur sowohl auf der Eigentümer- als auch auf der Produzentenseite gekennzeichnet, so dass Monopolrenten aufgrund von Marktkonzentration nicht anfallen können.[218] Selbst in kleinen Gemeinden ist das Eigentum an vermieteten Wohnungen breit gestreut.[219] Die Produzentenseite ist grundsätzlich angreifbar:[220] Funktionierende Miet- und Leasingmärkte für Baumaschinen sowie die Tatsache, dass alle Teilleistungen (Planung, Statik, Elektro-, Heizungs- und Wasserinstallation) fremdbezogen werden können und für das Ausführen der reinen Rohbauarbeiten we-

---

215 Vgl. Aaron, Henry J., 1972, S. 31.

216 Vgl. Brümmerhoff, Dieter, 2001, S.155 f.

217 Hämmerlein bezeichnet den Wohnungsmarkt als typischen Interventionsmarkt für die Politikbereiche Wirtschaft (im Hinblick auf Konjunktur, Konsum, Investition und Vermögensbildung), Soziales (im Hinblick auf eine Mindestversorgung mit dem Gut Wohnung), Gesellschaft (im Hinblick auf die Wohneigentumsbildung) und Familie (durch Wohnhilfen für geeignete Wohnformen). Vgl. Hämmerlein, Hans, 1996 S. 32.

218 Vgl. hierzu ausführlicher Olsen, Edgar O., 1969 und Muth, Richard F., 1960.

219 Maclennan bemerkt, dass ironischerweise die lokalen öffentlichen Träger von Sozialwohnungen Monopole darstellen. Vgl. Maclennan, Duncan, 1982, S. 155.

220 Vgl. Muth, Richard F., 1960, S. 44 f.

nig Spezialwissen erforderlich ist, ermöglichen potentiellen Wettbewerbern bei Auftreten von Monopolrenten den sofortigen Markteintritt.[221]

Nachfrageüberhänge erlauben es Vermietern und Produzenten allerdings, aufgrund der langen angebotsseitigen Reaktions- und Produktionsdauer, Knappheitsrenten zu realisieren. Diese Preisschwankungen sind aber nach Muth nur von kurzfristiger Dauer. Sobald das Angebot eine entsprechende Erweiterung erfahren hat, muss sich der langfristig gleichgewichtige Preis wieder einstellen.[222] Maclennan argumentiert allerdings, dass kurzfristige Nachfrageüberhänge nicht nur zu Preisanpassungen, sondern auch zur Unterdrückung von geplanten Wohnungsupgrades, zur Verzögerung von Haushaltsneugründungen und zu einem Anstieg der durchschnittlichen Haushaltsgröße führen. Diese Diffusion des Preissignals macht er dafür verantwortlich, dass eine angebotsseitige Reaktion nicht angemessen erfolgen kann und fordert deshalb entsprechende Anreize für Grenzanbieter.[223]

Ein weiteres Argument ist die natürliche Verhandlungsmacht, die ein Vermieter gegenüber einem Mieter aufgrund der Tatsache hat, dass dieser das Wohnen als Grundbedürfnis nicht substituieren kann. Jenseits dieses Grundbedürfnisses sind umzugsbedingt auftretende direkte und indirekte Transaktionskosten sowie die Unteilbarkeit des Gutes Wohnung dafür verantwortlich, dass überzogene Mieterhöhungsverlangen durchgesetzt werden können. Der Staat reagiert auf dieses Kräfteungleichgewicht mit der Gesetzgebung zum Mieterschutz. Besondere staatliche Aufmerksamkeit benötigen auch ethnische Minderheiten und soziale Randgruppen, da sich diesen die Miet- und vor allem die Eigentumsmärkte für das Gut Wohnung aufgrund ihrer sozialen Situation aber auch wegen offener oder latent vorhandener Diskriminierung[224] allzu oft verschließen.

---

[221] Als ein extremes Beispiel für Angreifbarkeit auf der Produzentenseite sei die - vor allem in ländlichen Gegenden beobachtbare – Tatsache angeführt, dass viele Privatleute ihr Eigenheim selbst erstellen.

[222] Vgl. Muth, Richard F., 1960, S. 36 f.

[223] Vgl. Maclennan, Duncan, 1982, S. 156.

[224] Aaron weist darauf hin, dass es trotz des Verbots von Rassendiskriminierung zu Rassentrennung kommen kann, wenn die Menschen es ablehnen, in einer Nachbarschaft zu wohnen, die von einer anderen ethnischen Gruppe dominiert wird. Dazu kann bereits normale

6.2.5 Verteilungspolitische Zielsetzungen

Über eine Meritorisierung des Wohnens lassen sich – in Erweiterung der gesellschaftlichen Übereinkunft, dass es sich hierbei um ein menschliches Grundbedürfnis handelt – im Zuge des versorgungspolitischen Auftrags des Staates verteilungspolitische Eingriffe rechtfertigen. Dabei wird argumentiert, dass die Einkommensverteilung nach dem Prinzip der Marktgerechtigkeit abzulehnen ist, weil ärmere Wohnungskonsumenten aufgrund ihrer zu geringen Einkommen nicht in der Lage sind, die volle Nachfrage für eine befriedigende Versorgungslage zu entfalten.[225]

Der *National Housing Act* von 1949 leitet deshalb den folgenden Versorgungsauftrag als zentrale Aufgabe der amerikanischen Wohnungspolitik ab: „[...] the general welfare and security of the nation and the health and living standards of its people require [...] the realization [...] of the goal of *a decent home and a suitable living environment for every American family* [...]“[226]. Diese Formulierung geht über die Befriedigung des reinen Grundbedürfnisses nach Wohnen hinaus[227] und leitet für die Politik gleichsam einen Umverteilungsbedarf ab.[228]

Allerdings stellt sich die Frage, warum bei Vorliegen eines reinen Umverteilungsmotivs auf Instrumente wie Subventionen und Sachleistungen im Wohnungsbereich zurückgegriffen wird. Dieser Ansatz ist nämlich aus wohlfahrtsökonomischer Sicht umstritten, da eine Verteilungspolitik mit Subventionen und

---

umzugsbedingte Fluktuation führen. Vgl. Aaron, Henry J., 1972, S. 31. Ein prominentes Beispiel ist das italienische Viertel „Little Italy“ in Manhattan. In unmittelbarer Nähe siedelten sich mit der Zeit die ersten chinesischen Einwanderer an und trugen so zur Entstehung von „Chinatown“ bei. Mit der Zeit dehnte sich das chinesische Viertel nach Norden in Richtung des italienischen Viertels aus. Die im Vergleich zu den Chinesen relativ angepassteren Italiener reagierten darauf mit Wegzug und verteilten sich über das gesamte Stadtgebiet. Heute sind weite Teile des vormals italienisch dominierten Stadtteils ausschließlich von Chinesen bewohnt.

225 Vgl. Wolman, Harold/Goldsmith, Michael, 1992, S. 189.

226 42 U.S.C. 1441; [Hervorhebung nicht im Original].

227 Vgl. Orlebeke, Charles J., 2000, S. 316.

228 Dieses Argument ist für den sozialen Wohnungsbau nachvollziehbar, nicht jedoch für die Subventionierung von Wohneigentum.
An dieser Stelle sei angemerkt, dass eine weiterführende Diskussion über die Definition einer befriedigenden Versorgungslage in Bezug auf die Ausstattung mit dem Gut Wohnung und die Gerechtigkeit von Umverteilungsmaßnahmen nicht Gegenstand dieser Arbeit ist.

Sachleistungen einer Verteilungspolitik mit ungebundenen Geldtransfers unterlegen ist. Eine Geldzahlung versetzt den Haushalt bei gleicher Transfersumme, die der Staat aus verteilungspolitischen Gründen aufzuwenden gedenkt, stets auf ein höheres Wohlstandsniveau als die entsprechende Subvention bzw. Sachleistung.

Ein übergeordneter Grund kann sein, dass es im Sinne der politischen Öffentlichkeitsarbeit leichter ist, Umverteilungspolitik über die Förderung ausgewählter Güter vorzunehmen und hierfür deren konsensstiftenden Charakter zu instrumentalisieren.[229] Eine konkretere Begründung findet sich in der paternalistischen Sichtweise, dass der Staat nicht nur auf das Nutzenniveau des Begünstigten, sondern auch auf die Zusammensetzung seines Konsumbündels achten solle.[230]

Die Subventionierung des Wohnungsbaus hat außerdem den wünschenswerten Effekt, dass neben den eigentlichen Begünstigten auch die Bauwirtschaft direkt stimuliert wird. Im Sinne der *new political economy* nutzen Politiker diesen Sachverhalt um eine Maximierung ihrer Wählerstimmen zu betreiben.

Im Gegensatz zu reinen Transferzahlungen erfordert die Verwaltung von staatlichen Wohnungsbauprogrammen einen ungleich größeren Apparat. Die Theorie bürokratischen Verhaltens[231] unterstellt, dass solche Systeme eine Eigendynamik entwickeln. Ihr Ziel ist die Maximierung des verwalteten Budgets und es ist zu erwarten, dass die öffentlich Beschäftigten ihren politischen Einfluss zugunsten entsprechender Programme einsetzen.[232]

---

229 Vgl. Mackscheidt, Klaus, 1981, S. 220.

230 Vgl. Rosen, Harvey S., 1985, S. 379.

231 Vgl. beispielsweise Niskanen, William A., 1971.

232 Als 1977 Reformvorschläge aufkamen, die ein Auslaufen aller Wohnungsbauprogramme und stattdessen die Einführung von ungebundenen Geldtransfers vorsahen, kam es von Seiten des Department of Housing and Urban Development (HUD), über dessen Budget fast alle staatlichen Wohnungsprogramme finanziert werden, zu heftigem Widerstand, der dazu führte, dass die Vorschläge nicht Eingang in einen Regierungsentwurf zur Reform der staatlichen Wohlfahrtssysteme fanden. Vgl. Weicher, John C., 1980, S. 51.

6.2.6 Die Bevorzugung von Wohneigentum als Teil einer stabilitätspolitischen Zielsetzung im weiteren Sinne

Nach Musgrave ist es Aufgabe der Stabilisierungspolitik, die Realisierung eines gesamtwirtschaftlichen Gleichgewichts über die gleichzeitige Erfüllung der Ziele „hoher Beschäftigungsgrad" und „Geldwertstabilität" zu fördern.[233]

Wohnungsbauinvestitionen haben eine hohe Multiplikatorwirkung, weil sie zu umfangreichen Beschäftigungs- und Konsumeffekten[234] führen. Darüber hinaus stellen sie nach ihrer Durchführung eine ständige Steuereinnahmequelle für den Staat dar.[235] Die umfangreichen staatlichen Wohnungsbauprogramme infolge des *National Housing Acts* von 1937 in den USA waren dementsprechend nicht sozialstaatlich motiviert, sondern sollten im keynesianischen Sinne staatliche Nachfrage entfalten, um der nach wie vor unter den Folgen der Weltwirtschaftskrise leidenden Volkswirtschaft über die beschriebe Multiplikatorwirkung wieder auf die Beine zu helfen. Die Implementierung der Wohnungspolitik in eine keynesianische Stabilisierungskonzeption ist allerdings bedenklich. Die größte Gefahr in diesem Zusammenhang ist, dass die Entwicklung der Konjunkturlage grundsätzlich falsch prognostiziert werden kann oder sie sich bereits entscheidend verändert haben wird, bis ein staatliches Wohnungsbauprogramm – aufgrund seiner langen Planungs- und Produktionsdauer – die gewünschte Wirkung entfaltet. In beiden Fällen entstünde eine schädliche Prozyklik, die unter Umständen weitere verzerrende Eingriffe der Regierung zur Folge haben kann.

Neben der Instrumentalisierung der Wohnungspolitik für stabilitätspolitische Zwecke einerseits wird andererseits der Stabilisierung des Wohnungsbaus – wegen seiner großen volkswirtschaftlichen Bedeutung – selbst große Beachtung

---

233 Musgrave, Richard A., 1959, S. 22 f. Als zusätzliche Ziele werden heute in der finanzwissenschaftlichen Literatur häufig noch ein „angemessenes und stetiges Wirtschaftswachstum" sowie das „außenwirtschaftliche Gleichgewicht" genannt.

234 Der Wohnungsbau ist traditionell sehr arbeitsintensiv. Familien, die sich ein neues Haus haben bauen lassen, benötigen zusätzlich auch Elektro-, Heizungs- und Wasserinstallation und kaufen in der Regel auch neue Einrichtungsgegenstände oder installieren zusätzliche Komfortausstattung wie Sauna, Whirlpool, Fitnessgeräte etc. Zusätzlich können sie Dienstleistungen wie zum Beispiel Garten-, Pool- und Raumpflege nachfragen.

235 Vgl. Bipartisan Millennial Housing Commission, 2002, S. 12 und Hämmerlein, Hans, 1996 S. 15.

geschenkt. Die Verzögerungen, mit denen die Angebotsseite auf Veränderungen der Nachfrage reagiert, sollen durch staatliche Wohnungspolitik verkürzt werden, so dass eine Verstetigung des Wohnungsbaus erreicht wird. Allerdings stellt sich die Frage, warum ausgerechnet der Staat bessere Informationen über die künftige Entwicklung nachfragerelevanter Variablen besitzen sollte. Sinnvoller wäre es, die Erwartungsbildung des privaten Sektors zu stabilisieren und verzögernd wirkende regulatorische Bestimmungen abzubauen.

In den USA ist eine besondere Wertschätzung des selbstgenutzten Wohneigentums zu beobachten, die sich in einer hohen Selbstnutzerquote von 68% niederschlägt.[236] Zwei Punkte sind hierfür verantwortlich: Zum Einen handelt es sich um ein gesellschaftliches Phänomen, dessen Ursprung in der amerikanischen Geschichte zu suchen ist, zum anderen erfährt die Bildung von Wohneigentum durch den Staat eine besondere Prämierung, da in diesem Bereich positive Externalitäten[237] identifiziert werden, die zu einer Stabilisierung im weiteren Sinne beitragen sollen.

Seit dem Beginn seiner Kolonialisierung sind Menschen vor allem deshalb auf den nordamerikanischen Kontinent ausgewandert, weil sie die Hoffnung hatten, dort bessere Lebensbedingungen vorzufinden. Ein ganz wesentliches Element war dabei der Überfluss an Grund und Boden, der es jedem Siedler ermöglichte, sein Glück selbst in die Hand zu nehmen. „The small farmer who owned his land, earned a living on it by the sweat of his brow, and looked any man squarely in the face“[238]. Der tiefsitzende Wunsch, Land sein eigen nennen zu können, um darauf eine Existenz zu gründen, findet heute seinen Niederschlag im viel beschworenen *American dream* – dem Wunsch, ein eigenes Haus zu besitzen.

Dieser soll nach dem Willen der Politik für möglichst viele Amerikaner in Erfüllung gehen und so langfristig zu einer Stabilisierung und Immunisierung der Ge-

---

[236] Stand: Dezember 2002. Zur historischen Entwicklung: Vor den beiden Weltkriegen lag diese Quote im Bereich von 45%. Im Jahr 1960 hatte sie die Marke von 60% bereits überschritten und erreichte 1980 nahezu 65%.

[237] Vgl. White, Lawrence J., 2001, S. 14-16.

[238] Mitchell, Paul J., 1990a, S. 40 f.

sellschaft beitragen. In diesem Zusammenhang sind zunächst die allgemeinen Argumente aufzuführen, die für eine Förderung des selbstgenutzten Wohneigentums sprechen:[239]

Selbstgenutztes Wohneigentum fördert die Vermögensbildung und die allgemeine Risikovorsorge, insbesondere die Altersvorsorge; bietet als Kapitalanlage Schutz vor Inflation; ermöglicht es den Bewohnern, sich freier entfalten zu können, weil keine Rücksicht auf Vermieter genommen werden muss; lässt, sofern es von einem ehemaligen Mieter neu erstellt wurde, eine Mietwohnung frei werden und kann so über Sickerprozesse zu einer Entspannung am Mietwohnungsmarkt beitragen und es bietet im Falle von Arbeitslosigkeit besseren Schutz vor sozialem Abstieg, falls kein oder nur noch mäßiger Schuldendienst zu tätigen ist.

Im Zusammenhang mit der Finanzierungsseite gilt, dass Hypothekarkreditmärkte, die Schuldnern das Recht auf vorzeitige Tilgung einräumen, in einem rezessiven Umfeld einen stabilisierenden Einfluss auf den privaten Konsum ausüben, da über Refinanzierungen vom gesunken Zinsniveau profitiert werden kann. Einen ähnlichen Effekt hat die Umschuldung von teuren Konsumentendarlehen in günstigere *home equity loans*, bei denen das in der Immobilie gebundene Eigenkapital beliehen wird.[240]

Die paternalistisch geprägte amerikanische Sichtweise sieht weitere positive Externalitäten des Wohneigentums und argumentiert, dass dessen Erleben einen Reifeprozess auslöst, der den Bürger besser in die Gesellschaft integriert, weil er lernt, für dieses Eigentum Sorge zu tragen und einen größeren Anreiz hat, sich in die Kommune einzubringen.[241] In Kombination mit den oben genannten Vorteilen wird eine Verbesserung der persönlichen Zufriedenheit unterstellt, was

---

[239] Vgl. zum Beispiel Eekhoff, Johann, 2002, S. 95-99.

[240] Beide Effekte zusammen haben während des wirtschaftlichen Abschwungs, der Mitte des Jahres 2000 auf das Platzen der Spekulationsblase in der New-Economy einsetzte, den befürchteten Umschwung im amerikanischen Konsumentenverhalten verhindert. Die Besitzer von Wohneigentum haben das historisch niedrige Zinsniveau zur Refinanzierung genutzt und dabei auch das – durch den Anstieg der Immobilienpreise gewonnene – Eigenkapital beliehen, so dass sie ihr so hohes Konsumniveau aufrecht erhalten konnten.

[241] Vgl. Bipartisan Millennial Housing Commission, 2002, S. 21.

wiederum positive und stabilisierende Rückwirkungen auf die ganze Gesellschaft haben soll.[242]

6.3 Wohnungspolitik in den USA

6.3.1 Historische Einordnung und Chronologie

Im Gegensatz zu vielen europäischen Ländern trat in den USA das Phänomen weit verbreiteter Obdachlosigkeit während der Industrialisierung kaum auf. Trotz des beeindruckenden Wachstums von Städten wie Chicago, deren Bevölkerung im Zeitraum 1850 bis 1890 von 30.000 auf über 1,1 Millionen zunahm, konnte die Wohnraumversorgung einigermaßen Schritt halten.[243] Staatliche Eingriffe in den Wohnungsmarkt fanden zu dieser Zeit nicht statt und erschienen auch nicht opportun, obwohl die Wohnsituation vieler Haushalte sehr zu wünschen übrig ließ.[244]

In den 30er Jahren des 20. Jahrhunderts offenbarte das schnelle Wachstum der Städte seine Kehrseite. Die hastig gebauten Unterkünfte aber auch die bereits vorher existierende gute Bausubstanz begannen zu verfallen. Begleitet und verstärkt wurde diese Entwicklung von der Weltwirtschaftskrise: Wurde in 1925 noch mit dem Bau von knapp 1 Mio. Wohnungen begonnen, so sank diese Zahl in 1933 auf unter 100.000. Im gleichen Jahr erreichte die Arbeitslosigkeit ein Niveau von 25%. Immer mehr Schuldner wurden zahlungsunfähig und verloren ihre Wohnungen, der Mittelstand verarmte, die Immobilienpreise fielen ins Bodenlose und parallel zum Immobilienmarkt brach auch das Bankensystem zusammen.

Im Sog der Weltwirtschaftskrise entwickelte sich so eine Situation, die den Beginn staatlicher Wohnungspolitik in den USA markiert: Mit der Schaffung des Federal Home Loan Bank Systems (FHLBS) und der Federal Housing Admi-

---

[242] Vgl. Rohe, William M./Stewart, Leslie S., 1996, S. 37-39 und Hendershott, Patric H./White, Michael, 2000, S. 21 f.

[243] Vgl. Mitchell, Paul J., 1990b, S. 5.

[244] Vgl. Carliner, Michael S., 1998, 304.

nistration (FHA) in den Jahren 1932 bzw. 1934 wurde der Grundstein für das staatlich regulierte System der Immobilienfinanzierung und der Hypothekarkreditversicherung – und damit der Wohneigentumsförderung – gelegt. Der *United States Housing Act von 1937* schuf den sozialen Wohnbau, der die Wohnungsknappheit beseitigen und vor allem die Wirtschaft stimulieren sollte. Seit dieser Zeit hat sich ein ausgeprägtes und stark differenziertes System wohnungspolitischer Aktivität entwickelt. Die wichtigsten Maßnahmen und Gesetze stellt die nachfolgende Tabelle 7 im Überblick dar.

Tabelle 7: Chronologie der amerikanischen Wohnungspolitik seit der Weltwirtschaftskrise

Jahr	Gesetz/Maßnahme/Erläuterung/Status
1932	*Federal Home Loan Bank Act*: Gründung des **Federal Home Loan Bank Systems** (FHLBS) mit dem Status einer Government-Sponsored Enterprise. Ziel war es, das Vertrauen in die Finanzsysteme wieder herzustellen und lokale Kreditgeber mit Liquidität zu versorgen, damit diese Hypothekarkredite vergeben konnten.
1934	*National Housing Act*: Gründung der **Federal Housing Administration** (FHA). Sie soll als staatliche Versicherung Hypothekarkredite zur Finanzierung von Ein- bis Vierfamilienhäusern gegen Kreditausfälle seitens des Schuldners absichern.
1937	*United States Housing Act of 1937*: Gründung von lokalen **Public Housing Agencies** (PHAs). Sie sollen vor Ort Sozialwohnungen erstellen und bewirtschaften. Ihre Finanzierung erfolgt über Bundesmittel. Mieter zahlen ab 1968 max. 25% ihres verfügbaren Einkommens.
1938	Die FHA schafft auf Grundlage von Abschnitt III des *National Housing Acts* die **Federal National Mortgage Corporation** (Fannie Mae). Sie soll einen Sekundärmarkt für FHA-Darlehen bilden. 1954 erhält dieser Vorgang den Namen *Federal National Mortgage Association Charter Act*.
1949	*United States Housing Act of 1949*: Veranlasst die PHAs, in großem Umfang neue Sozialwohnungen zu erstellen, um den Nachfrageüberhang, der sich nach dem Zweiten Weltkrieg einstellte, abzufedern. Zielsetzung der amerikanischen Wohnungspolitik ist von nun an: **„...to create a decent and suitable living environment for every American family“**.
1949	*United States Housing Act of 1949*: Das **Section 502 Rural Homeownership Program** autorisiert den Rural Housing Service als Teil des Department of Agriculture, zinsverbilligte Darlehen zum Kauf oder zur Renovation/Erweiterung direkt an Bewohner ländlicher Gebiete zu vergeben.
1965	*Department of Housing and Urban Development Act*: Konsolidierung einiger der größten PHAs in das neu gegründete **Department of Housing and Urban Development** (HUD). Auch die FHA wird Teil des HUD. Der Großteil der staatlichen Wohnungspolitik wird fortan über das Budget dieses Ministeriums abgewickelt und koordiniert. Zu diesem Zweck werden die verbliebenen PHAs zu lokalen Büros des HUD.
1968	*Civil Rights Act of 1968*: Das **Fair Housing Initiatives Program** finanziert Maßnahmen zur Verhinderung von Rassendiskriminierung und Diskriminierung von sozialen Minderheiten.

1968	*United States Housing Act of 1968*: **Privatisierung von Fannie Mae** (Status GSE). Sie soll fortan einen Sekundärmarkt für das Marktsegment der Conforming Mortgages bilden. Die Aktivitäten im Bereich der staatlich garantierten FHA-Darlehen gehen über an die neue **Government National Mortgage Association** (Ginnie Mae), die ausschließlich als Garantiegeber für MBS, bei denen staatlich garantierte Darlehen verbrieft werden, fungieren soll.
1968	*United States Housing Act of 1968*: Über **Section 235** subventioniert das HUD objektgebunden Darlehenszinssätze, um Beziehern niedrigerer Einkommen den Erwerb eines Eigenheims zu ermöglichen.
1968	*United States Housing Act of 1968*: Mit **Section 236** entsteht erstmalig eine ernst gemeinte Alternative (im Sinne einer Objektförderung) zur staatlichen Bereitstellung von Sozialwohnungen. Private non-profit und limited-profit Organisationen erhalten für private Darlehen Zinssubventionen und FHA-Versicherung, um Wohnungen (staatlich geförderte Sozialwohnungen) für einkommensschwache Mieter (Einkommen < 80% des lokalen Median) zu erstellen und zu betreiben. Mieter zahlen max. 25% ihres verfügbaren Einkommens.
1970	*Federal Home Loan Mortgage Corporation Act*: Gründung der **Federal Home Loan Mortgage Corporation** (Freddie Mac).
1974	*Housing and Community Development Act of 1974*: Sieben kleinere und relativ ineffiziente Programme werden zu **Community Development Block Grants** zusammengefasst. Lokale Gebietskörperschaften erhalten nach Prüfung durch das HUD Pauschalzuschüsse, um subsidiär Stadtentwicklungsprogramme umzusetzen.
1974	*Housing and Community Development Act of 1974*: **Section 8 New Construction and Substantial Rehabilitation** unterstreicht die 1968 begonnene Tendenz, die private Bereitstellung von (staatlich geförderten) Sozialwohnungen anzukurbeln. Die Differenz zwischen einer durch das HUD festgelegten marktkonformen Miete und dem, was der Mieter zahlen kann (max. 25% des Einkommens), wird durch HUD zugeschossen.
1974	*Housing and Community Development Act of 1974*: Das **Section 8 Existing Housing Certificate Program** führt Wohnungszertifikate ein, die es Mietern (im Sinne einer Subjektförderung) erlauben, sich am privaten Markt eine Wohnung zu suchen. Mieter zahlen max. 25% ihres verfügbaren Einkommens. Die Differenz wird durch das HUD bezuschusst.
1981	*Omnibus Budget Reconciliation Act of 1981*: Die **maximale Miete**, die im Rahmen der staatlichen Wohnungsprogramme von den Mietern zu zahlen ist, wird von 25% auf 30% des verfügbaren Einkommens angehoben.
1983	*Housing and Community Development Act of 1983*: Das in diesem Zusammenhang eingeführte **Section 8 Existing Housing Voucher Program** funktioniert ähnlich wie das Certificate Program, ist aber höher dotiert.
1986	*Tax Reform Act of 1986*: **Low-Income Housing Tax Credits** (LIHTC) sind Steuergutschriften an private Entwickler von Mietwohnungsobjekten. Diese können sie an Dritte verkaufen, und so ihre Eigenkapitalsituation verbessern. Im Gegenzug muss ein gewisser Anteil an Wohnungen mit Beziehern niedriger Einkommen belegt werden. Das Programm wird von **Housing Finance Agencies** (HFAs) auf Ebene der einzelnen Bundesstaaten organisiert. Zu diesem Zweck werden die HFAs von der Finanzverwaltung (Internal Revenue Service) nach Maßgabe eines Bevölkerungsschlüssels mit einem entsprechenden Gutschriftenvolumen ausgestattet.
1989	*Financial Institutions Reform, Recovery and Enforcment Act*: Führt unter anderem zur **Privatisierung von Freddie Mac** (Status: GSE) und bereitet die Grundlage für den *Federal Housing Enterprises Safety and Soundness Act of 1992.*
1990	*National Affordable Housing Act of 1990*: Schaffung des **HOME Investment Partnership Programs**, bei dem lokale Gebietskörperschaften, ähnlich wie bei den Community Development Block Grants, Pauschalzuschüsse erhalten um subsidiär Abriss und Wiederaufbau, Neubau und Renovation von Sozialwohnungen umzusetzen.

1992	*Housing and Community Development Act* bzw. *Federal Housing Enterprises Safety and Soundness Act of 1992*: Neuregelung der Aufsicht über Fannie Mae und Freddie Mac. HUD ist generell zuständig für regulatorische Belange. Die Kapitalausstattung der beiden Unternehmen überwacht jedoch das zu diesem Zweck neu geschaffene **Office of Federal Housing Enterprise Oversight** (OFHEO).
1993	*U.S. Departments of Veterans Affairs and Housing and Urban Development/Independent Agencies Appropriations Act of 1993*: Projektspezifische Zuschüsse an PHAs zur Revitalisierung von staatlichen Sozialwohnungen, die sich in extrem schlechten Zustand befinden, über **HOPE IV**. Abriss, Sanierung oder Ersatz des betreffenden Wohnraums, mit dem Ziel, wieder Bewohner aus mittleren und gehobeneren Einkommensschichten anzuziehen.
1995	HUD formuliert für den Zeitraum **1997-2000** Vorgaben für Fannie Mae und Freddie Mac, die als sogenannte **Housing Goals** erfüllt werden müssen. Darin ist geregelt welcher Anteil ihrer Geschäftstätigkeit Beziehern mittlerer und niedriger Einkommensschichten gewidmet sein muss.
1998	*Quality Housing Work and Responsibility Act of 1998*: Vereinigt die Programme Section 8 Voucher und Section 8 Certificate zum **Housing Choice Voucher Program.** Durchführung und Organisation des Programms obliegt den lokalen PHAs. Die Finanzierung erfolgt über das HUD.
2000	HUD verschärft die **Housing Goals** von Fannie Mae und Freddie Mac für den Zeitraum **2001-2003**.

Quelle: Eigene Darstellung.

6.3.2 Unterschiedliche Perioden im sozialen Wohnungsbau

Seit der Verabschiedung des *United States Housing Acts* von 1937 unternimmt die amerikanische Regierung substanzielle Anstrengungen, um Wohnraum für einkommensschwache Haushalte bereitzustellen. Bis zum gegenwärtigen Zeitpunkt können in diesem Zusammenhang drei Perioden unterschiedlichen Instrumenteneinsatzes identifiziert werden:

Public Housing: Die erste Periode zeichnet sich dadurch aus, dass Sozialwohnungen direkt vom Staat bereitgestellt wurden. Nach ihrer über Bundessteuern finanzierten Erstellung gingen die Wohnungen in den Besitz von Public Housing Agencies (PHAs) über, die zu diesem Zweck von lokalen Gebietskörperschaften zu gründen waren. Die laufenden Kosten der Sozialwohnungen mussten von den PHAs über die Mieteinnahmen erwirtschaftet werden. 1969 wurde der Anteil des verfügbaren Einkommens, den die Bewohner von Sozialwohnungen maximal als Miete zu zahlen hatten, auf 25% und seit 1981 auf 30% gedeckelt.[245] Für die Defizite der PHAs kommt seither die Bundesregierung auf.

Für potentielle Mieter einer Sozialwohnung gilt, dass ihr Einkommen 80% des lokalen Medianeinkommens nicht übersteigen darf. Da dennoch stets ein Nachfrageüberhang vorliegt, existieren Wartelisten. Aktuell müssen 40% der neu zugelassenen Mieter eines Jahres über ein Einkommen verfügen, das 30% des lokalen Medianeinkommens nicht übersteigen darf. Die Zahl der staatlichen Sozialwohnungen erreichte in 1991 mit 1,41 Mio. Einheiten ihr Maximum. Seit 1995 erhalten die PHAs von der Bundesregierung keine Mittel für den Bau von zusätzlichem Wohnraum. HUD kommt im Zuge des staatlichen Sozialwohnungsbaus nur noch für die Verluste aus der Bewirtschaftung auf. Ende 2001 betrug die Zahl der verfügbaren Wohnungen aufgrund des Ausscheidens alter und maroder Gebäude noch 1,27 Mio. Einheiten.

Project-Based Rental Assistance: Anfang der 60er Jahre setzte ein Paradigmenwechsel in der Wohnungspolitik ein, der einer privaten Bereitstellung von Wohnraum den Vorrang gegenüber der bisher praktizierten direkten staatlichen Bereitstellung von Sozialwohnungen einräumte.[246] Section 221(d)(3) des *Housing Acts* von 1961 war das erste Programm, das bei Non-Profit-Organisationen und Genossenschaften Objektförderung in Form einer Zinssubventionen zuließ. Da die Subvention sehr moderat bemessen war, rigide Standards die Erstellungskosten in die Höhe trieben und für die Mieter keine Einkommens- und Mietobergrenzen festgeschrieben wurden, waren die wenigen gebauten Einheiten[247] zum großen Teil fehlbelegt. Aus diesem Grund wurde das Programm 1968 durch Section 236 ersetzt, welches ebenfalls eine Subventionierung der Zinsen vorsah. Die Subvention war allerdings umfangreicher und wurde nicht mehr zum Zeitpunkt des Darlehenbeginns, sondern über die gesamte Darlehenslaufzeit ausbezahlt. Seit der Einführung dieses Programms mussten Bewohner noch maximal 25% (ab 1981 30%) ihres verfügbaren Einkommens als Miete zahlen.

---

[245] Diese Deckelung von 30% gilt heute grundsätzlich für alle Sozialwohnungsprogramme.
[246] Vgl. Wallace, James E., 1995, S. 792.
[247] Ende 2001 existierten noch 144.978 Wohnungen nach Section 221(d)(3).

Section 236 wurde 1974 durch Section 8 New Construction and Substantial Rehabilitation abgelöst,[248] das sich zum erfolgreichsten Programm dieser zweiten Periode entwickeln sollte und folgende Neuerungen mit sich brachte:

- Erstmals wurden auch For-Profit-Unternehmen zugelassen.
- Die Subvention erfolgte nicht mehr über die Finanzierungsseite, sondern über die Mieten. HUD übernahm für einen vereinbarten Zeitraum von 20-40 Jahren die Differenz zwischen der 25% (bzw. ab 1981 30%) Regelung und einer marktüblichen Miete.
- Das Programm war nicht auf den Neubau von Wohnraum beschränkt, sondern bezog explizit auch die Renovation von bereits bestehenden privaten Sozialwohnungen[249] aber auch von frei finanzierten Wohnungen mit ein. Problematisch war, dass Ende der 90er Jahre – als die ersten vertraglichen Bindungen ausliefen – die profitabelsten und damit besten Section 8 Objekte in den freien Wohnungsmarkt abwanderten.

Tenant-Based Rental Assistance: Während der Amtszeit von Präsident Reagan 1981-1989 wurde die dritte Periode der amerikanischen Wohnungspolitik eingeleitet. Der direkte staatliche Sozialwohnungsbau (Public Housing) und die Bereitstellung von Wohnraum über das Instrument der anbieterseitigen Objektförderung (Project-Based Rental Assistance) wurden eingefroren. Stattdessen trat die Subjektförderung in den Mittelpunkt der staatlichen Bemühungen, einkommensschwache Haushalte mit Wohnungen zu versorgen.[250] Bereits 1974 wurde das Section 8 Existing Housing Certificate Program eingeführt, bei dem die Mieter sich selbständig eine Wohnung[251] auf dem privaten Markt suchen dürfen. 1983 wurde die erfolgreiche Objektförderung nach Section 8 New Construction and Substantial Rehabilitation eingefroren und durch das ebenfalls subjektgebundene Section 8 Existing Housing Voucher Program ersetzt, das sich vom

---

[248] Ende 2001 existierten noch 464.020 Wohnungen nach Section 236.

[249] Entsprechend gilt, das zum Beispiel 24% der Ende 2001 bestehenden 850.766 Einheiten nach Section 8 ursprünglich nach Section 202 (staatlich geförderter Wohnungsbau für bedürftige Senioren).

[250] Vgl. Burchell, Robert W./Listokin, David, 1995, S. 599 f.

[251] Diese Wohnung muss über gewisse Mindeststandards verfügen.

Certificate Program kaum unterschied, aber entsprechend umfangreicher dotiert war. Beide Programme wurden 1998 zum Housing Choice Voucher Program konsolidiert.[252] HUD stellt die Mittel zur Verfügung, um die Lücke zwischen der 30% Regelung und einer marktüblichen Miete zu schließen. Damit ein potentieller Mieter für dieses Programm zugelassen werden kann, darf sein Einkommen 50% des lokalen Medianeinkommens nicht übersteigen. Außerdem sind die PHAs, die das Programm vor Ort in Eigenregie durchführen, dafür verantwortlich, dass mindestens 75% der tatsächlichen Mieter ein Einkommen haben, das 30% des lokalen Medianeinkommens nicht übersteigt.

6.3.3 Aktuelle Situation: Bevorzugung des Wohneigentums

Die nachfolgende Abbildung 36 bietet eine Übersicht über die 5 Säulen der gegenwärtigen amerikanischen Wohnungspolitik.

Das Low-Income Housing (Säule 2) – als Ergebnis des im vorangegangenen Absatz skizzierten Evolutionsprozesses im sozialen Wohnungsbau – besteht im engeren Sinne aus den beiden Bereichen Rental Assistance und Public Housing und wird direkt über das Department of Housing and Urban Development (HUD) subventioniert.

Obwohl das Public Housing Anfang der 90er Jahre eingefroren wurde, leisten die von staatlicher Seite bereitgestellten Sozialwohnungen immer noch einen großen Beitrag bei der Versorgung einkommensschwacher Haushalte mit bezahlbarem Wohnraum. HOPE IV verfolgt seit 1993 das Ziel, den staatlichen Bestand qualitativ aufzuwerten, indem vor allem heruntergekommener Geschosswohnungsbau mit einer hohen Konzentration niedrigster Einkommensschichten saniert oder ersetzt wird. In diesem Zusammenhang wird versucht auch Bezieher höherer Einkommen anzusiedeln, um so eine Diversifizierung der Mieterstruktur zu erreichen.

---

[252] Ende 2001 waren 1,6 Mio. Wohnungen über das Housing Choice Voucher Program belegt.

Abbildung 36: Die fünf Säulen der amerikanischen Wohnungspolitik

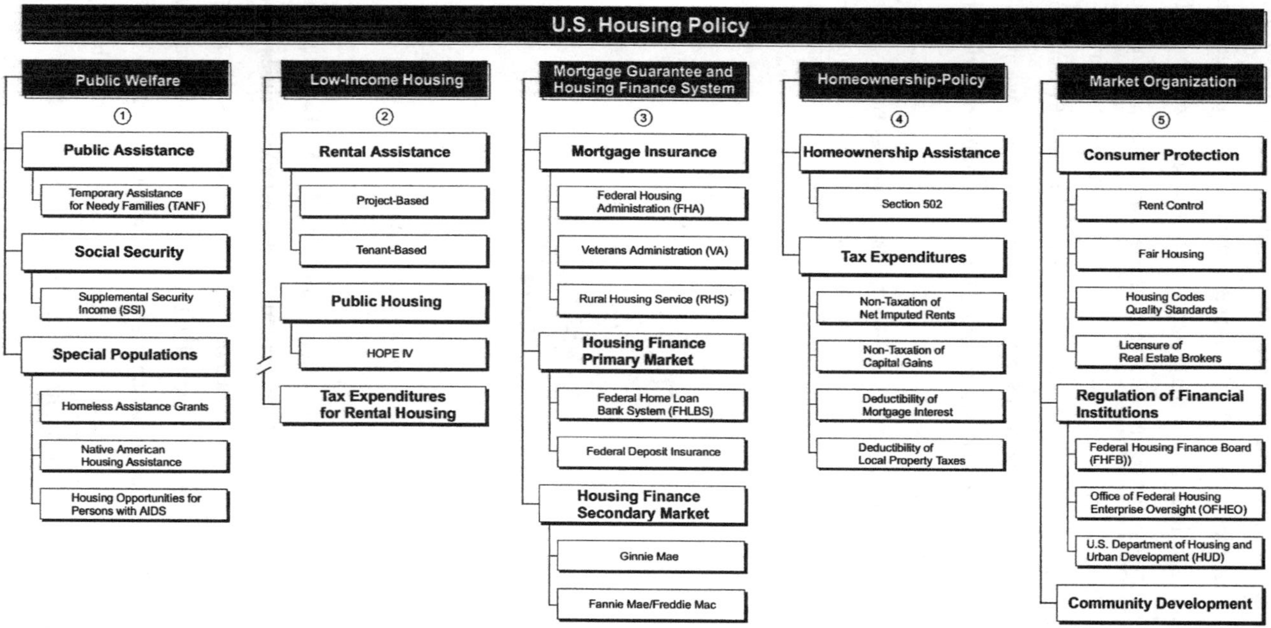

Quelle: Eigene Darstellung.

Die Bundesregierung subventioniert – wie in der nachfolgenden Abbildung 37 dargestellt – auf diese Weise 1,3 Mio. staatliche Sozialwohnungen und 1,9 Mio. private Wohneinheiten, die in der zweiten Periode des sozialen Wohnungsbaus im Zuge der angebotsseitigen Objektförderung entstanden waren (Project-Based Rental Assistance). Zusätzlich werden 1,6 Mio. Haushalte über das verhältnismäßig junge Housing Choice Voucher Program unterstützt (Tenant-Based Rental Assistance), so dass insgesamt 4,8 Mio. einkommensschwache Haushalte direkte staatliche Hilfe bei der Befriedigung ihres Wohnungsbedarfes erhalten.

Abbildung 37: Low-Income Housing im engeren Sinne

(Betsand zum 31.12. 2001: 4.820.000 Wohnungen; in Klammern: jeweilige Anzahl)

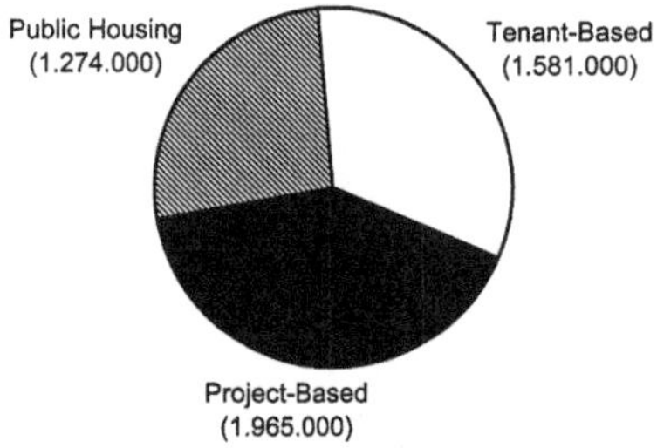

Quelle: Bipartisan Millennial Housing Commission.

Der einzige Kanal, über den die Regierung aktuell eine Erweiterung des Low-Income Housing i.e.S. direkt unterstützt, sind die HOME Investment Partnerships. Seit 1990 können Bundesstaaten, Städte und Counties beim Department of Housing and Urban Development (HUD) Pauschalzuschüsse beantragen, die auf Grundlage eines Bevölkerungsschlüssels zugewiesen werden. Die Empfänger setzen die erhaltenen Bundesmittel eigenverantwortlich und bedarfsorientiert ein, um Infrastrukturmaßnahmen, soziale Einrichtungen und über Zuwendungen an die lokalen PHAs die Renovation sowie den Neubau von Public Housing zu ermöglichen.[253]

Indirekt unterstützt wird die Erweiterung des Angebots bezahlbarer Wohnungen derzeit über Steuervergünstigungen beim privaten Mietwohnungsbau (Low-Income Housing i.w.S.) im Zusammenhang mit dem Low-Income Housing Tax Credit (LIHTC).[254] Folglich muss bei privaten Mietobjekten unterschieden werden zwischen (1.) solchen aus der Periode der direkten angebotsseitigen Objektförderung (Teil des Low-Income Housing i.e.S.), die im Jahr 1983 auslief, (2.) solchen die seit 1983 indirekt über den LIHTC gefördert werden (Low-Income Housing i.w.S.) und (3.) dem frei finanzierten Mietwohnungsbau, dessen grundsätzliche steuerliche Behandlung (Investitionsgutlösung) den beiden erstgenannten Kategorien ebenfalls zuteil wird.[255]

Das Low-Income Housing i.e.S. wird nach unten hin durch Maßnahmen ergänzt, die in das staatliche Fürsorgesystem integriert sind. Sie sind in Abbildung 36 unter Public Welfare zu Säule 1 zusammengefasst: Im Rahmen der Sozialhilfe erhalten bedürftige Familien mit Kindern über das Department of Health and Human Services temporäre finanzielle Unterstützung. Dazu gehören auch zweckgebundene Transfers als Beihilfe zur Miete. Über die Verwaltung der Sozialversicherung erfolgt eine Unterstützung von Rentnern, Blinden und Invaliden, die deren Grundbedarf an Nahrung, Kleidung und Wohnen decken soll. Die Finanzierung dieser Leistungen erfolgt allerdings nicht über Sozialversicherungsbeiträge, sondern aus dem allgemeinen Steueraufkommen. Das Department of Housing and Urban Development finanziert Notunterkünfte für Obdachlose, vergibt Wohnungsbauzuschüsse an indianische Selbstverwaltungen und unterstützt den Bau von Einrichtungen zur Beherbergung von Aidskranken.

---

[253] Vgl. Olsen, Edgar O., 2001, S. 9.

[254] Seit der Einführung diese Programms wurden 1,2 Mio. Wohneinheiten über dieses Programm unterstützt.

[255] Nachrichtlich in Ergänzung zu Abbildung 7: Nur 7,5% aller ausstehenden Hypothekarkredite zur Finanzierung von Wohnimmobilien entfallen auf die Finanzierung von Mietwohnungen (Multi-Family Financing). Die restlichen 92,5% dienen der Wohneigentumsfinanzierung (Single-Family Financing), also der Finanzierung von selbstgenutzten Wohnimmobilien mit bis zu vier Wohneinheiten.

Im Gegensatz zur Wohnungspolitik für einkommensschwache Haushalte war die eher auf den Mittelstand ausgerichtete Wohneigentumsförderung (Säule 4) immer von großer Kontinuität geprägt. Grundsätzliches Ziel war es seit den 30er Jahren, die Anzahl der Familien, die in den eigenen vier Wänden wohnen, zu vergrößern. Abgesehen von der relativ unbedeutenden Förderung nach Section 502, bei der Bewohner ländlicher Gebiete direkt vom Rural Housing Service (RHS) als Teil des Department of Agriculture zinsverbilligte Darlehen erhalten können, falls ihr Einkommen eine bestimmte Höhe nicht übersteigt,[256] erfolgt die Wohneigentumsförderung in massiver Weise über das indirekte Instrument der Steuervergünsti-gungen.

Abbildung 38: Ausgaben des Department of Housing and Urban Development (HUD) für Low-Income Housing vs. Steuervergünstigungen im Wohnungssektor

(1980-2001; in Preisen von 2001)

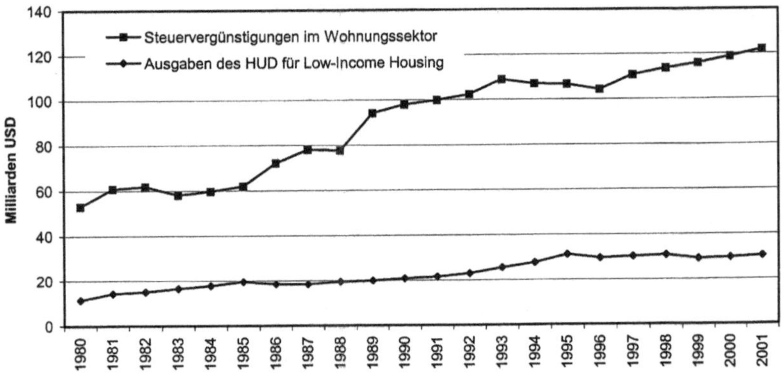

Quelle: National Low-Income Housing Coalition; Department of Housing and Urban Development; Department of Labor Bureau of Labor Statistics; eigene Berechnungen.

Abbildung 38 vergleicht die direkte Unterstützung des Low-Income Housing i.e.S. anhand der Ausgaben des Department of Housing and Urban Development

[256] Ende 2001 standen 547.622 Darlehensverträge nach Section 502 aus.

(HUD)[257] mit der indirekten Unterstützung des gesamten Wohnungssektors über das Instrument der Steuererleichterungen.[258]

Es ist unmittelbar zu erkennen, dass die steuerliche Förderung des Wohnungssektors die direkte Förderung des Low-Income Housing i.e.S. bei Weitem übersteigt und damit implizit die Bevorzugung des selbstgenutzten Wohneigentums durch die amerikanische Wohnungspolitik unterstreicht.

Konkret erfolgt die Subventionierung des Wohneigentums über folgende Steuervergünstigungen:[259]

- Für selbstgenutztes Wohneigentum gilt die Konsumgutlösung, d.h. der Ertrag aus selbstgenutztem Wohneigentum (fiktive Eigenmiete) ist nicht einkommensteuerpflichtig. In diesem Fall wäre es aus steuersystematischer Sicht konsequent, dass die mit dem Erwerb und dem Unterhalt der Immobilie verbundenen Aufwendungen nicht abgesetzt werden dürfen.[260] Aber: Selbstnutzer können ihre Fremdkapitalzinsen (trotz der Konsumgutlösung) bei der Ermittlung des zu versteuernden Einkommens in vollem Umfang absetzen.[261]
- Die lokal zu entrichtende Grundsteuer darf bei der Ermittlung der Einkommensteuer ebenfalls abgesetzt werden.[262]
- Veräußerungsgewinne sind bis zu einem Freibetrag von 250.000 US-Dollar (500.000 US-Dollar für Verheiratete) steuerfrei.

---

257 97% aller direkten Ausgaben für das Low-Income Housing i.e.S. im Zeitraum 1980-2001 erfolgten über das Budget des HUD, so dass diese Zeitreihe die Wertschätzung der amerikanischen Regierung für das Low-Income Housing gut widerspiegelt.

258 Aufgrund der Dominanz der selbstgenutzten Wohnimmobilien kann der Großteil dieser Erleichterungen der Förderung des Wohneigentums zugerechnet werden. Vergleiche auch Abbildung 39.

259 Zur Vertiefung und kritischen Diskussion der steuerlichen Behandlung selbstgenutzten Wohneigentums vgl. Poterba, James R., 1984; Feldstein, Martin, 1982 und Gervais, Martin, 2001.

260 Vgl. zum Beispiel Bundesministerium der Finanzen (Hrsg.), 1994, S. 44.

261 Vgl. Bourassa, Stephen C./Grigsby, William G., 2000, S. 522. sowie Hendershott, Patric H./White, Michael, 2000, S. 11.

262 Hendershott und White argumentieren, dass die im Durchschnitt 1,4-prozentige Grundsteuer als implizite Besteuerung einer fiktiven Eigenmiete angesehen werden kann. Vgl. Hendershott, Patric H./White, Michael, 2000, S. 10.

Wie sich vor diesem Hintergrund in 2001 die Steuervergünstigungen für den gesamten Wohnungssektor in Höhe von 121,2 Mrd. US-Dollar auf die Förderung des Wohneigentums und des Mietwohnungsbaus verteilten, stellt die nachfolgende Abbildung 39 dar.

Abbildung 39: Steuervergünstigungen für den Wohnungssektor – Bevorzugung des Wohneigentums

(Umfang 2001: 121,2 Mrd. US-Dollar; in Klammern: zugehörige Werte in Mrd. US-Dollar)

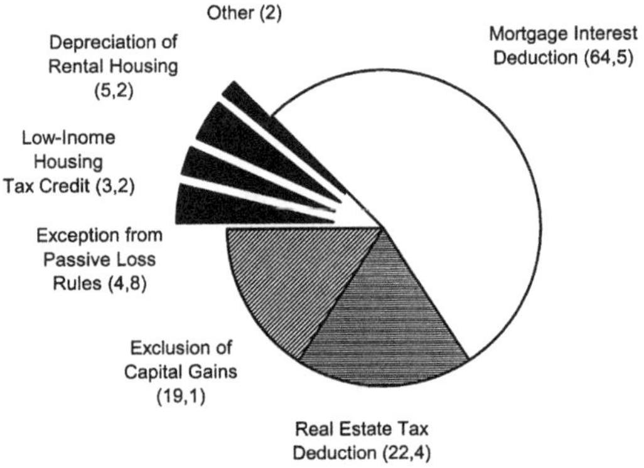

Quelle: Bipartisan Millennial Housing Commission.

Die drei größten Blöcke Hypothekenzinsabzug, Grundsteuerabzug und Steuerfreiheit für Veräußerungsgewinne (Summe: 106 Mrd. US-Dollar) betrafen ausschließlich die Förderung von selbstgenutztem Wohneigentum. Auf den Low-Income Housing Tax Credit (LIHTC) als Instrument der Förderung des Low-Income Housing i.w.S. entfielen 3,6 Mrd. US-Dollar. Die verbleibenden 12 Mrd. US-Dollar entfielen auf den gesamten Mietwohnungsbereich und damit auch anteilig auf das Low-Income Housing im engeren und im weiteren Sinne.

Um einen stetigen Zufluss günstigen Kapitals zu generieren, wird die Wohneigentumsförderung alimentiert durch direktes und indirektes staatliches Engagement auf der Finanzierungsseite. Grundsätzlich gilt in diesem Zusammenhang, dass dem Steuerzahler, anders als bei den bisher vorgestellten wohnungspolitischen Instrumenten, abgesehen von Personal- und Verwaltungskosten, die aus der direkten Komponente des staatlichen Engagements resultieren, keine unmittelbaren Kosten entstehen. Konstituierendes Merkmal dieser in Abbildung 36 zu Säule 3 zusammengefassten Eingriffe in den Finanzierungssektor ist die Risikoumverteilung zugunsten des privaten Sektors, die dadurch erzielt wird, dass der Staat seine hervorragende Bonität als Inputfaktor zur Verfügung stellt:

Dabei wird dem Hypothekarkreditprimärmarkt über die staatliche Einlagenversicherung und das Federal Home Loan Bank System (FHLBS) direkt günstige Liquidität zugeführt.

Durch die staatlichen Darlehensversicherungen Federal Housing Administration (FHA), Veterans Administration (VA) und Rural Housing Service (RHS) absorbiert der Staat bei förderungswürdigen Darlehen das Kreditrisiko und steigert so deren Attraktivität für Investoren.[263]

Über die staatliche Ginnie Mae verbindet die Regierung das staatlich versicherte Hypothekarkreditsegment mit den weltweiten Kapitalmärkten und übernimmt durch das Versprechen ‚rechtzeitiger und vollständiger Zahlung von Zins und Tilgung' explizit das Kreditrisiko der aus den Verbriefungsprogrammen GNMA I und GNMA II hervorgehenden MBS.

Im nicht staatlich garantierten Darlehensegment fällt diese Aufgabe Fannie Mae und Freddie Mac zu: Verbriefen sie konventionelle Darlehen zu MBS und platzieren diese an den internationalen Kapitalmärkten, so übernehmen sie die Kreditrisiken dieser Darlehen, weil auch sie die ‚rechtzeitige und vollständige Zahlung von Zins und Tilgung' garantieren. Da bei den Darlehen in der Regel ein Teil des Risikos über Primary Mortgage Insurance (PMI) abgesichert ist, sind Fannie Mae und Freddie Mac der Bonität des eigentlichen Schuldners nur im Umfang des Residualbetrags ausgesetzt. Beim versicherten Teil steht ihnen die Bonität des privaten Versicherers gegenüber. Nehmen sie Darlehen ins eigene

---

[263] Vgl. hierzu Abschnitt 3.2 und dort speziell Absatz 3.2.2.

Portfolio und finanzieren sich durch die Emission von Schuldverschreibungen, so absorbieren sie zusätzlich auch das Zins- und damit das Prepaymentrisiko. Fannie Mae und Freddie Mac erfahren bei ihrer Geschäftstätigkeit eine entscheidende Erleichterung durch die Tatsache, dass die Kapitalmärkte von einer impliziten Garantie der amerikanischen Regierung für ihre Verbindlichkeiten und Garantiezusagen ausgehen. Diese implizite Garantie wird aus ihrem GSE-Status und einer privilegierten Behandlung durch die Regierung abgeleitet.

Fannie Mae und Freddie Mac als private aber staatlich subventionierte Institutionen werden durch staatliche Instanzen reguliert und beaufsichtigt. Dabei handelt es sich um das Department of Housing and Urban Development (HUD), das Office of Federal Housing Enterprise Oversight (OFHEO) und indirekt um das Federal Housing Finance Board (FHFB). Diese sind in Abbildung 36 als Elemente der Marktordnung (Säule 5) aufgeführt.

6.4 Ansatzpunkte staatlicher Regulierung bei Fannie Mae und Freddie Mac

6.4.1 Federal Housing Enterprises Financial Safety and Soundness Act (FHEFSSA): Neugestaltung der Rahmenbedingungen

Abgesehen von der Tatsache, dass der bereits angesprochene *Financial Institutions Reform, Recovery and Enforcement Act (FIRREA)* aus dem Jahr 1989 die Privatisierung von Freddie Mac zur Folge hatte – Fannie Mae's Privatisierung war bereits 1970 abgeschlossen – sah das Gesetz im Kern weitere Veränderungen vor, die zu einer Stabilisierung des Finanzsektors beitragen sollten. Die Reformen zielten darauf ab, die Aufsicht zu verschärfen und die Kapitalausstattung der Banken durch die Implementierung der vom Basler Bankenausschuss 1988 beschlossenen Eigenkapitalvorschriften zu verbessern.

Vor diesem Hintergrund gerieten auch die Government-Sponsored Enterprises auf den Prüfstand. FIRREA veranlasste das General Accounting Office, das Treasury und eine Reihe weiterer Institutionen, Studien über eine angemessene Kapitalausstattung der GSEs zu erarbeiten. Wegen ihrer Größe und Bedeutung standen vor allem Fannie Mae und Freddie Mac im Zentrum dieser Debatte, die am 28. Oktober 1992 zur Verabschiedung des *Federal Housing Enterprises Financial Safety and Soundness Acts (FHEFSSA)* führte.

FHEFSSA sah die Neuordnung der Aufsicht über Fannie Mae und Freddie Mac vor und etablierte deren gegenwärtigen regulatorischen Rahmen. Dieser schreibt eine Arbeitsteilung zwischen dem Department of Housing and Urban Development (HUD) und dem im Zuge[264] von FHEFSSA geschaffenen Office of Federal Housing Enterprise Oversight (OFHEO)[265] vor.

Danach liegt die generelle regulatorische Befugnis über Fannie Mae und Freddie Mac in der Hand des HUD bzw. des ihm vorstehenden Ministers. Ausgenommen davon ist die Ermittlung des notwendigen risikoadjustierten Eigenkapitals und die Überprüfung, ob der Umfang des tatsächlich von Fannie Mae und Freddie Mac vorgehaltenen Kapitals dieser Anforderung entspricht. Dies ist der Aufgabenbereich von OFHEO.[266]

6.4.2 Department of Housing and Urban Development (HUD): Mission Regulator

Die auf FHEFSSA basierende Aufsichtsgewalt des HUD über Fannie Mae und Freddie Mac kann in zwei Bereiche zerlegt werden. Der erste betrifft generelle regulatorische Belange und umfasst die folgenden Punkte:

(1) Überwachung der Geschäftstätigkeit von Fannie Mae und Freddie Mac auf Konformität mit dem *Fannie Mae Charter Act* bzw. dem *Freddie Mac Act.* In diesem Zusammenhang wird besonderes Augenmerk darauf gerichtet, ob dem darin formulierten öffentlichen Auftrag in ausreichendem Umfang nachgekommen wird. Bei darüber hinausgehenden Aktivitäten bzw. bei der Modifikation bestehender Programme erfolgt die Prüfung und eine eventuelle Genehmigung

---

[264] Vgl. 12 U.S.C. 4511.

[265] OFHEO ist eine weitestgehend unabhängige Behörde innerhalb des HUD. Ihr Direktor wird vom Präsidenten der USA ernannt. Vgl. 12 U.S.C. 4513, (a) bis (c) und 12 U.S.C. 4512, (a).

[266] Vgl. 12 U.S.C. 4541 und 12 U.S.C. 4512, (b).

durch das HUD. Fannie Mae und Freddie Mac sind in diesem Zusammenhang dazu verpflichtet, HUD jedwede erforderliche Information zur Verfügung zu stellen.[267]

(2) Sicherstellen, dass Fannie Mae und Freddie Mac ihren Publizitätsverpflichtungen nachkommen. Außerdem muss das HUD die Öffentlichkeit in regelmäßigen Abständen darüber informieren, ob und in welchem Umfang sie ihren öffentlichen Auftrag erfüllen.[268]

(3) Verhindern, dass Fannie Mae und Freddie Mac beim Ankauf von Hypothekarkrediten in irgendeiner Weise nach Rasse, Hautfarbe, Geschlecht, Religion etc. des Schuldners diskriminieren oder mit Primärmarktinstitutionen kooperieren, denen ein solches Verhalten nachgewiesen werden kann. In diesem Zusammenhang sind in regelmäßigen Abständen die Kreditvergabestandards und die Bewertungsverfahren der Kooperationspartner, sowie die Ankaufkriterien von Fannie Mae und Freddie Mac zu evaluieren.[269]

Der zweite Bereich ermächtigt das HUD, in FHEFSSA allgemein formulierte Housing Goals zu quantifizieren. Diese sind als Konkretisierung und Erweiterung des öffentlichen Auftrags, wie er bereits im *Fannie Mae Charter Act* bzw. im *Freddie Mac Act* formuliert ist, zu verstehen.[270] Sie sehen für die Periode 2001-2003 im einzelnen vor:[271]

(1) Low- and Moderate-Income Housing Goal: Mindestens 50% (42%) des Wohnraums, der über den Ankauf von Hypothekarkrediten durch Fannie Mae und Freddie Mac finanziert wird, muss von Familien bewohnt werden, deren

[267] Vgl. 12 U.S.C. 4541, 12 U.S.C. 4542 und 12 U.S.C. 4547.
[268] Vgl. 12 U.S.C. 4543 und 12 U.S.C. 4544.
[269] Vgl. 12 U.S.C. 4545 und 12 U.S.C. 4601 unter Verweis auf den *Fair Housing Act* aus dem Jahr 1992.
[270] Vgl. 12 U.S.C. 4561, (a).
[271] In Klammern: Zugehörige Werte für die Periode 1997-2000. Für diesen Zeitraum wurden die Housing Goals erstmals seit Inkrafttreten von FHEFSSA durch das HUD quantifiziert. Quelle der jeweiligen Werte: U.S. Department of Housing and Urban Development (2000): HUD Announces New Regulations to Provide $ 2,4 Trillion in Mortgages for Affordable Housing for 28,1 Million Families, Pressemitteilung Nr. 00-317 vom 31. Oktober 2000.

Einkommen nicht höher ist als das Medianeinkommen des jeweils zugehörigen Bezirks.[272]

(2) Special Affordable Housing Goal: Mindestens 20% (14%) des Wohnraums, der über den Ankauf von Hypothekarkrediten durch Fannie Mae und Freddie Mac finanziert wird, muss von Familien bewohnt werden, deren Einkommen maximal 60% des Medianeinkommens des jeweils zugehörigen Bezirks beträgt bzw. deren Einkommen maximal 80% des Medianeinkommens des jeweils zugehörigen Bezirks beträgt, falls es sich bei diesem um einen einkommensschwachen Bezirk handelt. Davon müssen bei Fannie Mae Darlehen im absoluten Umfang von jährlich 2,85 Mrd. US-Dollar (1,29 Mrd. US-Dollar) auf die Finanzierung von Mehrfamilienhäusern entfallen. Bei Freddie Mac sind es 2,11 Mrd. US-Dollar (0,99 Mrd. US-Dollar).[273]

(3) Geographically Targeted (underserved Areas) Housing Goal: Mindestens 31% (24%) des Wohnraums, der über den Ankauf von Hypothekarkrediten durch Fannie Mae und Freddie Mac finanziert wird, muss sich in unterversorgten Bezirken von städtischen Ballungszentren und ländlichen Gegenden befinden.[274]

Neben der Quantifizierung der Housing Goals ist es auch Aufgabe des HUD, zu überwachen, ob Fannie Mae und Freddie Mac diese Vorgaben erfüllen. Ist dies nicht der Fall, so stellt FHEFSSA eine Reihe von Instrumenten zur Verfügung, die eine gerichtliche Durchsetzung der Housing Goals und die Verhängung von Geldstrafen ermöglichen.[275]

---

[272] Vgl. 12 U.S.C. 4562.
[273] Vgl. 12 U.S.C. 4563.
[274] Vgl. 12 U.S.C. 4564.
[275] Vgl. 12 U.S.C. 4566 bis 12 U.S.C. 4586.

6.4.3 Office of Federal Housing Enterprise Oversight (OFHEO): Safety and Soundness Regulator

Aus dem GSE-Status und der privilegierten Behandlung von Fannie Mae und Freddie Mac leiten die Kapitalmärkte eine implizite Garantie der amerikanischen Regierung für deren Verbindlichkeiten und Garantiezusagen ab. Dies hat zur Folge, dass Kontrollfunktion und Disziplinierungszwang des privaten Sektors bezüglich der Risikoallokation der beiden Unternehmen versagen.

Geraten Fannie Mae und Freddie Mac in eine Schieflage und die Regierung steht ihnen tatsächlich bei, so kann das aufgrund ihrer Größe für den Steuerzahler extrem kostspielig werden. Überlässt die Regierung sie allerdings sich selbst, so muss dies zu einer Schockwelle führen, die den Kapitalmarkt nachhaltig beeinträchtigt. Aus diesen Gründen resultiert ein besonderer Überwachungsbedarf seitens des Staates, um die von Fannie Mae und Freddie Mac eingegangenen finanziellen Risiken zu begrenzen.[276] Die Umsetzung dieser Aufgabe ist OFHEO überantwortet.

FHEFSSA definiert mit dem Mindestkapital und dem kritischen Kapital zwei Standards, die ähnlich wie die Eigenkapitalvereinbarung des Baseler Ausschusses für Bankenaufsicht aus dem Jahre 1988 auf starren Risikogewichten[277] basieren und neben dem Kreditrisiko implizit auch die anderen Risikopositionen der beiden Unternehmen abdecken sollen. Das Mindestkapital wird berechnet als die Summe von 2,5% der nach US-GAAP zu bewertenden Aktiva und 0,45% des Volumens an ausstehenden MBS sowie sonstigen außerbilanziellen Engagements. Das kritische Kapital errechnet sich als die Summe von 1,25% der nach US-GAAP zu bewertenden Aktiva und 0,25% des Volumens ausstehender MBS sowie sonstiger außerbilanzieller Engagements.[278] OFHEO ist verpflichtet, diese Beträge auf Quartalsbasis zu ermitteln.

Zusätzlich dazu sollte OFHEO einen risikobasierten Kapitalstandard auf Grundlage eines Stress-Tests entwickeln und diesen ebenfalls auf Quartalsbasis be-

---

[276] Vgl. Congress of the United States Congressional Budget Office, 1996, S. 7.
[277] Vgl. Basle Committee on Banking Supervision, 1988, S. 21-24.
[278] Vgl. 12 U.S.C. 4612, (a) und 12 U.S.C. 4613.

rechnen. FHEFSSA sah vor, dass dieser dritte Standard ab Dezember 1994 verfügbar sein sollte. Tatsächlich trat er aber erst am 13. September 2001 in Kraft und wurde erstmals für das erste Quartal 2002 berechnet.[279] Der Test ist in die Zukunft gerichtet und simuliert für die stichtagsbezogen vorhandenen Aktiva, MBS und Derivate von Fannie Mae und Freddie Mac eine zehnjährige Stressphase. Als Benchmark für die projizierten Kreditausfälle dient der dramatischste Fall der Vergangenheit (wie beobachtet in den Bundesstaaten Arkansas, Louisiana, Mississippi und Oklahoma während der Jahre 1983/84).[280]

Im ersten Jahr der Simulation soll sich ein Zinsschock ereignen[281] und die Zinsen verharren während der folgenden neun Jahre auf dem entsprechenden Niveau. Weitere Inputs sind die Datenbanken von Fannie Mae und Freddie Mac[282], Immobilienpreisindizes, Zinsstruktur-, Prepayment- und Kreditausfallmodelle, Prognosen über die konjunkturelle Entwicklung, Annahmen über das zukünftige Neugeschäft etc.[283] Ziel ist es, denjenigen Kapitalbetrag zu ermitteln, der am Stichtag vorhanden sein muss, damit Fannie Mae und Freddie Mac in der Lage sind, das simulierte Szenario – ohne selbst in Schwierigkeiten zu geraten – zu überstehen.[284] Um nicht spezifizierte Managementrisiken und operationelle Risiken ebenfalls zu berücksichtigen, wird dieser Betrag pauschal um zusätzliche 30% erhöht und stellt so das risikobasiert erforderliche Kapital dar.[285]

---

279 Vgl. Office of Federal Housing Enterprise Oversight, 2002 (OFHEO Issues Risk-Based Capital Stress Test Results for Fannie Mae and Freddie Mac, Pressemitteilung vom 27. Juni 2002).

280 Vgl. Kinsey, Mark A., 1998, S. 50.

281 Anstieg der Rendite für zehnjährige US-Treasuries um 600 Basispunkte (oder 60% - je nachdem welches Szenario den höheren Wert generiert) über den Durchschnitt der vergangenen 9 Monate bzw. Rückgang der Rendite für zehnjährige US-Treasuries um 600 Basispunkte (oder 40% - je nachdem welches Szenario den kleineren positiven Wert generiert) unter den Durchschnitt der vergangenen 9 Monate.

282 Sie geben Aufschluss über Darlehensspezifische Daten wie z.B. Darlehenshöhe, LTV, Laufzeit, Risikoklasse des Schuldners, Lage, Zins etc.

283 Vgl. Office of Federal Housing Enterprise Oversight, 2001, S. 8-32.

284 Stiglitz, Joseph E. et al., 2002, S. 3.

285 Vgl. 12 U.S.C. 4611.

Auf Grundlage der drei Kapitalstandards, hat OFHEO die beiden Unternehmen einmal pro Quartal zu klassifizieren und das Ergebnis zu veröffentlichen:[286]

- Eine „angemessene Kapitalausstattung“ liegt vor, wenn das vorhandene Kernkapital[287] mindestens so hoch ist wie das erforderliche Mindestkapital und gleichzeitig das vorhandene Gesamtkapital[288] mindestens so hoch ist wie das risikobasiert erforderliche Kapital.
- Eine „Unterkapitalisierung“ liegt vor, wenn das vorhandene Kernkapital zwar mindestens so hoch ist wie das erforderliche Mindestkapital, dafür aber das vorhandene Gesamtkapital niedriger ist als das risikobasiert erforderliche Kapital.
- Eine „signifikante Unterkapitalisierung“ liegt vor, wenn das vorhandene Kernkapital niedriger als das erforderliche Mindestkapital aber höher als das erforderliche kritische Kapital ist und das vorhandene Gesamtkapital niedriger ist als das risikobasiert erforderliche Kapital.
- Eine „kritische Unterkapitalisierung“ liegt vor, wenn alle drei Kapitalstandards unterschritten werden.[289]

Führt die Klassifizierung zu dem Ergebnis, dass die Kapitalausstattung eines Unternehmens „nicht angemessen“ ist, so sind durch OFHEO Maßnahmen einzuleiten, die sich nach dem Ausmaß der beobachteten Zielverfehlung richten. Im Falle einer „Unterkapitalisierung“ muss das betroffene Unternehmen spätestens 45 Tage nach Feststellung dieses Sachverhalts eine Strategie vorlegen, die es ermöglichen soll, das Gesamtkapital wieder über das risikobasiert erforderliche Kapital anzuheben. Während dieses Zeitraums kann OFHEO die Zahlung von Dividenden untersagen. Liegt eine „signifikante Unterkapitalisierung“ vor, so kann OFHEO dem Neugeschäft des Unternehmens Restriktionen auferlegen.

---

[286] Vgl. 12 U.S.C. 4614, (c). Sollte jedoch begründeter Verdacht vorliegen, so ermöglicht 12 U.S.C. 4614, (b) auch eine diskretionäre Einstufung.

[287] 12 U.S.C. 4502, (4) definiert das Kernkapital als Summe aus gezeichnetem Kapital, Kapitalrücklage und Gewinnrücklagen.

[288] 12 U.S.C. 4502 (18) definiert das Gesamtkapital als Summe aus Kernkapital und Rücklagen für eventuelle Wertberichtigungen sowie alle anderen Positionen wie zum Beispiel nachrangige Verbindlichkeiten, die geeignet sind, Verluste zu absorbieren.

[289] Vgl. 12 U.S.C. 4614.

Tritt der Tatbestand einer „kritischen Unterkapitalisierung“ ein, so ist vorgesehen, dass OFHEO das betreffende Unternehmen unter Zwangsverwaltung stellt.[290]

6.4.4 Federal Housing Finance Board (FHFB): Conforming Loan Limit

Fannie Mae und Freddie Mac operieren im Marktsegment der nicht-staatlichen Hypothekarkredite. Die maximale Höhe der konventionellen Darlehen (Conforming Loan Limit), die von ihnen gekauft bzw. verbrieft werden dürfen, ist allerdings vom Gesetzgeber bewusst begrenzt und auf den nationalen Durchschnittskaufpreis von Einfamilienhäusern indiziert, der vom Federal Housing Finance Board auf monatlicher Basis ermittelt wird.

Tabelle 8: Vergleich der Conforming Loan Limits für die Jahre 1980 und 2003 [1)]

(in US-Dollar)

	1980	2003
Einfamilienhäuser	93.750	322.700
Zweifamilienhäuser	120.000	413.100
Dreifamilienhäuser	145.000	499.300
Vierfamilienhäuser	180.000	620.500

[1)] Befindet sich die Immobilie auf Guam oder den Virgin Islands bzw. in den Bundesstaaten Alaska oder Hawaii, so erhöhen sich diese Beträge jeweils um 50%.

Quelle: Fannie Mae.

Der prozentuale Zuwachs vom Oktober des Vorjahres zum Oktober des aktuellen Jahres stellt die Obergrenze für eine Anpassung des Conforming Loan Limit durch die beiden Unternehmen im darauffolgenden Januar dar.[291] Der Startwert für das Conforming Loan Limit wurde vom Kongress für das Jahr 1980 bei Ein-

[290] Vgl. 12 U.S.C. 4615 bis 12 U.S.C. 4617.
[291] Vgl. 12 U.S.C. 1454, (a), (2) und 12 U.S.C. 1717, (b), (2).

familienhäusern mit 93.750 US-Dollar festgesetzt (vgl. Tabelle 8). Der nationale Durchschnittskaufpreis dieser Häuser lag damals bei 73.400 US-Dollar.

Abbildung 40: Entwicklung des Conforming Loan Limits (1980-2003)

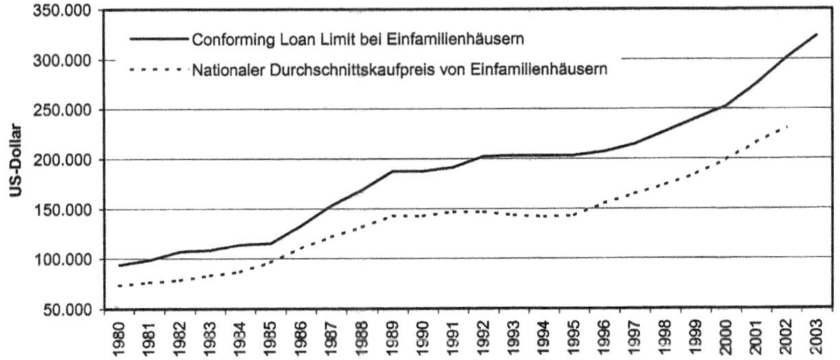

Quelle: Federal Housing Finance Board; eigene Darstellung.

Wie sich das Conforming Loan Limit im Vergleich zur Benchmark entwickelt hat, zeigt die oben stehende Abbildung 40. Aufgrund der Tatsache, dass in 1980 das Conforming Loan Limit über der Benchmark festgesetzt wurde, nimmt die absolute Differenz zwischen den beiden Größen stetig zu, was dazu führt, dass das Segment von Fannie Mae und Freddie Mac (die Conforming Conventional Mortgages) innerhalb des konventionellen Marktes überproportional wächst. Diese Tatsache wurde besonders im Zeitraum 1992 bis 1995 kritisiert, als das Preisniveau rückläufig war, die beiden Unternehmen das Conforming Loan Limit aber konstant hielten. Auf diese Kritik reagierten sie, wie die unten stehende Abbildung 41 zeigt, im Jahr 1997 mit einer zurückhaltenden Erhöhung von 3,7% – obwohl die Benchmark im relevanten Vorjahreszeitraum um 8,4% gestiegen war. In allen anderen Jahren wurde der Erhöhungsspielraum dagegen immer voll ausgenutzt.

Darlehen, die aufgrund der Tatsache, dass sie das Conforming Loan Limit übersteigen, nicht von Fannie Mae und Freddie Mac gekauft oder garantiert werden dürfen, sind Jumbo Loans. Die zweite Begrenzung ihres Geschäftsfeldes ist, dass Subprime Loans, die ihren Risiko- und Vergabestandards zuwiderlaufen, ebenfalls nicht erworben oder garantiert werden dürfen.

Abbildung 41: Zuwächse beim Conforming Loan Limit [1)]

(1981-2002)

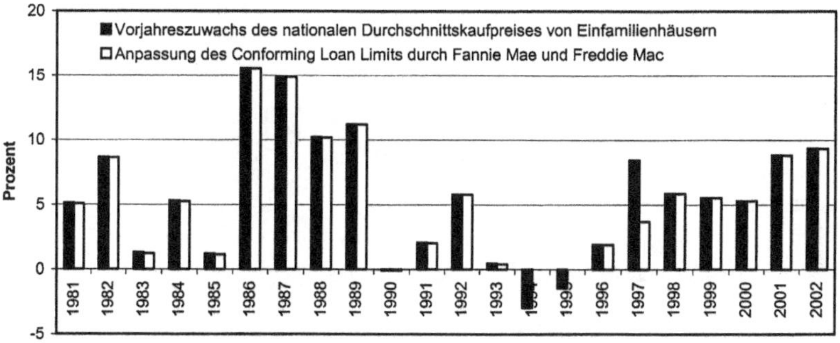

[1)] Lesebeispiel: Der Vorjahreszuwachs des nationalen Durchschnittskaufpreises von Einfamilienhäusern im Jahr 1997 in Höhe von 8,4% meint die prozentuale Veränderung vom Oktober des Jahres 1995 zum Oktober des Jahres 1996. Dieser Zuwachs stellt die Obergrenze für die Anpassung des Conforming Loan Limit durch Fannie Mae und Freddie Mac dar. Diese Anpassung muss im Januar 1997 erfolgen. Die beiden Unternehmen haben den Spielraum allerdings nicht voll ausgenutzt, da sie das Conforming Loan Limit für das Jahr 1997 nur um 3,7% angehoben haben.

Quelle: Federal Housing Finance Board; eigene Darstellung.

Eine Schnittmenge zwischen Subprime- und Jumbo Loans existiert nicht, da letztere immer eine hervorragende Bonität des Schuldners und ein vergleichsweise niedriges LTV erfordern. Das Conforming Loan Limit grenzt somit für Fannie Mae und Freddie Mac innerhalb des konventionellen Marktsegments die Jumbo Loans ab. Diese haben aber nur einen Anteil von ca. 7% am gesamten konventionellen Markt. Der ebenfalls nicht gestattete Bereich der Subprime Loans umfasst weitere 8%. Trotz dieser Beschränkungen können Fannie Mae und Freddie Mac also immerhin 85% des konventionellen Marktes erreichen.[292]

[292] Prozentangaben beziehen sich auf das Jahr 2001. Die absolute Höhe des konventionellen Marktes belief sich in 2001 auf 5,1 Billionen US-Dollar.

7. Subventionierung des Marktsegments der Conforming Conventional Mortgages

7.1 Direkte Subventionierung von Fannie Mae und Freddie Mac

7.1.1 Überblick

Im vorangegangenen Kapitel wurden Fannie Mae und Freddie Mac als Instrumente der Wohneigentumsförderung aus institutioneller und regulatorischer Sicht in den Kontext der amerikanischen Wohnungspolitik eingeordnet. Im weiteren Verlauf soll nun der Fragestellung nachgegangen werden, wie und in welchem Umfang der Staat diese beiden GSEs privilegiert und damit subventioniert, um sie bei der Erfüllung ihres öffentlichen Auftrags zu unterstützen. Dieser besteht darin, den Hypothekarkreditprimärmarkt mit ausreichend Liquidität zu versorgen, um so niedrige und stabile Hypothekenzinsen zu gewährleisten.

Gerade weil sie aber dieses Ziel erreicht haben, indem es ihnen gelang, den Primärmarkt mit dem (inter-)nationalen Kapitalmarkt zu verknüpfen, stellt sich die Frage, ob den beiden Unternehmen in ihrer derzeitigen Form noch eine Legitimation zugesprochen werden kann.[293] Mortgage-Backed Securities (MBS) als zentraler Baustein des Erfolgs von Fannie Mae und Freddie Mac werden schon seit Anfang der 80er Jahre auch von privaten Emittenten erfolgreich eingesetzt. An den Finanzmärkten wurden im Laufe der Zeit immer bessere Instrumente entwickelt, die den Kapitalmarktzugang mittels Verbriefung und Risikoumverteilung bei einer Vielzahl von Aktiva[294] in Form von sogenannten Asset-Backed Securities (ABS) ermöglichen, ohne dass es einer staatlichen oder staatlich alimentierten Beteiligung bedarf.[295]

---

[293] Vgl. Frame, Scott W./Wall, Larry D., 2002, S. 29.

[294] Beispiele bislang zu ABS verbriefter Aktiva sind [in Klammern: Datum der ersten Verbriefung; P: Privatplatzierung]: Automobilratenkredite (1985), Computerleasingverträge (1985), Automobilleasingverträge (1987), Flugzeugleasingverträge (1987), Kreditkartenforderungen (1987), Forderungen gegen Krankenhauspatienten (P), notleidende Kredite (P), Telefonrechnungen (P), Kredite zur Finanzierung von landwirtschaftlichen Maschinen (1992) etc.

[295] Die drei entscheidenden Innovationen in diesem Zusammenhang sind: (1) Implementierung von Kreditverbesserungsmechanismen in die ABS-Struktur durch Übersicherung,

Vor diesem Hintergrund reduziert sich die Funktion von Fannie Mae und Freddie Mac in ihrer Rolle als Government-Sponsored Enterprises (GSEs) hauptsächlich darauf, eine Zinssubvention an die Käufer von Eigenheimen weiterzuleiten.[296] Im Folgenden ist es deshalb notwendig, den Ursprung dieses Transmissionsprozesses zu identifizieren: Die Subventionierung von Fannie Mae und Freddie Mac.

Diese Subventionierung ist das Ergebnis einer umfangreichen Privilegierung, die aus dem *Fannie Mae Charter Act* bzw. dem *Freddie Mac Act* und weiteren ge-setzlichen Sonderbehandlungen resultiert. Letztendlich führt diese Privilegierung über eine komplexe Kombination aus Fakten und Interpretationsspielräumen dazu, dass die beiden Unternehmen kostengünstig produzieren und sich zu konkurrenzlosen Konditionen finanzieren können – ohne dass die Regierung entsprechende monetäre Mittel zur Verfügung stellen muss.[297]

Ein Teil dieser Privilegien kommt den beiden Finanzintermediären „Fannie Mae“ und „Freddie Mac“ explizit zugute. Daraus resultiert im Vergleich zu voll-

---

Garantiezusagen, Kreditlinien und Rückgriffsrechte auf den Forderungsverkäufer. (2) Bildung verschiedener Tranchen innerhalb einer ABS-Struktur die in unterschiedlichem Ausmaß zur Risikoabsorption eingesetzt werden (Subordination). (3) Synthetische Verbriefung, bei der die Aktiva in der Bilanz des Originators bleiben, dieser sich aber über den Einsatz von Derivaten (Credit Default Swaps oder Total Return Swaps) in Kombination mit unterschiedlich stark risikoabsorbierenden Schuldverschreibungen, die von einem Sponsor emittiert werden (Credit Linked Notes), vom Kreditrisiko trennt.

[296] Vgl. Congress of the United States Congressional Budget Office, 1996, S. XII.
Van Order, der damalige Chefökonom von Freddie Mac, widerspricht dieser Auffassung. Er sieht die Existenzberechtigung von Fannie Mae und Freddie Mac darin, dass diese vor allem aufgrund von Economies of Scale und Economies of Scope und weniger aufgrund ihres Status als GSEs in der Lage sind, kostengünstige Immobilienfinanzierung zu ermöglichen. Vgl. Van Order, Robert, 2000, S. 28.
Fannie Mae und Freddie Mac verweisen darauf, dass neben der Reduzierung und Stabilisierung des Zinsniveaus mit der Weiterentwicklung der Technologie „Immobilienfinanzierung“ und der Steigerung der Wohneigentümerquote bei Haushalten mit mittleren und geringeren Einkommen nach Vorgabe durch das Department of Housing and Urban Development (HUD) zwei weitere öffentliche Aufträge bestehen. Beide Argumente können allerdings relativiert werden: (1) Die Allokations- und Wettbewerbstheorie zeigt, dass Monopolmacht tendenziell mit einer Verringerung der Innovationstätigkeit einhergeht. Vgl. in diesem Zusammenhang zum Beispiel Ely, Bert, 2001, S. 11. (2) Darlehen von einkommensschwachen Haushalten können durch die bestehenden staatlichen Hypothekarkreditversicherungen FHA, VA und RHS versichert werden und eignen sich so für private Investoren.

[297] Vgl. Frame, Scott W./Wall, Larry D., 2002, S. 32.

ständig privaten Unternehmen eine **direkte Subventionierung**, die sich aus folgenden Komponenten zusammensetzt:

(a) Befreiung von Körperschaftsteuern auf Ebene des Sitzstaates,[298]

(b) Befreiung von Gebühren der Securities and Exchange Commission (SEC),[299]

(c) Geringere Kapitalstandards in Kombination mit der Beaufsichtigung durch das Office of Federal Housing Enterprise Oversight (OFHEO),[300]

(d) Kreditlinie beim US-Treasury.[301]

7.1.2 Körperschaftsteuerbefreiung auf Ebene des Sitzstaates

Das zweistufige Körperschaftsteuersystem der USA sieht vor, dass ein Unternehmen in dem Staat, in dem es seinen Sitz hat, Körperschaftsteuern entsprechend dem dort vorherrschenden Satz abzuführen hat. Weiterhin sind auf Bundesebene Körperschaftsteuern mit einem Satz von 35% zu entrichten (vgl. Tabelle 9).

Fannie Mae und Freddie Mac sind von der ersten Stufe – der lokalen Besteuerung – befreit und ersparen sich dadurch die Körperschaftsteuerzahlungen an den District of Columbia bzw. den Staat Virginia. Die daraus resultierende effektive Ersparnis der beiden Unternehmen für die Jahre 1995 bis 2000 ist in der unten stehenden Tabelle 10 aufgeführt. Dabei wurde berücksichtigt, dass die lokale Körperschaftsteuer im Rahmen der Ermittlung der Körperschaftsteuerschuld auf Bundesebene hätte steuermindernd abgezogen werden können.

---

298 Vgl. 12 U.S.C. 1452, (e) und 12 U.S.C. 1723a, (c), (2).
299 Vgl. 12 U.S.C. 1455, (g) und 12 U.S.C. 1723c.
300 Vgl. 12 U.S.C. 4612, (a) und 12 U.S.C. 4613.
301 Vgl. 12 U.S.C. 1455, (c), (1) bis (5) und 12 U.S.C. 1719, (c).

Tabelle 9: Übersicht über steuerrelevante Aspekte bei Fannie Mae und Freddie Mac

(Stand: März 2003)

	Fannie Mae	Freddie Mac
Sitz (Gemeinde, Staat)	Washington, DC	McLean, VA
Körperschaftsteuersatz auf Bundesebene	35%	35%
Körperschaftsteuersatz im Sitzstaat	9,975%	6%
Grundsteuersatz in der Sitzgemeinde	0,93%	1,23%

Quelle: Congressional Budget Office.

Müssten Fannie Mae und Freddie Mac auf lokaler Ebene Körperschaftsteuern abführen, so ist davon auszugehen, dass sie Maßnahmen zur Steuervermeidung implementieren würden, so wie sie das auch auf Bundesebene tun, wo sich ihr effektiver Körperschaftsteuersatz während des Betrachtungszeitraums stets zwischen 26% und 29% und damit weit unter 35% bewegte. Die einzige lokale Steuer, die von den beiden GSEs entrichtet werden muss, ist die an die Sitzgemeinde abzuführende Grundsteuer auf ihren Immobilienbesitz.[302]

Tabelle 10: Effektive Ersparnis aufgrund der Körperschaftsteuerbefreiung im Sitzstaat

(1995-2000; in Mio. US-Dollar)

	1995	1996	1997	1998	1999	2000
Fannie Mae	239,6	312,4	347,0	371,6	435,2	478,6
Freddie Mac	126,9	143,8	157,1	188,5	252,9	282,7

Quelle: Congressional Budget Office.

302 Die in Tabelle 9 aufgeführten Grundsteuersätze sind auf die aktuellen Verkehrswerte anzuwenden.

7.1.3 Befreiung von Gebühren der Securities and Exchange Commission (SEC)

Die weiter unten diskutierten Ausnahmeregelungen in Bezug auf die Securities and Exchange Commission (SEC) führen dazu, dass Fannie Mae und Freddie Mac weder sich selbst noch die von ihnen emittierten Wertpapiere registrieren lassen müssen. Die dadurch für die Jahre 1995 bis 2000 eingesparten Registrationsge-bühren sind in der nachfolgenden Tabelle 11 aufgeführt.[303]

Tabelle 11: Ersparnis aufgrund der SEC-Registrationsbefreiung

(1995-2000; in Mio. US-Dollar)

	1995	1996	1997	1998	1999	2000
Fannie Mae	55,3	79,4	70,7	139,7	122,2	85,0
Freddie Mac	39,9	53,0	44,8	92,7	96,4	66,5

Quelle: Congressional Budget Office.

Neben dieser Gebühreneinsparung resultiert aus der Registrationsbefreiung das Privileg, dass die strengen Publizitätspflichten der SEC bei ihnen nicht zur Anwendung kommen. Alle neben Fannie Mae und Freddie Mac im Fortune 500 Index aufgeführten Unternehmen müssen sich diesen Vorschriften unterwerfen. Entsprechend intensiv wird in der Öffentlichkeit kritisiert, dass es mit Fannie Mae und Freddie Mac ausgerechnet zwei der größten amerikanischen Unternehmen weitestgehend selbst überlassen bleibt, welche Informationen sie der Öffentlichkeit zur Verfügung stellen.[304]

---

303 Weitere (ebenfalls unten aufgeführte) Privilegien führen dazu, dass die internationalen Kapitalmärkte von Fannie Mae und Freddie Mac nicht verlangen, die von ihnen emittierte Wertpapiere durch anerkannte Rating Agenturen wie Standard and Poor's, Moody's oder Fitch beurteilen zu lassen. Das Congressional Budget Office beziffert die eingesparten Gebühren für das Jahr 2000 für beide Unternehmen gemeinsam auf 26 Mio. US-Dollar. Vgl. Congress of the United States Congressional Budget Office, 2001, S. 13.

304 Vgl. exemplarisch Shays, Christopher, 2002.

7.1.4 Vorteilhafte Kapitalstandards in Kombination mit der Beaufsichtigung durch das Office of Federal Housing Enterprise Oversight (OFHEO)

In 1989 implementierte die amerikanische Bankenaufsicht[305] die ein Jahr zuvor verabschiedete Eigenmittelvereinbarung das Basler Ausschusses für Bankenaufsicht (Basel I), die für Kreditgenossenschaften, Sparkassen und Geschäftsbanken einheitliche Mindestkapitalstandards festlegt. Grundsätzlich sind seither die standardisiert risikogewichteten Aktiva dieser Institute zu mindestens 8% mit Kapital zu unterlegen, welches sich aus Kernkapital (Tier 1) und Ergänzungskapital (Tier 2) zusammensetzt. Dabei gilt, dass die Kapitalbasis zu mindestens 50% aus Kernkapital bestehen muss.[306]

Der Mindestkapitalstandard von Fannie Mae und Freddie Mac wird nicht durch das Basler Regelwerk, sondern durch den *Federal Housing Enterprises Financial Safety and Soundness Act (FHEFSSA)* von 1992 determiniert, der ebenfalls auf starren – aber niedrigeren – Risikogewichten basiert. Das Office of Federal Housing Enterprise Oversight (OFHEO) attestiert als Aufsichtsbehörde eine angemessene Kapitalausstattung dann, wenn das vorhandene Kernkapital das erforderliche Mindestkapital übersteigt.[307]

Im Folgenden wird quantifiziert, in welchem Umfang Fannie Mae und Freddie Mac unterkapitalisiert wären, würden für sie die strengeren Regeln der Balser Vereinbarung gelten. Dafür ist es zunächst notwendig, die bei ihrem Geschäfts-

---

[305] Die amerikanische Bankenaufsicht setzt sich aus folgenden Behörden zusammen: Office of Thrift Supervision (OTS): Überwacht ca. 1.200 Sparkassen, die vom Bund oder einem einzelnen Bundesstaat zugelassen sind; Federal Reserve System (Fed): Überwacht Bankenholdings und ca. 1.000 Geschäftsbanken, die dem Federal Reserve Discount Window Borrowing System angeschlossen sind; Federal Deposit Insurance Corporation (FDIC): Überwacht alle Sparkassen und Geschäftsbanken, deren Einlagen durch die staatliche Einlagensicherung versichert sind und darüber hinaus ca. 6.300 Geschäftsbanken mit staatlicher Zulassung, die nicht dem Federal Reserve System angeschlossen sind; Office of the Comptroller of the Currency (OCC): Überwacht ca. 3.000 Geschäftsbanken mit Bundeszulassung; National Credit Union Administration (NCUA): Überwacht ca. 11.000 Kreditgenossenschaften; Federal Housing Finance Board (FHFB): Überwacht die 12 Federal Home Loan Banks; Vgl. Van Order, Robert/Crews-Cutts, Amy, 1998, S. 12.

[306] Das bedeutet, dass die standardisiert risikogewichteten Aktiva zu mindestens 4% mit Kernkapital zu unterlegen sind.

[307] Vgl. Absatz 6.4.3.

modell zur Anwendung kommende Kapitalunterlegung zu identifizieren (vgl. Tabelle 12).[308]

Tabelle 12: Kapitalunterlegung nach FHEFSSA bzw. Basler Eigenmittelvereinbarung

	FHEFSSA	Basel I
Single-Family Conforming Conventional Mortgages (on-balance-sheet)	2,5%	4%
Non-Mortgage Investments (on-balance-sheet)	2,5%	4%
MBS in Händen Dritter (off-balance-sheet)	0,45%	2%

Quelle: Basle Committee on Banking Supervision, 1988; 12 U.S.C. 4612, (a); 12 U.S.C. 4613.

Die Basler Vereinbarung schreibt vor, dass Hypothekarkredite auf selbstgenutztes Wohneigentum mit einem Risikogewicht von 50% in die Ermittlung des regulatorischen Eigenkapitals eingehen und demzufolge zu 4% mit Kernkapital zu unterlegen sind. Für die Non-Mortgage Investments von Fannie Mae und Freddie Mac wird ein durchschnittliches Risikogewicht von ebenfalls 50% unterstellt, so dass auch sie zu 4% mit Kernkapital zu unterlegen sind.[309] Die Kreditrisiken, die aus der Tatsache resultieren, dass die beiden GSEs Investoren die ‚rechtzeitige und vollständige Zahlung von Zins und Tilgung' ihrer MBS garantieren, stellen außerbilanzielle Positionen dar, denen das Basler Regelwerk einen

---

308 Zur Übersicht: Fannie Mae und Freddie Mac kaufen Hypothekarkredite auf selbstgenutztes Wohneigentum (Single-Family Conforming Conventional Mortgages) und halten diese entweder als Investment in der eigenen Bilanz oder verbriefen sie zu MBS (MBS in Händen Dritter), bei denen sie den Investoren ‚rechtzeitige und vollständige Zahlung von Zins und Tilgung' garantieren. Daneben sind sie zu einem geringeren Anteil in Treasuries und festverzinsliche Wertpapiere des privaten Sektors investiert (Non-Mortgage Investments).

309 Fannie Mae und Freddie Mac verfolgen mit ihren Non-Mortgage Investments drei Ziele: (1) Diversifikation ihrer ansonsten ausschließlich aus Hypothekarkrediten bestehenden Portfolios; (2) Investition in Treasuries zum Zwecke des Liquiditätsmanagements (vorwiegend T-Notes und T-Bills) und (3) Investition in festverzinsliche Wertpapiere des privaten Sektors, um unter Ausnutzung ihres Finanzierungsvorteils Zinsdifferenzen auszunutzen. Forderungen gegenüber dem US-Treasury haben ein Risikogewicht von 0%, Forderungen gegenüber dem privaten Sektor sind mit 100% zu gewichten. Es erscheint dem Verfasser daher angebracht, den Non-Mortgage Investments ein durchschnittliches Risikogewicht von 50% zuzuordnen. Da diese Annahme entsprechend konservativ ist, wird sie den zusätzlichen Kapitalbedarf eher unterschätzen.

sogenannten Credit Conversion Factor (CCF) zuordnet. Dieser beträgt im Fall von Fannie Mae und Freddie Mac 50%[310] und ist mit dem Risikogewicht der zugrundeliegenden verbrieften Hypothekarkredite (50%) zu multiplizieren, so dass garantierte MBS mit 25% in die Ermittlung des regulatorischen Eigenkapitals eingehen und demzufolge zu 2% mit Kernkapital zu unterlegen sind.

In der nachfolgenden Tabelle 13 ist die Anwendung der Risikogewichte nach FHEFSSA und Basel I auf die entsprechenden, zusammengefassten Positionen von Fannie Mae und Freddie Mac (Zeilen 1 bis 3) für die Jahre 1995 bis 2001 dargestellt. Zeile 4 liefert das Mindestkapital nach FHEFSSA, welches das vorhandene Kernkapital (Zeile 6) übersteigen muss, damit eine angemessene Kapitalausstattung der beiden GSEs vorliegt. Dies war während des Betrachtungszeitraums stets der Fall. Zeile 5 liefert zum Vergleich das Mindestkapital, welches sie unter dem Basler Regime halten müssten. Es ist signifikant höher und zeigt, dass Fannie Mae und Freddie Mac durch FHEFSSA gegenüber anderen Institutionen, die ebenfalls in Hypothekarkredite investieren, aber den Basler Risikogewichten unterliegen, bevorzugt werden.[311]

Das Ausmaß der Unterkapitalisierung ist in Zeile 7 als Differenz aus dem nach Basel I erforderlichen Mindestkapital (Zeile 5) und dem tatsächlich vorhandenen Kernkapital (Zeile 6) dargestellt. Zum Jahresende 2001 wäre das Kernkapital von Fannie Mae und Freddie Mac demnach zusammengenommen um fast 39,7 Mrd. US-Dollar zu gering gewesen.[312]

---

[310] Die Höhe des Credit Conversion Factors ist generell abhängig vom übernommenen Risiko. Dieses kann durch externe oder interne Kreditverbesserungsmechanismen der Verbreifungsstruktur reduziert werden. Im günstigsten Fall verbleibt gar kein Risiko beim Emittenten, so dass der Credit Conversion Factor 0% beträgt. Im schlechtesten Fall verbleibt das gesamte Kreditrisiko beim Emittenten. Dies ist dann der Fall, wenn er den Investoren ein volles Rückgriffsrecht (Recourse) einräumt, das ihn verpflichtet, ausgefallene Forderungen durch neue zu ersetzen oder den Verlust auszugleichen. Dann nimmt der Credit Conversion Factor einen Wert von 100% an. Es erscheint dem Autor daher angebracht, für die außerbilanziellen Kreditrisiken, die aus der Garantie der MBS resultieren, einen durchschnittlichen Credit Conversion Factor von 50% zu unterstellen.

[311] Vgl. Stanton, Thomas H., 2003, S. 36.

[312] Anmerkung: Am 31.12.2005 soll die Neufassung der Basler Eigenmittelvereinbarung (Basel II) verabschiedet werden. Sie soll bis Ende 2006 in den betroffenen Ländern in Kraft

Tabelle 13: Aggregierte Kapitalanforderungen an Fannie Mae und Freddie Mac im Lichte der Basler Eigenkapitalvereinbarung von 1988

(1995-2000; Stand jeweils zum Jahresende; in Mrd. US-Dollar)

		1995	1996	1997	1998	1999	2000	2001
Mortgage Investments	**(1)**	360,6	424,3	481,1	671,1	845,9	993,1	1200,0
Non-Mortgage Investm.	**(2)**	69,9	78,8	81,0	100,7	73,9	98,5	152,0
MBS in Händen Dritter	**(3)**	972,2	1021,2	1055,1	1115,5	1217,1	1282,8	1505,3
Mindestkapital FHEFSSA	**(4)**	15,1	17,2	18,8	24,3	28,5	33,1	40,6
Mindestkapital Basel I	**(5)**	36,7	40,5	43,6	53,2	61,1	69,3	84,2
Vorhandenes Kernkapital	**(6)**	16,8	19,4	21,2	26,2	30,6	35,2	44,5
Unterkapitalisierung	**(7)**	**19,9**	**21,1**	**22,4**	**27,0**	**30,5**	**34,1**	**39,7**

Quelle: Office of Federal Housing Enterprise Oversight; eigene Berechnungen.

7.1.5 Das US-Treasury als „Lender of Last Resort"

Das letzte, die beiden Finanzintermediäre „Fannie Mae" und „Freddie Mac" **direkt** betreffende Privileg, ist, weil es nicht unmittelbar zu einer Kostensenkung im Sinne der bisher genannten Subventionen (a) bis (c) führt, als Bindeglied zu der im nächsten Abschnitt behandelten **indirekten Subventionierung** zu sehen. Es handelt sich um eine von den Investoren wahrgenommene „imaginäre Kreditlinie" beim US-Treasury, die von Fannie Mae und Freddie Mac allerdings nicht aktiv in Anspruch genommen werden kann.

treten. Nach Ansicht des Verfassers wird sich die beschriebene Diskrepanz zwischen FHEFSSA und Basel I durch Basel II nicht signifikant verändern:
Der geplante Standardansatz sieht ebenfalls ein Risikogewicht von 50% für Hypothekarkredite auf selbstgenutztes Wohneigentum vor. Forderungen gegenüber dem privaten Sektor (Unternehmen, Privatkundengeschäft) werden nicht mehr pauschal mit 100%, sondern in Abhängigkeit von einem externen Rating mit 20%, 50%, 100% oder 150% gewichtet. Der auf internen Ratings basierende Ansatz – in den beiden Differenzierungen Basis- und Fortgeschrittenenansatz – kennt keine standardisierten Risikogewichte, sondern ermöglicht es den betreffenden Instituten, auf Basis ihrer eigenen internen Ratings formeldeterminierte Risikogewichte zu ermitteln. Außerbilanzielle Positionen im Zusammenhang mit der Verbriefung von Forderungen werden durch Basel II tendenziell strenger gewichtet, um einer exzessiven Risikoübernahme der Emittenten durch impliziten Rekurs einen Riegel vorzuschieben. Vgl. Basle Committee on Banking Supervision, 2001 und 2001a.

Die Initiative geht im Gegenteil vom Finanzminister aus, der ihnen durch den Ankauf von Neuemissionen auf diskretionärer Basis Kredit gewähren kann. Das Treasury finanziert den Kauf seinerseits über die Emission von Staatsschuldtiteln[313] und transformiert auf diese Weise Verbindlichkeiten der beiden GSEs zu Verbindlichkeiten des US-Treasury. Der Preis, zu dem die Wertpapiere gekauft werden, liegt im Ermessen des Finanzministers, soll sich aber an der Rendite der marktfähigen Treasuries orientieren. Das Volumen der solchermaßen vom Schatzamt gehaltenen Fannie Mae- und Freddie Mac-Wertpapiere darf den Betrag von jeweils 2,25 Mrd. US-Dollar nicht überschreiten.

Dieses Instrument, das seit ihrer Transformation zu Government-Sponsored Enterprises besteht, bislang aber noch nicht angewandt wurde, hat für Fannie Mae und Freddie Mac doppelte Bedeutung: Zum einen verleiht es ihnen im Falle exogener Schocks die Möglichkeit, von der Bonität des Treasury zu profitieren.[314] Weitaus bedeutender ist allerdings die Implikation, dass es ihnen im Falle einer internen Schieflage den Zugang zu Liquidität sichern kann.

2,25 Mrd. US-Dollar je Unternehmen haben allerdings aufgrund ihrer schieren Größe – die beiden GSEs hatten Ende 2001 zusammen Verbindlichkeiten von 1,4 Billionen US-Dollar und garantierten darüber hinaus MBS im Umfang von 1,5 Billionen US-Dollar[315] – eher symbolischen Charakter.

---

[313] Die Emission dieser Staatsschuldtitel (Treasury-Bonds, - Bills, -Notes) und die Verwendung der Emissionserlöse ist geregelt in 31 U.S.C. 3101 bis 31 U.S.C. 3113. 12 U.S.C. 1455, (c), (1) und 12 U.S.C. 1719, (c) erweitern den Verwendungszweck der Emissionserlöse explizit um den Ankauf von Wertpapieren, die von Fannie Mae und Freddie Mac emittiert wurden.

[314] Stichwort: Anschläge auf das World Trade Center am 11. September 2001.

[315] Vgl. Fannie Mae, 2002, S. 78 und Freddie Mac 2002, S. 21.

7.2 Indirekte Subventionierung der Wertpapiere von Fannie Mae und Freddie Mac

7.2.1 Überblick

Wichtiger als die im vorangegangenen Abschnitt behandelte, explizit bei „Fannie Mae“ und „Freddie Mac“ ansetzende, **direkte Subventionierung** ist die **indirekte Subventionierung** ihrer Wertpapiere. Sie leitet sich aus der Tatsache ab, dass der Gesetzgeber die Schuldverschreibungen und MBS von Fannie Mae und Freddie Mac durch eine Reihe von Sonderregelungen privilegiert und so dazu beiträgt, bei den Marktteilnehmern den Eindruck zu erwecken, dass de facto die Regierung hinter ihren Verbindlichkeiten und Garantiezusagen steht, obwohl beide auf der ersten Seite ihrer Emissionsprospekte – hier am Beispiel von Fannie Mae – folgenden Hinweis tätigen müssen:[316]

> *"The certificates and payments of principal and interest on the certificates are not guaranteed by the United States, and do not constitute a debt or obligation of the United States or any of its agencies or instrumentalities other than Fannie Mae."*[317]

Allerdings trägt dieser Hinweis selbst dazu bei, eine Verbindung zur Regierung anzudeuten: Vollständig private Unternehmen brauchen einen solchen Sachverhalt nicht von sich zu weisen, da bei ihnen niemand von seiner Existenz ausgeht.[318]

Die Sonderregelungen bei Wertpapieren von Fannie Mae und Freddie Mac können folgenden Bereichen zugeordnet werden:

(a) Kein Registrationszwang bei der Securities and Exchange Commission (SEC),

(b) Nähe zur Federal Reserve (Fed),

---

[316] Vgl. 12 U.S.C. 1455, (h), (2) und 12 U.S.C. 1719, (b).

[317] Dieser Hinweis wurde exemplarisch dem Fannie Mae Single-Family MBS Verkaufsprospekt vom 01. März 2002 entnommen. Fannie Mae, 2002a, S. 1.

[318] Vgl. Moe, Ronald C./Stanton, Thomas H., 1989, S. 323.

(c) Anreize im Zusammenhang mit Investitionen des öffentlichen und des privaten Sektors.

7.2.2 Kein Registrationszwang bei der Securities and Exchange Commission (SEC)

Die Securities and Exchange Commission (SEC) ist auf Grundlage des *Securities Acts* (1933) und des *Securities Exchange Acts* (1934) für die Umsetzung der Wertpapieraufsicht verantwortlich. Dabei stehen drei Ziele im Vordergrund: (1.) Investoren soll der Zugang zu einem Mindestangebot an standardisierten und deshalb vergleichbaren Informationen über Wertpapiere und deren Emittenten ermöglicht werden. (2.) Die SEC führt keine qualitative Analyse dieser Angaben durch. Ihre Dokumentation soll aber Betrugsversuchen vorbeugen bzw. im Schadensfall die rechtliche Position der Investoren stärken. (3.) Es soll gewährleistet werden, dass ein reibungsloser Wertpapierhandel stattfinden kann.

Der *Securities Act* (1933) schreibt vor, dass Wertpapiere nur nach Registration bei der SEC emittiert werden dürfen. Die damit einhergehende Publizitätspflicht erfordert die Offenlegung testierter Jahres- und Quartalsberichte und legt fest, welche Informationen im zugehörigen Emissionsprospekt enthalten sein müssen.[319] Ausnahmen von dieser Regelung betreffen Privatplatzierungen, Emissionen mit einem Volumen unter 5 Mio. US-Dollar oder einer Laufzeit von weniger als 270 Tagen, sowie Schuldverschreibungen von Kommunen, Bundesstaaten, US-Agencies und des Treasury.

Geschäftsbanken, Sparkassen und Kreditgenossenschaften müssen ihre Wertpapiere ebenfalls nicht registrieren lassen, weil sie mit der Bankaufsicht bereits unter staatlicher Kontrolle stehen. Da Fannie Mae und Freddie Mac mit dem Office of Federal Housing Enterprise Oversight (OFHEO) ebenfalls unter staatlicher Beaufsichtigung stehen, sind auch ihre Wertpapiere von der Registrationspflicht befreit.[320]

---

[319] Vgl. 15, 2A, I U.S.C. 77e.
[320] Vgl. 15, 2A, I U.S.C. 77c, (a), (5), (A).

Der *Securities Exchange Act* (1934) erlaubt den Börsenhandel mit Wertpapieren nur dann, wenn diese an der entsprechenden Börse und bei der SEC registriert sind.[321] Das hat für Unternehmen ab einer Bilanzsumme von 10 Mio. US-Dollar, deren Wertpapiere von mehr als 500 Eigentümern gehalten werden, zur Folge, dass sie gegenüber der SEC regelmäßig Rechenschaft ablegen müssen. Die SEC macht diese Informationen ihrerseits öffentlich zugänglich.[322]

Fannie Mae und Freddie Mac unterliegen diesen Publizitätsanforderungen nicht, da ihre umlaufenden Wertpapiere wiederum von der Registrationspflicht ausgenommen sind: *Fannie Mae Charter Act* und der *Freddie Mac Act* postulieren, dass die umlaufenden Wertpapiere der beiden GSEs für alle die Börsenaufsicht betreffenden Gesetze definiert sein sollen als „[...] securities which are direct obligations of, or obligations guaranteed as to principal or interest, by the United States".[323] Der *Securities Exchange Act* bezeichnet solchermaßen abgegrenzte Wertpapiere als „government securities" und stellt sie so auf eine Stufe mit Schuldverschreibungen des US-Treasury.[324] Schuldverschreibungen des US-Treasury sind aber grundsätzlich von der Registrationspflicht befreit.[325]

Die Tatsache, dass Wertpapiere von Fannie Mae und Freddie Mac weder im Zusammenhang mit der Emission noch für den laufenden Handel bei der SEC registriert sein müssen und somit die Publizitätspflichten, denen vollständig private Unternehmen unterliegen, nicht zur Anwendung kommen, suggeriert, dass es sich bei ihnen um sehr sichere Investments halten muss. Dieser Eindruck wird verstärkt durch die institutionelle und begriffliche Nähe zur Regierung, da mit OFHEO eine eigens gegründete staatliche Institution über die beiden Unternehmen wacht und die Bezeichnung „government securities" zu einer Aufwertung ihrer Wertpapiere führt. Ein weiteres Indiz, das diese Wahrnehmung unterstützt,

---

321 Vgl. 15, 2B U.S.C. 78l.
322 Vgl. 15, 2B U.S.C. 78m.
323 12 U.S.C. 1717, (b), (2) und 12 U.S.C. 1455, (g).
324 Vgl. 15, 2B U.S.C. 78c, (a), (42).
325 Vgl. 15, 2B U.S.C. 78c, (a), (12), (A), (i).

ist die Tatsache, dass Fannie Mae und Freddie Mac ihre Wertpapiere nur nach entsprechender Genehmigung durch den Finanzminister emittieren dürfen.[326]

7.2.3 Nähe zur Federal Reserve (Fed)

Auch im Zusammenhang mit dem Federal Reserve System (Fed) erfahren die Wertpapiere von Fannie Mae und Freddie Mac eine Privilegierung, die darin zu identifizieren ist, dass Berührungspunkte zum geldpolitischen Instrumentarium der Fed bestehen. Bei den drei wichtigsten Instrumenten, die der Fed zur Verfügung stehen, handelt es sich um die Mindestreserveverpflichtung, das discount window borrowing und die Offenmarktoperationen.

Ziel der Transaktionen am offenen Markt ist die indirekte Steuerung der federal funds rate (Übernachtzinssatz zu dem Geschäftsbanken sich untereinander Zentralbankgeld ausleihen). Zu diesem Zweck nimmt die Federal Reserve Bank of New York (FRBNY) – im Auftrag des Federal Open Market Committee und stellvertretend für das gesamte Federal Reserve System – Wertpapiere entweder für ein bis 15 Tage in Pension (repurchase agreement) oder tätigt definitive Transaktionen (outright). In beiden Fällen werden die Wertpapiere im Federal Reserve System Open Market Account verwaltet. Grundsätzlich dürfen nur Schuldverschreibungen des Treasury, von US-Agencies, von Government-Sponsored Enterprises sowie seit 1999 zusätzlich die MBS von Fannie Mae, Freddie Mac und Ginnie Mae[327] Gegenstand von Offenmarktgeschäften sein.[328]

Die Offenmarktoperationen werden durch die Fazilität des discount window borrowing flankiert, die als Feinsteuerungsinstrument kurzfristige Liquiditäts-

---

[326] Vgl. 12 U.S.C. 1719, (b) und 12 U.S.C. 1455, (j), (1).

[327] Die Fed begann 1999, MBS von Fannie Mae, Freddie Mac und Ginnie Mae als Kollateral für Repo-Geschäfte zu akzeptieren, um möglicherweise auftretende Liquiditätsengpässe im Zuge der Jahrtausend-Problematik am 1. Januar 2000 zu antizipieren. Diese Regelung sollte ursprünglich am 30. April 2000 auslaufen, wurde aber seither vom Federal Open Market Committee jährlich verlängert. Vgl. Frame, Scott W./Wall, Larry D., 2002, S. 35 und Federal Reserve Bank of New York (Markets Group), 2003, S. 3.

[328] Vgl. Board of Governors of the Federal Reserve System, 1994 S. 36 in Verbindung mit Federal Reserve Bank of New York (Markets Group), 2001, S. 3 und S. 26f sowie Moe, Ronald C./Stanton, Thomas H., 1989, S. 323.

engpässe im Bankensystem kompensieren soll. Die Darlehen laufen in der Regel über Nacht und sind mit entsprechenden Sicherheiten zu unterlegen.[329] Als Kollateral werden hierfür von der Fed akzeptiert: Schuldverschreibungen des Treasury, von US-Agencies, von Government-Sponsored Enterprises und von Kommunen; darüber hinaus Wertpapiere des privaten Sektors, sofern sie über ein AAA Rating verfügen (auch MBS und ABS) und bestimmte Privatkundenkredite (z.B. Single-Family Mortgages mit niedrigem LTV). Somit eignen sich sowohl die Schuldverschreibungen von Fannie Mae und Freddie Mac als auch die von ihnen emittierten MBS zur Besicherung für das discount window borrowing.

Die Einbeziehung der Schuldverschreibungen von Fannie Mae und Freddie Mac in die Offenmarktpolitik der Fed sorgt wiederum dafür, dass die Kapitalmärkte diese als Substitute zu Schuldverschreibungen des Treasury wahrnehmen. Auch die Tatsache, dass von ihnen emittierte MBS auf eine Stufe mit denen der US-Agency Ginnie Mae gestellt werden, trägt dazu bei, hinter ihren Wertpapieren ebenfalls eine Regierungsgarantie zu vermuten: „Ginnie Mae's guaranty of MBS is backed by the full faith and credit of the United States“[330]. Dass ihre Wertpapiere auch als Kollateral für das discount window borrowing geeignet sind, ist angesichts einer breiter gefassten Palette refinanzierungsfähiger Sicherheiten kein zusätzliches Indiz für eine besondere Nähe zur Regierung, zeugt aber von einer entsprechenden Konformität. Darüber hinaus trägt dieser Sachverhalt grundsätzlich dazu bei, die Nachfrage nach Wertpapieren von Fannie Mae und Freddie Mac zu steigern und damit auch ihre Liquidität zu erhöhen.

Die Wertpapiere von Fannie Mae, Freddie Mac und der anderen GSEs haben über das Fedwire Book-Entry Securities Transfer System (FBESTS) Zugang zu einem Dienstleistungsangebot der Fed, das ansonsten nur dem Treasury und den US-Agencies offen steht.[331] Diese weitere Privilegierung der Wertpapiere von

---

[329] Die zugehörige discount rate liegt zu diesem Zweck generell über der avisierten federal funds rate. Vgl. Madigan, Brian F./Nelson, William R., 2002, S. 313 f.

[330] Ginnie Mae, 1999, Kapitel 1, S. 5.

[331] Vgl. Frame, Scott W./Wall, Larry D., 2002, S. 35.

Fannie Mae und Freddie Mac trägt ebenfalls dazu bei, sie positiv von denen des privaten Sektors abzuheben.

Das FBESTS besteht (1.) aus einem von der Fed geführten Buchungssystem, das die ausstehenden Wertpapiere des Treasury, der US-Agencies und der Government-Sponsored Enterprises in elektronischer Form verwaltet und so das Erstellen und Ausliefern physischer Urkunden überflüssig macht und (2.) aus einem ebenfalls von der Fed betriebenen Echtzeit-Bruttoabwicklungssystem für den Handel mit diesen Wertpapieren.[332] Für Fannie Mae und Freddie Mac bedeutet dies, dass sie ihre Schuldverschreibungen und MBS über FBSETS in elektronischer Form emittieren und verwalten können. Des Weiteren übernimmt das System auch das Management und die Weiterleitung der anfallenden Zins- und Tilgungszahlungen sowie den elektronischen Transfer der Wertpapiere und das zugehörige Settlement[333]. Auf diese Weise erfolgt eine Bonitätsverbesserung, die mit einer Senkung der Transaktionskosten und einer Erhöhung der Liquidität einhergeht.[334]

7.2.4 Anreize im Zusammenhang mit Investitionen des öffentlichen und des privaten Sektors

Die in den beiden vorangegangenen Absätzen diskutierte Privilegierung der Wertpapiere von Fannie Mae und Freddie Mac im Zusammenhang mit der SEC und der Fed führt zu einer Abgrenzung gegenüber Wertpapieren privater Unternehmen und deutet stattdessen eine Gleichwertigkeit mit denen staatlicher Insti-

---

332 An dieses System sind zur Zeit etwa 9.000 Banken angeschlossen. In 2002 wurden darüber 115 Mio. Transaktionen mit einem Gesamtvolumen von 406 Billionen US-Dollar durchgeführt.

333 Vgl. Board of Governors of the Federal Reserve System, 1998, S. 2 f.

334 Fannie Mae, Freddie Mac und die anderen Government-Sponsored Enterprises (GSEs) müssen für die Nutzung des Fedwire Book-Entry Securities Transfer Systems (FBESTS) Gebühren bezahlen. Gerade aufgrund der Tatsache, dass der Zugang zu diesem Service ansonsten exklusiv dem Treasury und einigen US-Agencies zur Verfügung steht, handelt es sich dennoch um eine Privilegierung ihrer Schuldverschreibungen und MBS. Aufgrund der Größen- und Verbundvorteile der Fed beim Betrieb des FBESTS ist außerdem davon auszugehen, dass Fannie Mae und Freddie Mac sogar Kosteneinsparungen gegenüber der Alternative der Selbsterstellung dieser Leistungen haben.

tutionen an. Das bewirkt, dass sie als sehr sichere Anlageformen wahrgenommen werden und trägt so indirekt dazu bei, ihre Attraktivität für die Investoren zu erhöhen. Die im aktuellen Absatz vorgestellten Privilegierungen betreffen nun unmittelbar die Seite der Investoren und sorgen direkt dafür, die Nachfrage nach Schuldverschreibungen und MBS von Fannie Mae und Freddie Mac zu steigern.

Eine Nachfragesteigerung im Zusammenhang mit dem öffentlichen Sektor resultiert daraus, dass die Wertpapiere der beiden GSEs gesetzlich zugelassene Investments für staatlich verwaltete Fonds[335] (Public Funds) und für im Auftrag des Staates verwaltete Treuhandvermögen[336] (Trust Funds) darstellen.[337] Letztere dürfen ansonsten ausschließlich in „government securities“ im Sinne der o.g. Definition investieren.[338]

Nimmt eine Bank Gelder der öffentlichen Hand als Einlage entgegen, so muss sie entsprechende Sicherheiten bei der lokalen Niederlassung der für sie zuständigen Federal Reserve Bank hinterlegen.[339] Als Kollateral geeignet sind unter anderem auch die Wertpapiere von Fannie Mae und Freddie Mac.[340]

Eine Nachfragestimulierung im Zusammenhang mit dem privaten Sektor erfolgt vor allem über die Banken, die bei den Wertpapieren von Fannie Mae und Fred-

---

335 Hierzu gehören vor allem die staatlichen Pensionsfonds. Ein Beispiel für die Dimension dieser Privilegierung ist das California Public Employees' Retirement System (CalPERS), in dem Ende 2002 mit ca. 130 Mrd. US-Dollar eines der weltweit größten Fondsvermögen verwaltet wurde: CalPERS hatte Ende 2002 1,1 Mrd. US-Dollar in Schuldverschreibungen und 5,6 Mrd. US-Dollar in MBS von Fannie Mae und Freddie Mac investiert).
Insgesamt hielten Pensionsfonds (Mitte 1998) 13% aller von Fannie Mae und Freddie Mac emittierten MBS (vgl. Abbildung 27).

336 Der Social Security Trust Fund verwaltet zum Beispiel die Steuermittel, die in Form des Supplemental Security Income (SSI) über das Sozialhilfesystem an berechtigte Rentner, Invalide etc. weitergeleitet werden.

337 Vgl. 12 U.S.C. 1452, (e) und 12 U.S.C. 1721, (b).

338 Vgl. Moe, Ronald C./Stanton, Thomas H., 1989, S. 323.

339 Vgl. 31 C.F.R. 202, (2) [Code of Federal Regulations].

340 Das Treasury ordnet Wertpapiere, die als Kollateral für öffentliche Einlagen in Frage kommen 8 verschiedenen Kategorien von Emittenten zu: Ministerien (vor allem das Treasury) und US-Agencies; Government-Sponsored Enterprises; internationale Entwicklungsbanken (vor allem die Weltbank); Bundesstaaten der USA; Kommunen; privater Sektor (incl. MBS und ABS; sofern ein AAA Rating vorliegt). In Anlehnung an: United States Department of the Treasury, 2002.

die Mac die größte Investorengruppe repräsentieren:[341] Die Basler Eigenmittelvereinbarung (Basel I) berücksichtigt das relative Risiko unterschiedlicher Aktiva über deren Zuordnung zu vorgegebenen Risikoklassen bzw. -gewichten.[342] Das Risikogewicht schreibt den Umfang der notwendigen Eigenkapitalunterlegung vor und beeinflusst auf diese Weise die Investitionsentscheidung der Bank mit.

Eine Bank, die einen Hypothekarkredit generiert und nicht in den Sekundärmarkt verkauft, muss diesen bei der Ermittlung des regulatorischen Eigenkapitals mit einem Risikogewicht von 50% anrechnen (vgl. nachfolgende Tabelle 14) und demzufolge 4% des Darlehenbetrags mit Kapital unterlegen. Investiert sie den Betrag stattdessen in Wertpapiere von Fannie Mae und Freddie Mac so verringert sich das Risikogewicht auf 20%, so dass nur noch 1,6% des Investments mit Kapital zu unterlegen sind – der Kapitalbedarf reduziert sich um 60%.

Dieser Sachverhalt kann alternativ auch folgendermaßen dargestellt werden: Eine Bank, die Darlehen im Umfang von 1.000.000 US-Dollar generiert hat, muss diese mit 40.000 US-Dollar Kapital unterlegen. Sie kann diese Darlehen aber auch über Fannie Mae zu MBS swapen lassen, so dass sich das zu unterlegende Kapital auf 16.000 US-Dollar reduziert. Die den beiden Alternativen zugrundeliegenden unterschiedlichen Risikogewichte von 50% bzw. 20% reflektieren die Tatsache, dass es sich bei ihnen nicht um Substitute handelt. Die Transformation der Darlehen zu MBS bewirkt, dass die Bank das ursprüngliche Kreditrisiko gegen dasjenige von Fannie Mae eintauscht.[343]

---

[341] Aufgrund ihrer hohen Erklärungsbedürftigkeit werden die Wertpapiere von Fannie Mae und Freddie Mac fast ausschließlich von institutionellen Anlegern und dort wiederum hauptsächlich von Banken nachgefragt. Das gilt besonders für ihre MBS: Mitte 1998 hielten Banken 25% (private Investoren jedoch nur 1%) aller von Fannie Mae und Freddie Mac emittierten MBS (vgl. Abbildung 27).

[342] Basel I sieht fünf Risikoklassen/-Gewichte vor: 0%, 10%, 20%, 50%, 100%. Die amerikanische Bankenaufsicht hat diese bis auf das Gewicht von 10% übernommen. Vgl. Golding, Edward L./Wambeke, Carol A., 1998, S. 30.

[343] Für die Übernahme des Kreditrisikos (Fannie Mae und Freddie Mac garantieren den Investoren die rechtzeitige und vollständige Zahlung von Zins- und Tilgung) wird eine Gebühr berechnet, so dass sich die Verzinsung der MBS gegenüber den ursprünglichen Darlehen um 20-30 Basispunkte verringert. Gibt der Originator im Zusammenhang mit dieser

Tabelle 14: Internationale Risikogewichte für investierende Banken

	USA	UK	EU	Japan
US-Treasuries, Kasse	0%	0%	0%	0%
Ginnie Mae MBS [1)]	0%	0%	0%	0%
Fannie Mae und Freddie Mac MBS	20%	20%	20%	20%
Fannie Mae und Freddie Mac Schuldverschreibungen	20%	20%	20%	20%
Private-Label Collateralized-Mortgage Obligations (CMO) via Agency MBS [2)]	20%	20%	20%	20%
Hypothekarkredite [3)]	50%	50%	50%	50%
Private-Label MBS [4)]	50% [100%]	50% [100%]	50% [100%]	50% [100%]
Asset-Backed Securities (ABS)	100%	100%	100%	100%
Unternehmensanleihen	100%	100%	100%	100%

1) Bem.: Ginnie Mae tritt weder als Käufer von Hypothekarkrediten auf noch emittiert sie Schuldverschreibungen. Ihre einzige Aufgabe ist die Garantie der (durch Dritte in ihrem Namen emittierten) MBS.

2) Collateralized-Mortgage Obligations (CMO) unterscheiden sich von klassischen Passthrough-MBS dadurch, dass bei ihnen eine Umstrukturierung der Zahlungsströme auf mehrere Klassen vorgenommen wird (Paythrough-MBS). Dadurch wird es möglich, aus einem Pool an Hypothekarkrediten unterschiedlich ausgestaltete Wertpapiere zu synthetisieren (Floater, Reverse Floater, Zero-Bonds, Stripped-Bonds etc.), die unterschiedliche Risikoeigenschaften aufweisen. CMO werden hauptsächlich von privaten Emittenten strukturiert (Fannie Mae und Freddie Mac sind in diesem Bereich kaum aktiv). Als Bausteine hierfür werden in der Regel klassische Passthrough-MBS von Ginnie Mae, Fannie Mae und Freddie Mac (Agency MBS) verwendet. Diejenigen Klassen der auf Agency MBS basierenden CMO, die ein AAA Rating aufweisen, erhalten dann ein Risikogewicht von 20%.

3) Hypothekarkredite auf (selbstgenutztes) Wohneigentum. In diesem Punkt sind die Regularien nicht eindeutig. In der Regel fallen Darlehen dann unter diese Risikoklasse, wenn sie maximal ein LTV von 80% aufweisen oder (falls dies nicht der Fall ist) über eine entsprechende Darlehensversicherung verfügen. Andernfalls erhalten die Darlehen ein Risikogewicht von 100%. Staatlich versicherte Darlehen (FHA, VA, RHS), die LTVs von bis zu 100% aufweisen können, erhalten in den USA ein Risikogewicht von 20%.

4) Basel I sieht für die MBS privater Emittenten (Private-Label MBS) grundsätzlich ein Risikogewicht von 100% vor. Der von den USA eingeführte „look-through approach" erlaubt es, Senior-Tranchen von Private-Label MBS mit einem Risikogewicht von 50% zu versehen. Diese Regelung wurde von den meisten Ländern übernommen.

Quelle: Basle Committee on Banking Supervision, 1988; Hayre, Lakhbir/Young Robert, 2001; Bundesaufsichtsamt für das Kreditwesen, 1996; eigene Darstellung.

Verkauft die Bank ihre Darlehen stattdessen am Sekundärmarkt[344] und investiert den Erlös in Schuldverschreibungen von Fannie Mae, so tragen diese (wie die MBS) ein Risikogewicht von 20%, da das Kreditrisiko, dem die Bank ausgesetzt

Transaktion das Servicing der Darlehen ab, so vergrößert sich der Abschlag um weitere 30-35 Basispunkte. Vgl. Abschnitt 3.4 dieser Arbeit sowie Tabelle 1.

344 Zum Beispiel an Fannie Mae.

ist, davon unabhängig ist, ob es sich um eine Garantiezusage oder eine Obligation von Fannie Mae handelt.[345]

Die Bevorzugung der Wertpapiere von Fannie Mae und Freddie Mac gegenüber einer direkten Anlage in Hypothekarkredite kann nur zum Teil mit den Diversifikationseffekten begründet werden, die ein Pool aus Hypothekendarlehen gegenüber einer Einzelinvestition grundsätzlich bietet. Wäre dies der Fall, so müssten Private-Label MBS ebenfalls mit einem Risikogewicht von 20% belegt werden können. Da diese aber nach Basel I grundsätzlich mit einem Risikogewicht von 100% bestenfalls aber von 50% zu versehen sind – der von den USA eingeführte und von den meisten Ländern übernommene „look-through approach" erlaubt es, Senior Tranchen von Private-Label MBS[346] mit einem Risikogewicht von 50% zu belegen[347] – scheint der Diversifikationseffekt bei der Zuordnung zur Risikoklasse keine Rolle gespielt zu haben.

In diesem Fall ist das 20-prozentige Risikogewicht für Wertpapiere von Fannie Mae und Freddie Mac als eine privilegierende Abgrenzung gegenüber privaten Unternehmen zu verstehen. Sie ist somit Teil einer konsequenten Umsetzung des im *Fannie Mae Charter Act* und im *Freddie Mac Act* formulierten Ziels: „[...] increase the liquidity of mortgage investments and improve the distribution of investment capital available for residential mortgage financing; [...]".[348]

Basel I grenzt die Wertpapiere von Fannie Mae und Freddie Mac zwar eindeutig gegenüber dem privaten Sektor ab, lässt aber keine Gleichwertigkeit mit denen staatlicher Institutionen zu: MBS, die von der US-Agency Ginnie Mae garantiert

---

345 Dennoch handelt es sich aus der Sicht der Bank bei Fannie Mae's MBS und Schuldverschreibungen wiederum nicht um Substitute, da eine Bevorzugung der Schuldverschreibungen gegenüber den MBS bewirkt, dass zusätzlich zum Kreditrisiko auch das Zins- und damit das Prepaymentrisiko von der Bank an Fannie Mae abgetreten wird. Der Preis, den die Bank dafür zahlen muss, schlägt sich in einer niedrigeren Verzinsung der Schuldverschreibung gegenüber der MBS nieder. Vgl. Roll, Richard, 2000, S. 15 f.

346 Private-Label MBS bestehen in der Regel aus mehreren Tranchen, die den Kreditrisiken der zugrundeliegenden Darlehen in unterschiedlichem Ausmaß ausgesetzt sind. Die Junior Tranche (First-Loss Position) ist die dabei riskanteste und verbleibt in der Regel beim Emittenten, der sie nach Basel I vom Eigenkapital abziehen muss. Die Senior Tranche ist die sicherste und verfügt über ein AAA Rating.

347 Vgl. Basle Committee on Banking Supervision, 2001a, S. 29.

348 12 U.S.C. 1716, (3) und 12 U.S.C. note to 1451, (b), (3).

werden, weisen ein Risikogewicht von 0% auf. Dieser Sachverhalt ist allerdings stringent, da hinter den Garantiezusagen von Ginnie Mae explizit die amerikanische Regierung steht und nur explizite Forderungen gegenüber Zentralregierungen und die Kasse einer Bank nach Basel I ein Risikogewicht von 0% erhalten dürfen.[349]

Die Neufassung der Basler Eigenmittelvereinbarung (Basel II), deren in Kraft treten für 2006 geplant ist, sieht für Private-Label MBS sowohl im Standardansatz als auch in den beiden IRB-Ansätzen eine Risikogewichtung auf Grundlage externer Ratings vor (vgl. unten stehende Tabelle 15).

Tabelle 15: Risikogewichte bei Private-Label MBS nach Basel II für investierende Banken

(Verwendung des Ratingschemas von Standard and Poor's)

	Basel I	Basel II (RSA)[1)]	Basel II (IRBA)[2)]
AAA	50%	20%[3)]	14%[3)]
AA+	100%	20%	14%
AA	100%	20%	14%
AA-	100%	20%	14%
A+	100%	50%	19%
A	100%	50%	19%
A-	100%	50%	19%
BBB+	100%	100%	45%
BBB	100%	100%	73%
BBB-	100%	100%	119%
BB+	100%	150%	200%
BB	100%	150%	313%
BB-	100%	150%	522%
≤ B+	Kapitalabzug	Kapitalabzug	Kapitalabzug

1) RSA: Revised Standardized Approach.

2) IRBA: Internal Rating Based Approach (Basis- und Fortgeschrittenenansatz). Der Basler Ausschuss für Bankenaufsicht weist darauf hin, dass diese Werte auf Grundlage der IRB-Risikogewichtungsfunktion (Kalibrierung gemäß dem ersten Konsultationspaket vom Januar 2001) erstellt wurden und sich demnach noch geringfügig ändern können.

3) Schuldverschreibungen und MBS von Fannie Mae und Freddie Mac werden automatisch der besten Risikoklasse zugeordnet, obwohl kein Rating erforderlich ist.

Quelle: Basle Committee on Banking Supervision, 1988 und 2001a; eigene Darstellung.

349 Vgl. Basle Committee on Banking Supervision, 1988, S. 21.

Ab dem Vorliegen eines AA- Ratings tragen die MBS privater Emittenten die gleichen Risikogewichte wie die Wertpapiere von Fannie Mae und Freddie Mac, so dass deren Privilegierung auf diesem Gebiet zum Teil hinfällig werden wird. MBS-Tranchen, für die kein Rating vorliegt, müssen zukünftig im Standardansatz vom Kapital abgezogen werden. Bei den IRB-Ansätzen muss für MBS-Tranchen ohne Rating ein formelbasiertes Risikogewicht[350] ermittelt werden.

Vor dem Hintergrund der bislang aufgezählten Privilegierungen bei den Wertpapieren von Fannie Mae und Freddie Mac überrascht es nicht, dass Banken die wichtigste Investorengruppe darstellen. Der folgende Sachverhalt trägt dieser „gewollten Attraktivität" explizit Rechnung: Kreditgenossenschaften, Sparkassen und Geschäftsbanken dürfen grundsätzlich mit maximal demjenigen Betrag in die Wertpapiere eines einzelnen Emittenten investiert sein, der zehn Prozent ihres Eigenkapitals nicht übersteigt.[351] Auf diese Weise soll die Entstehung von Interdependenzen verhindert werden, die im Falle der Schieflage eines großen Marktteilnehmers zu einer Ansteckung des gesamten Bankensektors führen könnten.[352] Wertpapiere von Fannie Mae und Freddie Mac sind von dieser Beschränkung ausgenommen. In welchem Umfang die 8.080 Ende 2001 unter Aufsicht der Fed stehenden Geschäftsbanken von dieser Ausnahmeregelung Gebrauch machten, quantifiziert die nachfolgende Tabelle 16.

72,8% (65,8%) aller aufgeführten Banken waren mit Beträgen in Wertpapiere von Fannie Mae (Freddie Mac) investiert, die mehr als 10% ihres jeweiligen Eigenkapitals entsprachen. Bei 27,1% (12%) überstiegen diese Engagements sogar 50% des Eigenkapitals. Da die Banken in der Regel sowohl in Wertpapiere von Fannie Mae als auch in Wertpapiere von Freddie Mac investieren, müssen die aggregierten Anteile signifikant höher gewesen sein. Frame und Wall[353] ermittelten, dass Ende 2000 50,1% der aufgeführten Banken mit Beträgen größer als

---

[350] Dieses formelbasierte Risikogewicht ist für MBS-Tranchen ohne Rating unter Verwendung der sogenannten supervisory formula zu ermitteln.

[351] Vgl. 12 U.S.C. 24, (7) und 12 U.S.C. 335.

[352] Vgl. Poole, William, 2002, S. 5 und Office of Federal Housing Enterprise Oversight, 2003, S. 13.

[353] Vgl. Frame, Scott W./Wall, Larry D., 2002, S. 34.

100% ihres jeweiligen Eigenkapitals in Schuldverschreibungen aller Government-Sponsored Enterprises (GSEs)[354] investiert waren.

Tabelle 16: Verteilung der von Geschäftsbanken Ende 2001 gehaltenen Fannie Mae und Freddie Mac Schuldverschreibungen als Anteile am jeweiligen Eigenkapital

a) Fannie Mae

Bilanzsumme	Anteil am Eigenkapital					Gesamt [1)]
	< 10%	10%-25%	26%-50%	51%-100%	> 100%	
> 1 Mrd. US-Dollar	227 (56,8%)	77 (19,3%)	49 (12,3%)	37 (9,3%)	10 (2,5%)	400 (100%)
0,1 Mrd. US-Dollar bis 1 Mrd. US-Dollar	932 (29,2%)	742 (23,2%)	872 (27,3%)	531 (16,6%)	117 (3,7%)	3.194 (100%)
< 0,1 Mrd. US-Dollar	1.040 (23,2%)	823 (18,3%)	1.130 (25,2%)	1.123 (25,0%)	370 (8,2%)	4.486 (100%)
Gesamt	2.199 (27,2%)	1.642 (20,3%)	2.051 (25,4%)	1.691 (20,9%)	497 (6,2%)	8.080 (100%)

b) Freddie Mac

Bilanzsumme	Anteil am Eigenkapital					Gesamt [1)]
	< 10%	10%-25%	26%-50%	51%-100%	> 100%	
> 1 Mrd. US-Dollar	251 (62,8%)	78 (19,5%)	40 (10,0%)	25 (6,3%)	6 (1,5%)	400 (100%)
0,1 Mrd. US-Dollar bis 1 Mrd. US-Dollar	1.101 (34,5%)	893 (28,0%)	822 (25,7%)	330 (10,3%)	48 (1,5%)	3.194 (100%)
< 0,1 Mrd. US-Dollar	1.414 (31,5%)	1.319 (29,4%)	1.192 (26,6%)	507 (11,3%)	54 (1,2%)	4.486 (100%)
Gesamt	2.766 (34,2%)	2.290 (28,3%)	2.054 (25,4%)	862 (10,7%)	108 (1,3%)	8.080 (100%)

[1)] Geschäftsbanken unter Überwachung durch die Fed.

Quelle: Office of Federal Housing Enterprise Oversight; eigene Darstellung.

Im privaten Sektor wird das Investitionsverhalten von Nicht-Banken, die Vermögen im Namen Dritter verwalten, durch zahlreiche Gesetze auf der Ebene der

[354] Neben den Wertpapieren von Fannie Mae und Freddie Mac sind auch die Wertpapiere der anderen Government-Sponsored Enterprises von dieser Ausnahme betroffen. Außer dem Federal Home Loan Bank System (FHLBS) hat jedoch keine von ihnen eine nennenswerte Bedeutung als Emittentin von Schuldverschreibungen (vgl. die Absätze 2.2.1 und 2.2.4).

einzelnen Bundesstaaten determiniert.[355] Vor diesem Hintergrund werden die Wertpapiere von Fannie Mae und Freddie Mac, wie im Zusammenhang mit der Securities and Exchange Commission (SEC), denen des Treasury gleichgestellt.[356] Das hat außerdem zur Folge, dass ihre Schuldverschreibungen und MBS für eine Reihe von Institutionen in Frage kommen, deren Investitionsverhalten satzungsgemäß darauf beschränkt ist, ausschließlich amerikanische Staatstitel zu erwerben.

7.3 Wahrnehmung einer impliziten Regierungsgarantie

7.3.1 "Once one agrees to share a canoe with a bear, ...

...it is hard to get him out without obtaining his agreement or getting wet."[357]
Die in Abschnitt 7.2 erläuterte Privilegierung der Wertpapiere von Fannie Mae und Freddie Mac erweckt bei den Marktteilnehmern den Eindruck, dass es sich bei diesen um sehr sichere Investments halten muss. Dadurch bringt sich der Staat selbst in die Verantwortung, da die Investoren davon ausgehen müssen, dass er diese Privilegierungen nicht zuließe, wenn dem nicht auch tatsächlich so wäre.[358] Das bedeutet aber, dass die Regierung – falls tatsächlich Probleme auftreten sollten – unterstützend eingreifen muss. Diese Vermutung wird verstärkt durch die vorteilhaften Kapitalstandards und die Kreditlinien beim US-Treasury, die in Abschnitt 7.1 im Zusammenhang mit der direkten Subventionierung von Fannie Mae und Freddie Mac diskutiert wurden.

---

[355] Dabei handelt es sich um die sogenannten State Investor Laws. Sie gehen zurück auf das 1830 von Richter Samuel Putnum formulierte Prudent Investor Rule: „Those with responsibility to invest money for others should act with prudence, discretion, intelligence, and regard for the safety of capital as well as income". Der *Uniform Prudent Investor Act* von 1994 hat eine bundesweite Vereinheitlichung der Rahmenbedingungen, an die sich professionelle Vermögensverwalter zu halten haben, zum Ziel.

[356] Vgl. 12 U.S.C. 1455, (e), (1).

[357] Congress of the United States Congressional Budget Office, 1996, S. 44.

[358] Vg. Moe, Ronald C./Stanton, Thomas H., 1989, S. 323.

7.3.2 Die Doktrin des „Too Big to Fail“

Das systemische Risiko bezeichnet die Wahrscheinlichkeit des Zusammenbruchs eines ganzen Systems im Gegensatz zum Versagen einer einzelnen Komponente.[359] Bartholomew und Whalen nähern sich diesem Phänomen aus makroökonomischer Sicht und argumentieren: „[Systemic risk] refers to an event having effects on the entire banking, financial, or economic system, rather than just on one or a few institutions“.[360] Beispiele hierfür sind die Ereignisse der Weltwirtschaftskrise in den 20er bzw. 30er Jahren und die Bankenkrise in den 80er Jahren, die beide massive staatliche Eingriffe zur Folge hatten.

Die Bank für Internationalen Zahlungsausgleich definiert systemisches Risiko von der mikroökonomischen Ebene ausgehend als „[...] the risk that the failure of a participant to meet its contractual obligations may in turn cause other participants to default with a chain reaction leading to broader financial difficulties“.[361] Diese Sichtweise impliziert, dass der Auslöser eines systemischen Ereignisses intensiv mit anderen Institutionen verflochten sein muss – zusätzlich muss er aber auch von entsprechender Bedeutung sein, da nur dann sein Ausfall zu schädlichen Ansteckungen im gesamten Finanzsystem führen kann.

Das stabilitätspolitische Interesse, systemischen Ereignissen zuvor kommen zu wollen, birgt allerdings die Gefahr, das System langfristig zu destabilisieren: Die Marktteilnehmer antizipieren mögliche Rettungsaktionen durch staatliche Institutionen und neigen dazu, größere Risiken einzugehen.[362] Das führt zu der Frage, ob bestimmte Marktteilnehmer so bedeutend sein können, dass dieser trade-off in Kauf genommen werden sollte, um eine nachhaltige Schädigung des Gesamtsystems zu verhindern. Konkret lautet die Fragestellung in diesem Zusammenhang: Sind Fannie Mae und Freddie Mac „too big to fail“?

---

[359] Vgl. Kaufman, George G./Scott, Kenneth E., 2002, S. 1.
[360] Bartholomew, Philip/Whalen, Gary, 1995, S. 4.
[361] Bank for International Settlements, 1994, S. 177.
[362] Vgl. Dowd, Kevin, 1999, S. 10.

Im Sinne einer positiven Analyse empfiehlt sich die Betrachtung zweier historischer Ereignisse, die es staatlichen Institutionen opportun erscheinen ließen, unterstützend einzugreifen:

Mitte 1984 ereignete sich der Zusammenbruch der Continental Illinois National Bank. Die zu dieser Zeit achtgrößte Geschäftsbank der USA wies ein Bilanzvolumen von 32 Mrd. US-Dollar[363] auf und hatte Verbindlichkeiten gegenüber nahezu 2.300 anderen amerikanische Banken. Obwohl über 57% dieser Banken durch die Federal Deposit Insurance Company (FDIC) abgesichert waren,[364] entschloss sich das Office of the Comptroller of the Currency (OTC), das wiederum für die FDIC zuständig ist, für alle Verbindlichkeiten der Bank aufzukommen. Der damalige Comptroller of the Currency, Todd Conover, deutete in einer Anhörung vor dem Kongress an, dass die Regierung es nicht zulassen könne, eine der größten Banken des Landes fallen zu lassen.[365] Im September 1998 griff ein Konsortium der wichtigsten Gläubigerbanken unter Führung der Federal Reserve Bank of New York (FRBNY) ein, um Long-Term Capital Management (LTCM) vor dem Kollaps zu bewahren, dessen Eigenkapital innerhalb eines Jahres von 7,3 Mrd. US-Dollar auf 0,6 Mrd. US-Dollar gesunken war. Das Investitionsvolumen des Hedge-Fonds betrug zu diesem Zeitpunkt über 80 Mrd. US-Dollar. Der Chairman der Fed, Alan Greenspan, rechtfertigte das Engagement der FRBNY: „Moreover, our sense was that the consequences of a fire sale triggered by cross-default clauses, should LTCM fail on some of its obligations, risked a severe drying up of market liquidity".[366]

Vor diesem Hintergrund und der bereits aufgezeigten Verflechtung von Fannie Mae und Freddie Mac mit dem Bankensektor sprechen die in der nachfolgenden Tabelle 17 aufgeführten Fakten dafür, dass die Regierung den beiden GSEs im

---

363 Dieser Betrag entspricht 55,6 Mrd. US-Dollar in Preisen von 2002 (CPI, September 2002).

364 Die Forderungen dieser Institute gegenüber Continental Illinois waren geringer als 100.000 US-Dollar und somit zu 100% durch die FDIC garantiert.

365 Vgl. Committee on Banking and Financial Services, House of Representatives, 1984, S. 299 f.

366 Committee on Banking and Financial Services, House of Representatives, 1998, S. 1.

Falle einer Schieflage beistehen wird – sie also tatsächlich „too big to fail“ sind.[367]

Tabelle 17: Ausgewählte Finanzinstitutionen im Vergleich mit Fannie Mae und Freddie Mac: Bilanzsummen und Fremdkapitalquoten

(Stand: 30. September 2002)

	Bilanzsumme (Mrd. US-Dollar)	Fremdkapitalquote [1)] (Prozent)
Fannie Mae [2)]	837,7	98,2
Freddie Mac [3)]	682,0	96,7
FHLBS	761,2	95,3
►Summe der drei GSEs	2.280,9	96,8
JP Morgan Chase & Co.	741,8	94,1
Citigroup	1.031,6	92,2
Bank of America	660,0	92,7
►Summe der drei Banken	2.433,4	92,9
U.S. Savings Institutions	1.339,3	90,7
U.S. Commercial Banks	6.932,6	90,8

[1)] Die Fremdkapitalquote misst das Verhältnis von Fremd- zu Gesamtkapital.

[2)] Zusätzlich 990,4 Mrd. US-Dollar an ausstehenden Fannie Mae MBS als außerbilanzielle Verpflichtungen.

[3)] Zusätzlich 730,2 Mrd. US-Dollar an ausstehenden Freddie Mac MBS als außerbilanzielle Verpflichtungen.

Quelle: Fannie Mae, Freddie Mac, FHLBS (jeweils Quartalsberichte 3-2002); JP Morgan Chase & Co., Citigroup, Bank of America (jeweils Form 10-Q 3-2002); Federal Deposit Insurance Company (FDIC) Statistics on Banking Database; eigene Berechnungen.

Das Federal Home Loan Bank System (FHLBS) als die dritte im Bereich der Wohnungsfinanzierung tätige GSE[368] muss in diesem Kontext mitbetrachtet

[367] Neben der Continental Illinois National Bank und LTCM existieren mit Lockheed, Chrysler und Penn-Central Railroad weitere private Unternehmen, die von der Regierung gerettet wurden, ohne dass bei ihnen eine den GSEs vergleichbare Nähe zur Regierung existiert hätte.

[368] Vgl. zur Abgrenzung von Fannie Mae und Freddie Mac gegenüber dem FHLBS den Absatz 2.2.4.

werden:[369] Die Bilanzsummen dieser drei GSEs addieren sich zu 2,3 Billionen US-Dollar. Hinzu kommen noch die außerbilanziellen Verpflichtungen von Fannie Mae und Freddie Mac, die sich aus der Garantie ihrer im Umfang von 1,7 Billionen US-Dollar ausstehenden MBS ergeben. Zum Vergleich: Die drei größten amerikanischen Geschäftsbanken weisen gemeinsam eine Bilanzsumme von 2,4 Billionen US-Dollar auf. Bei allen Geschäftsbanken (Sparkassen) zusammen sind es 6,9 (1,3) Billionen US-Dollar.

Die ausstehenden Schuldverschreibungen und MBS von Fannie Mae und Freddie Mac addieren sich zu 3,1 Billionen US-Dollar. Werden zusätzlich die ausstehenden Schuldverschreibungen des FHLBS berücksichtigt, so erhöht sich dieser Betrag auf 3,8 Billionen US-Dollar und übersteigt damit den marktfähigen Teil der offiziellen Staatsschuld der USA von 3,1 Billionen US-Dollar um 21,4%.[370]

Die nachfolgende Abbildung 42 zeigt, dass Fannie Mae und Freddie Mac abgesehen vom absoluten Umfang ihrer Engagements auch ihre Risikoposition drastisch erhöht haben. Anfang der 90er Jahre standen Verbriefung und Garantie der MBS im Vordergrund, so dass die Verschuldung im Verhältnis zu den ausste-

---

[369] (1) Sowohl das FHLBS als auch Fannie Mae und Freddie Mac sind ausschließlich in der Finanzierung von Wohnimmobilien tätig. Abgesehen von operationellen Ursachen ist demzufolge die Annahme realistisch, dass die drei GSEs – falls entsprechende adverse makroökonomische Entwicklungen eintreten – gleichzeitig in Schwierigkeiten geraten. (2) Stellt sich tatsächlich nur bei einer GSE eine Schieflage ein, so sind die anderen aufgrund ihrer Gemeinsamkeiten (Status als GSE, Beschränkung ihrer Aktivitäten auf die Finanzierung von Wohnimmobilien) dennoch unmittelbar betroffen. (3) Dies wird umso mehr der Fall sein, wenn die Regierung entsprechende Hilfe nicht anbietet und somit das generelle Vertrauen der Finanzmärkte in den potentiellen staatlichen Rückhalt (die GSEs betreffend) enttäuscht wird.

[370] Dieser marktfähige Teil setzt sich zusammen aus: Treasury-Bills (868 Mrd. US-Dollar), Treasury-Notes (1.522 Mrd. US-Dollar), Treasury-Bonds (593 Mrd. US-Dollar), Inflation-Indexed Notes (94 Mrd. US-Dollar), Inflation-Indexed Bonds (45 Mrd. US-Dollar), Federal Financing Bank (15 Mrd. US-Dollar). Der nicht marktfähige Teil der Staatsschuld der USA umfasst weitere 3,1 Billionen US-Dollar, so dass sich die gesamte offizielle Staatsschuld der USA auf 6,2 Billionen US-Dollar beläuft. Die kumulierte Verschuldung der GSEs beträgt 3,9 Billionen US-Dollar (Sie haben neben ihren marktfähigen Wertpapieren im Umfang von 3,8 Billionen US-Dollar noch 0,1 Billionen US-Dollar an nichtmarktfähigen Schulden.) und entspricht somit 63,1% der gesamten Staatsverschuldung der USA (Stand: 30. September 2002). Quellen: US-Department of the Treasury Bureau of the Public Debt; Fannie Mae, Freddie Mac, FHLBS (jeweils Quartalsberichte 3-2002).

henden MBS relativ gering war. Im Laufe der Zeit gingen die beiden dann sukzessive dazu über, Hypothekarkredite selbst zu halten und somit MBS durch Verschuldung zu substituieren, so dass zusätzlich zum Kreditrisiko auch das Zins- bzw. Prepaymentrisiko übernommen wurde.

Abbildung 42: Verschuldung im Verhältnis zu ausstehenden MBS bei Fannie Mae und Freddie Mac
(1986-2001)

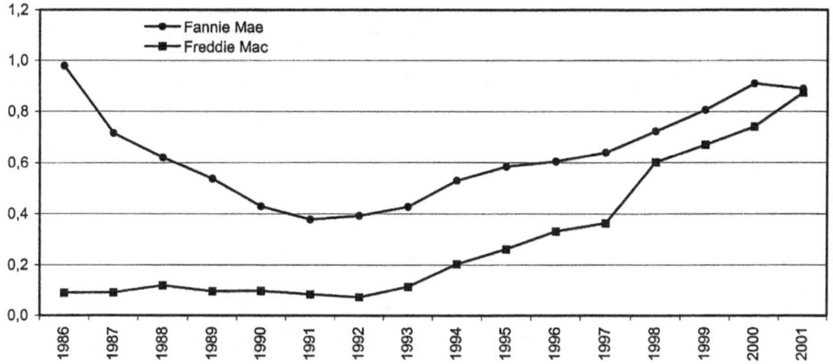

Quelle: Office of Federal Housing Enterprise Oversight; eigene Berechnungen.

7.3.3 Präzedenzfälle wohlwollenden staatlichen Handelns in Bezug auf die Government-Sponsored Enterprises

Die im vorangegangenen Absatz quantifizierte Bedeutung von Fannie Mae und Freddie Mac unterstützt die Vermutung, dass die Regierung einspringen wird, falls einer dieser Giganten in Schwierigkeiten geraten sollte. In der Vergangenheit ereigneten sich zwei – die Government-Sponsored Enterprises betreffenden – Fälle, die diese These unterstreichen:

Das Farm Credit System (FCS), die älteste Government-Sponsored Enterprise, dominierte in den 70er und 80er Jahren den Markt für Hypothekarkredite im landwirtschaftlichen Sektor. Auf dem Höhepunkt seiner Geschäftstätigkeit hatte das FCS 1982 Darlehen im Umfang von 64,5 Mrd. US-Dollar[371] ausstehen. Bereits zwei Jahre zuvor hatte der Kongress im Glauben an steigende Immobilienpreise die Beleihungsgrenze für FCS-Kredite auf 97% erhöht. Der fast zur gleichen Zeit einsetzende dramatische Anstieg des Zinsniveaus ließ diesen Trend allerdings abbrechen – zwischen 1981 und 1986 gaben die Preise für Farmland in den Bundesstaaten Iowa, Nebraska und Minnesota um über 50% nach.[372] Notleidende Kredite und hohe Finanzierungskosten führten dazu, dass das FCS in den Jahren 1985 und 1986 Verluste in Höhe von 4,6 Mrd. US-Dollar hinnehmen musste, was schließlich zu seiner Insolvenz führte. Mit dem *Agricultural Credit Act* von 1987 leitete der Kongress eine Rettungsaktion ein und schuf die FCS Financial Assistance Corporation.[373] Ihre Aufgabe war es, über die Emission explizit staatlich garantierter Schuldverschreibungen Liquidität im Umfang von 4 Mrd. US-Dollar bereitzustellen, um so die Gläubiger zu schützen.[374]

Auch Fannie Mae war von der adversen Zinsentwicklung der Jahre 1979 bis 1981 betroffen. Freddie Mac begann bereits 1971 damit, Hypothekarkredite zu verbriefen und sich so vom Zinsrisiko zu trennen.[375] Fannie Mae war es dagegen bis 1981 nicht erlaubt, MBS zu emittieren. Ihr Geschäftsmodell sah zu dieser Zeit vor, Hypothekarkredite zu kaufen, in der eigenen Bilanz zu halten und sich ähnlich wie die Thrifts kurzfristig zu finanzieren. Im Unterschied zu den Thrifts tat sie das aber nicht über Einlagen, sondern über die Emission von Schuldverschreibungen. Fannie Mae war mit den gleichen Problemen konfrontiert wie die Thrifts, was technisch gesehen zu ihrer Insolvenz führte: Der starke Anstieg der Finanzierungskosten für die langlebigen Hypothekarkredite ließ im Zeitraum

---

[371] In Preisen von 2002 entspricht dieser Betrag 120,7 Mrd. US-Dollar (CPI: 09/2002).

[372] Vgl. Bovard, James, 1989.

[373] Vgl. Stanton, Thomas H., 1991, S. 124.

[374] Die von der FCS Financial Assistance Corporation emittierten staatlich garantierten Schuldverschreibungen hatten eine Laufzeit von 15 Jahren. Das US-Treasury verpflichtete sich darüber hinaus, die Zinszahlungen während der ersten fünf Jahre komplett und danach zur Hälfte zu übernehmen. Insgesamt emittierte die FCS Financial Assistance Corporation Schuldverschreibungen im Umfang von 1,26 Mrd. US-Dollar. Vgl. Leach, James A., 1998.

[375] Entsprechend niedrig war bei Freddie Mac das Verhältnis der Verschuldung zu den ausstehenden MBS. Vgl. in diesem Zusammenhang auch die oben stehende Abbildung 42.

von 1981 bis 1984 operative Verluste in Höhe von 990 Mio. US-Dollar entstehen. Abschreibungen und Wertberichtigungen im Kreditportfolio führten im Zeitraum von 1979 bis 1984 dazu, dass Fannie Mae's Eigenkapital negativ wurde, wobei der Tiefpunkt in 1981 mit -10,8 Mrd. US-Dollar erreicht wurde.[376]

In dieser Zeit stand die Regierung Fannie Mae über Steuerkredite und formal reduzierte regulatorische Kapitalanforderungen bei. Die Kapitalmärkte honorierten die Tatsache, dass ihr Vertrauen auf staatlichen Rückhalt nicht enttäuscht wurde:[377] Obwohl die unmittelbare finanzielle Unterstützung durch die Regierung relativ gering ausfiel, reichte dieses Signal aus, Fannie Mae trotz ihrer massiven Schwierigkeiten vor der Zahlung einer Risikoprämie zu bewahren.[378] Die fragile Mischung aus Erwartungsbildung auf Investorenseite und regulatorischen Eingriffen sowie fiskalischer Unterstützung auf staatlicher Seite sicherten Fannie Mae's Überleben, bis das sinkende Zinsniveau der Folgejahre zu einer Stabilisierung der Situation führen konnte. Eine Krise wurde vermieden, weil die Investoren darauf vertrauten, dass die Regierung im Notfall für Fannie Mae's Verbindlichkeiten aufkommen würde.[379]

7.4 Synthese: Finanzierungsvorteil für Fannie Mae und Freddie Mac

7.4.1 Einordnung von Fannie Mae und Freddie Mac in eine Rating Kategorie

Die von den Marktteilnehmern wahrgenommene implizite Regierungsgarantie für die Verbindlichkeiten und Garantiezusagen von Fannie Mae und Freddie Mac, die aus der Kombination von direkter und indirekter Subventionierung sowie der Doktrin des „Too Big to Fail" resultiert, führt zu dem beabsichtigten Effekt, dass die beiden an den Kapitalmärkten vorteilhaftere Konditionen erhalten

---

[376] Vgl. US-Department of Housing and Urban Development, 1996, S. 56.
[377] Vgl. US-General Accounting Office, 1996, S. 27 und 2000, S. 2 f.
[378] Vgl. Congress of the United States Congressional Budget Office, 1996, S. X.
[379] Vgl. Jaffe, Dwight, 2003, S. 9.

als vollständig private Finanzintermediäre, die über derartige Privilegien nicht verfügen: Ihre Schuldverschreibungen notieren zwar unter denen des Treasury aber über denen von Unternehmen mit AAA Rating. Um quantifizieren zu können, in welchem Ausmaß die amerikanische Regierung über diesen – aus dem „Super AAA Rating" von Fannie Mae und Freddie Mac abgeleiteten – Finanzierungsvorteil den Wohnungsmarkt subventioniert, muss zunächst die Frage beantwortet werden, welchen Finanzierungskonditionen Fannie Mae und Freddie Mac als „vollständig private" Unternehmen gegenüberstünden.

Toevs[380], Fannie Mae[381] und Freddie Mac selbst[382] schlagen vor, den Finanzierungsvorteil von Fannie Mae und Freddie Mac relativ zu den Konditionen von Unternehmen mit AA- Rating aus dem Nicht-Bankensektor zu messen. Als Begründung dient die Tatsache, dass die beiden GSEs in den Jahren 1997 und 2001 von Standard and Poor's (S&P) mit AA- bewertet wurden.[383] Dieses Rating quan-tifiziert die Ausfallwahrscheinlichkeit unter der Annahme, dass die Regierung im Falle einer Schieflage nicht eingreifen wird (stand-alone Basis) und negiert somit das Vorhandensein einer Regierungsgarantie für Schuldverschreibungen und MBS von Fannie Mae und Freddie Mac.[384] Weil S&P die Einschätzung auf Basis des Status Quo durchgeführt hat, bedeutet das allerdings, dass dieses Rating weder von der direkten noch von der indirekten Subventionierung der beiden Unternehmen durch den Staat abstrahiert.[385] Insofern ist es nicht notwendigerweise eines, das den beiden im Falle einer vollständigen Privatisierung zugeordnet werden würde – ceteris paribus stellt es aber eine Obergrenze dar.[386]

---

380 Vgl. Toevs, Alden L., 2001, S. 3.
381 Vgl. Fannie Mae, 2001, S. 7 f.
382 Vgl. Freddie Mac, 2001 S. 10.
383 Vgl. Fannie Mae, 2001a und Freddie Mac, 2001a.
384 Gerade aus diesem Grund wird das Stand-Alone-Rating von Fannie Mae und Freddie Mac auch als Risk-to-the-Government-Rating bezeichnet, da es den Fall des Scheiterns in Abwesenheit staatlicher Unterstützung simuliert und gerade dieses Scheitern wegen ihrer Größe dann doch die Regierung bzw. letztendlich den Steuerzahler trifft.
385 Vgl. Standard and Poor's, 2001.
386 Vgl. Subcommittee on Capital Markets, Insurance and Government-Sponsored Enterprises, House of Representatives, 2001.

Allerdings ist es durchaus denkbar, dass es die beiden Unternehmen für vorteilhaft erachten, Risikostruktur und Kapitalausstattung zu verbessern, um ein vorteilhafteres Rating zu erhalten. Pearce und Miller sprechen sich demnach dafür aus, die „vollständig privatisierten“ Unternehmen mit einem Rating von AA zu bewerten.[387] Das Treasury unterstellt den beiden umgekehrt ein Rating von A und verweist darauf, dass dieses typischerweise auf vergleichbare, in Hypothekarkredite auf Wohnimmobilien investierende, Institutionen angewandt werde.[388]

Eine abschließende Einschätzung dessen, wie sich Fannie Mae und Freddie Mac darstellen würden, wären alle in den vorangegangenen Abschnitten aufgeführten Privilegierungen nicht mehr existent, wie sie darüber hinaus auf diesen Subventionsabbau reagieren würden und welche Ratings ihnen dann zugeordnet werden müssten, ist aufgrund der Komplexität dieser Zusammenhänge nicht möglich. Um den Finanzierungsvorteil der beiden GSEs dennoch ermitteln zu können, wird deshalb für den weiteren Verlauf der Untersuchung unterstellt, dass sie als vollständig private Unternehmen der Ratingkategorie AA zugeordnet werden müssten. Darüber hinaus soll im Sinne einer Sensitivitätsanalyse auch der Spread zu Unternehmen mit AAA bzw. A Rating ermittelt werden.[389]

7.4.2 Quantifizierung des Finanzierungsvorteils

Zur Ermittlung des Finanzierungsvorteils von Fannie Mae und Freddie Mac wird auf die Lehman Brothers Bond-Index Familie zurückgegriffen, die von Thomson Financial zur Verfügung gestellt wurde. Für die zu untersuchende Periode Januar 1990 bis September 2002 ist mit den Abbildungen A1 und A2 im Anhang (III) eine Übersicht über die verwendeten Indizes gegeben. Als Bench-

---

[387] Vgl. Pearce, James E./Miller James C., 2001, S. 18-20.

[388] Vgl. United States Department of the Treasury, 1996, S. 31.

[389] Der Vergleich mit Unternehmen, die über ein AAA Rating verfügen, ist vor dem Hintergrund der AAA Ratings von General Electric Capital und Citigroup angebracht, da deren Töchter General Electric Mortgage Insurance bzw. CitiMortgage direkte Konkurrenten der vollständig privatisierten GSEs wären. Dieser Vergleich impliziert, dass es privaten Institutionen möglich sein könnte, die Geschäftsfelder von Fannie Mae und Freddie Mac mit einem Risikoprofil von AAA abzudecken.

mark für den Lehman Brothers Agency Bond Index (für Fannie Mae und Freddie Mac) werden die Lehman Brothers Corporate Bond Indizes für die Rating-Kategorien A, AA und AAA verwendet. Die Bevorzugung des Nichtbanken-Sektors gegenüber dem Bankensektor ist notwendig, weil die korrespondierenden Lehman Brothers Finance Bond Indizes wegen der Nachrangigkeit von Bankschuldverschreibungen gegenüber der Federal Deposit Insurance Company (FDIC) und dem Federal Home Loan Bank System (FHLBS) zu einer systematischen Überhöhung der ermittelten Spreads führen würden.[390] Da die Fristenstruktur der Verbindlichkeiten von Fannie Mae und Freddie Mac derjenigen der in den Lehman Brothers Corporate Bond Indizes enthaltenen Unternehmen nahezu entspricht, werden aus Gründen der Vereinfachung diejenigen Indizes verwendet, die das gesamte Laufzeitenspektrum abbilden.

Um sich gegen die eingegangenen Prepaymentrisiken abzusichern, emittieren Fannie Mae und Freddie Mac neben klassischen Schuldverschreibungen auch solche, die mit einem Recht auf vorzeitige Kündigung ausgestattet sind. Dabei wird derselbe Finanzierungsvorteil unterstellt, den die beiden auch bei den klassischen Schuldverschreibungen haben. Für diese Vorgehensweise sprechen zwei Gründe:

(1) Vorzeitig kündbare Anleihen dürfen, nach Ablauf einer Initialphase, vom Emittenten vor dem regulären Laufzeitende zu einem fest vereinbarten Preis zurückgekauft werden. Der Emittent hat folglich eine Short Position an einem klassischen Non-Callable Bond und eine Long Call Position auf genau diesen Bond aufgebaut.[391] Marktpreise für diese Art von Schuldverschreibungen setzen sich folglich immer aus dem Wert der entsprechenden unkündbaren Anleihe und

---

390 Die Nachrangigkeit gegenüber FDIC und FHLBS führt dazu, dass Bankschuldverschreibungen bei gleichem Rating des Emittenten tendenziell eine höhere Rendite aufweisen als Schuldverschreibungen des Nichtbanken-Sektors. Vgl. Toevs, Alden L., 2001, S. 4 und Ambrose, Brent W./Warga, Arthur, 1995, S. 180-182.

391 Auf diese Weise ist es dem Emittenten möglich, von einem Absinken des Zinsniveaus zu profitieren: Steigt der Kurs der Anleihe aufgrund sinkender Zinsen über den vereinbarten Ausübungspreis, so beginnt die Call-Option inneren Wert aufzubauen und es lohnt sich, die Anleihe zurückzukaufen. Der Rückkauf kann dann durch die Emission neuer (aber niedriger verzinslicher) Schuldverschreibungen finanziert werden.

dem Wert des zugehörigen Calls zusammen.[392] Da die Bonität des Emittenten den Wert des Calls nicht beeinflusst,[393] ist davon auszugehen, dass Fannie Mae und Freddie Mac im Derivatebereich keine Bevorzugung gegenüber anderen Marktteilnehmern genießen.[394] Ihr Finanzierungsvorteil bei vorzeitig kündbaren Anleihen wird folglich durch denjenigen repräsentiert, der auch für ihre klassischen Schuldverschreibungen relevant ist.

(2) Ein direkter Renditevergleich bei vorzeitig kündbaren Anleihen ist aufgrund der Knappheit privater Emissionen praktisch nicht durchführbar.[395] Darüber hinaus sind die wenigen verfügbaren Vergleichsmöglichkeiten durch einen hohen Grad an Heterogenität gekennzeichnet. Ein solchermaßen ermittelter Renditespread würde den Finanzierungsvorteil von Fannie Mae und Freddie Mac gegenüber privaten Emittenten nur mit extremen Verzerrungen wiedergeben.

Diese beiden Gründe sprechen auch dafür, den MBS, die von Fannie Mae und Freddie Mac emittiert bzw. garantiert werden, den gleichen Umfang an Subventionierung zu unterstellen, der auch den klassischen Schuldverschreibungen zuteil wird. Hintergrund dieser Überlegung ist die Tatsache, dass sowohl die MBS als auch die Schuldverschreibungen von Fannie Mae und Freddie Mac das Kreditrisiko betreffend identisch sind: In beiden Fällen wird es durch die hervorra-

---

392 Die Bewertung von Callable Bonds erfolgt typischerweise auf Basis verschiedener Zinsszenarien unter Berücksichtigung einer möglichen Ausübung der Call-Option durch den Emittenten. Maßgeblich ist das Szenario mit der niedrigsten Rendite. Diese konservative Vorgehensweise ermittelt die sogenannte „Yield-to-Worst".

393 Wertbestimmende Faktoren sind stattdessen: Differenz zwischen Marktpreis des Basiswertes und Ausübungspreis, Länge der Initialphase, Zinsniveau und -struktur sowie (erwartete) Volatilität der Zinssätze.

394 Das Congressional Budget Office sieht einen minimalen Vorteil von Fannie Mae und Freddie Mac an den Derivatemärkten, den es auf die bonitätsbedingt erhöhte Liquidität zurückführt. Daraus folge, dass die beiden für Optionen etwas geringere Preise zahlen müssten als private Unternehmen. Dagegen sieht Toevs Fannie Mae und Freddie Mac gegenüber privaten Emittenten aufgrund ihrer Expertise (die beiden sind die größten Emittenten von Callable Bonds) eher im Nachteil, da ihnen die Investoren ein effizienteres Ausüben der Optionen unterstellen und in Antizipation dieses Verhaltens höhere Optionspreise verlangen würden. Vgl. Congress of the United States Congressional Budget Office, 2001, S. 17 und Toevs, Alden L., 2000, S. 6. Sollten diese schwachen Einwände zutreffen, so ist allerdings davon auszugehen, dass sie sich aufgrund ihrer Gegenläufigkeit gerade kompensieren.

395 Vgl. Pearce, James E./Miller James C., 2001, S. 8.

gende Bonität der beiden GSEs determiniert. Der Unterschied besteht formal grundsätzlich nur darin, dass bei den MBS das Zins- und damit das Prepaymentrisiko von den Kapitalmärkten übernommen wird. Dafür fordern die Investoren gegenüber der Anlage in Schuldverschreibungen der beiden GSEs einen entsprechenden Renditeaufschlag. Für die Periode Januar 1990 bis September 2002 ist dieser Zusammenhang in der nachfolgenden Abbildung 43 dargestellt.

Abbildung 43: Preis, den die Kapitalmärkte für die Übernahme des Zins- bzw. Prepaymentrisikos fordern vs. Zinssatz für festverzinsliche Hypothekarkredite mit 30-jähriger Laufzeit

(Januar 1990 bis September 2002; auf Monatsbasis)

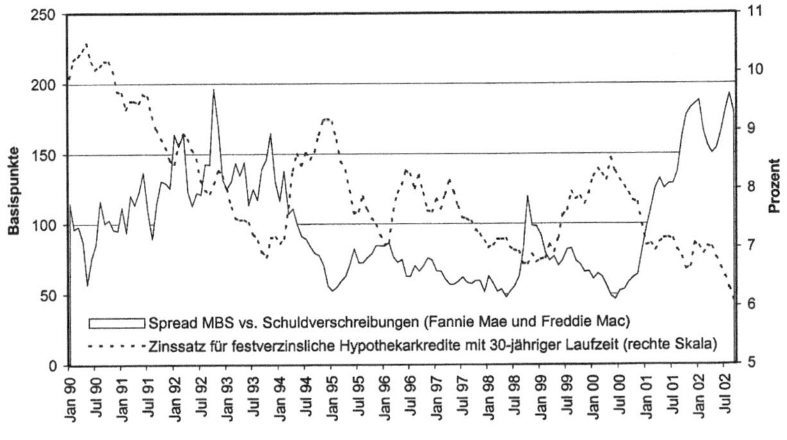

Quelle: Thomson Financial; Freddie Mac Primary Mortgage Market Survey; eigene Berechnungen.

Die Grafik veranschaulicht, dass der erforderliche Renditespread als Differenz zwischen dem Lehman Brothers Agency Bond Index (Fannie Mae und Freddie Mac) und dem Lehman Brothers Agency MBS Index (Fannie Mae und Freddie Mac) sehr sensibel auf das ebenfalls eingetragene Zinsniveau für Hypothekarkredite reagiert: Perioden fallender Zinsen erhöhen die Wahrscheinlichkeit, dass die Hypothekenschuldner von ihrer Prepaymentoption Gebrauch machen. Anlagen in MBS verlieren in solchen Phasen an Attraktivität, so dass sich der Spread gegenüber den Schuldverschreibungen ausweiten muss. Ein direkter Renditevergleich zwischen den MBS der beiden GSEs und denen privater Emittenten wäre aufgrund des relativ umfangreichen Angebots an Private Label MBS grundsätzlich möglich, ist jedoch wegen ihrer unterschiedlichen Ausstattungsmerkmale nicht ratsam.

Aus den genannten Gründen wird die Subventionierung des Wohnungsmarktes via Fannie Mae und Freddie Mac sowohl bei den Schuldverschreibungen (Callable, Non-Callable) als auch bei den MBS im Folgenden über die Spreads zwischen dem Lehman Brothers Agency Bond Index (Fannie Mae und Freddie Mac) und den Lehman Brothers Corporate Bond Indizes für die Rating-Kategorien A, AA und AAA quantifiziert. In der nachfolgenden Abbildung 44 werden diese Indizes einander zunächst nach Rating-Kategorie paarweise für die zu untersuchende Periode gegenübergestellt, um die unterschiedlichen Finanzierungskonditionen im Zeitablauf zu illustrieren. Die resultierenden Finanzierungsspreads sind in der darauf folgenden Abbildung 45 dargestellt.

Es zeigt sich, dass der in Abbildung 45 dargestellte Finanzierungsspread erwartungsgemäß mit abnehmender Rating-Kategorie größer wird. Darüber hinaus ist seit Mitte 1998 zu beobachten, dass sich der Spread gegenüber der Kategorie A überproportional und gegenüber der Kategorie AAA unterproportional erhöht hat. Außerdem ist zu erkennen, dass die Höhe der Spreads gegenüber Fannie Mae und Freddie Mac innerhalb einer gegebenen Ratingkategorie im Zeitablauf starken Schwankungen unterworfen ist.

Die Quantifizierung der Subventionierung muss berücksichtigen, dass der für die neu entstandenen Verbindlichkeiten eines gegebenen Monats eingeloggte Spread einen Finanzierungsvorteil über deren gesamte Lebensdauer darstellt.

Dieser Ansatz erfordert zunächst die Beantwortung folgender Fragen:

- In welchem Umfang entstehen innerhalb eines gegebenen Monats neue, subventionierte Verpflichtungen der beiden GSEs (Schuldverschreibungen und MBS)?
- Wie lange ist die Lebensdauer der neuen Verpflichtungen bzw. wie lange profitieren sie vom Spread dieses betreffenden Monats?

Abbildung 44: Finanzierungskonditionen von Fannie Mae und Freddie Mac gegenüber...

(Januar 1990 bis September 2002; auf Monatsbasis; in Prozent)

a) ...Unternehmen mit einem AAA Rating

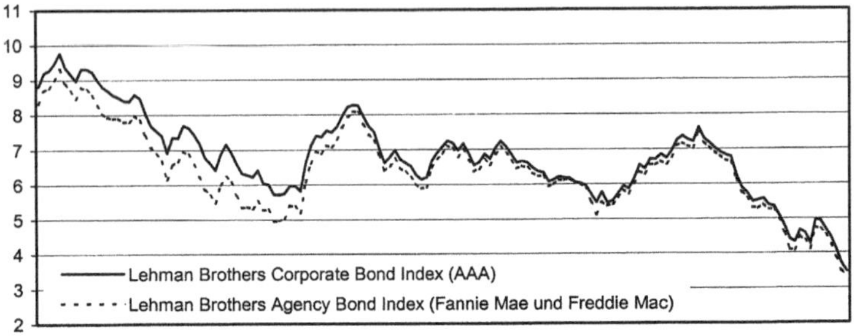

b) ...Unternehmen mit einem AA Rating

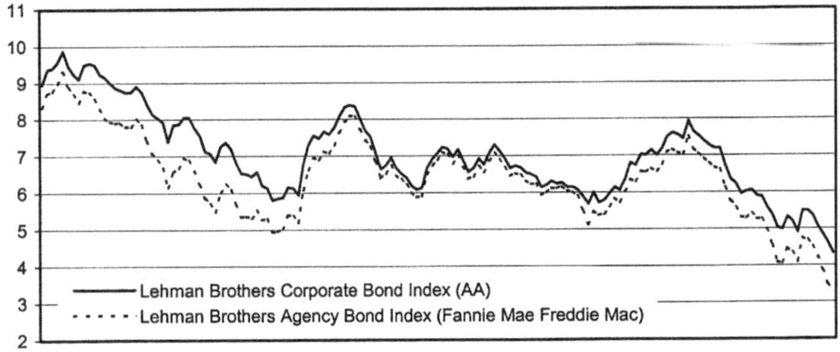

c) ...Unternehmen mit einem A Rating

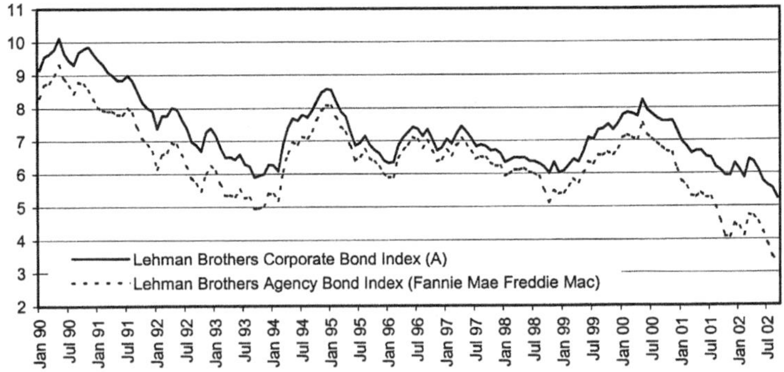

Quelle: Thomson Financial; eigene Darstellung.

Abbildung 45: Finanzierungsspreads zwischen Fannie Mae und Freddie Mac und...

(Januar 1990 bis September 2002; auf Monatsbasis; in Basispunkten)

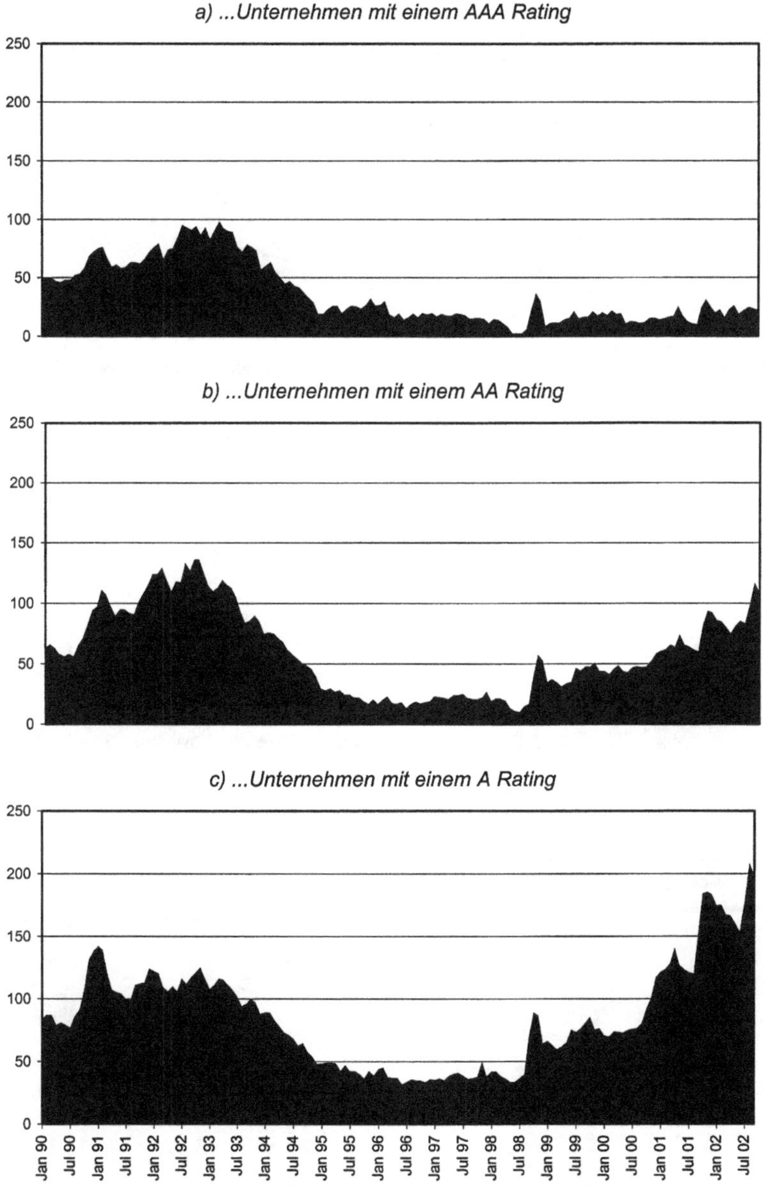

Quelle: Thomson Financial; eigene Berechnungen.

Abbildung 46: Quantifizierung der staatlichen Subventionierung des amerikanischen Wohnungsmarktes aufgrund des Finanzierungsvorteils von Fannie Mae und Freddie Mac gegenüber...

(Januar 1990 bis September 2002; auf Monatsbasis; in Mrd. US-Dollar)

a) ... Unternehmen mit einem AAA Rating

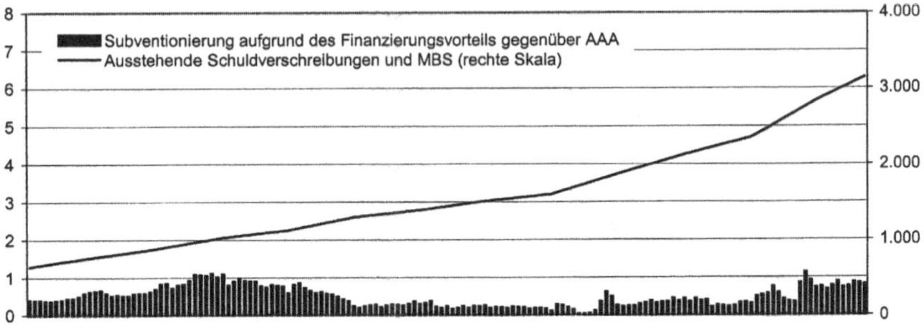

b) ... Unternehmen mit einem AA Rating

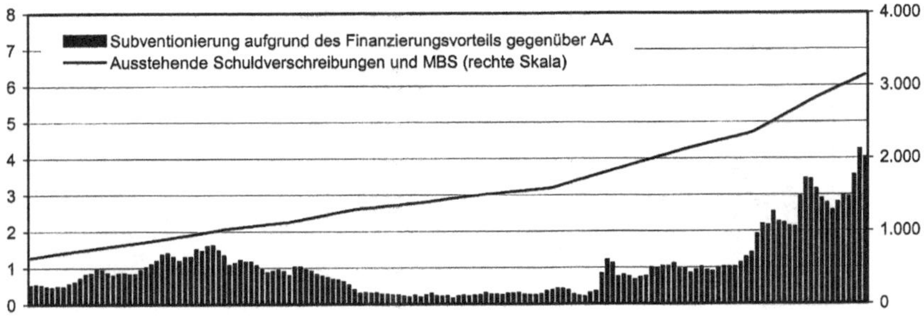

c) ... Unternehmen mit einem A Rating

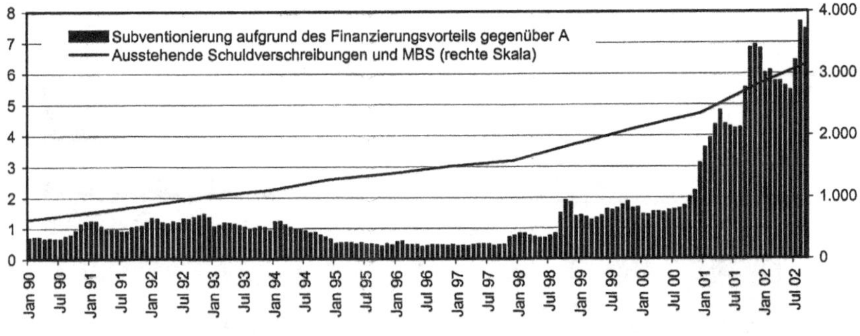

Quelle: Office of Federal Housing Enterprise Oversight; Thomson Financial; eigene Berechnungen.

Innerhalb eines gegebenen Monats setzt sich derjenige Betrag, der zum dann vorherrschenden Spread finanziert wird, aus zwei Komponenten zusammen: Dem Nettozuwachs und dem Umschlag im Bestand der ausstehenden MBS bzw. der Verschuldung von Fannie Mae und Freddie Mac. Der monatliche Nettozuwachs lässt sich aus den Bilanzdaten der beiden Unternehmen, die vom Office of Federal Housing Enterprise Oversight (OFHEO) bereitgestellt wurden, berechnen. Für die Ermittlung des Umschlags im Bestand sind zunächst einige Vorüberlegungen notwendig: Fannie Mae und Freddie Mac finanzieren und verbriefen festverzinsliche Hypothekarkredite, die in der Regel eine Laufzeit von 30 Jahren[396] aufweisen. Weil aber die Schuldner von ihrer Prepaymentoption Gebrauch machen, gilt, dass die mittlere Lebensdauer dieser Darlehen mit sieben Jahren deutlich kürzer ist.[397] Da Fannie Mae und Freddie Mac ihre Verschuldung so zu strukturieren versuchen, dass eine Übereinstimmung mit den (erwarteten) Cash-Flows aus den Hypothekarkreditinvestments vorliegt, muss davon ausgegangen werden, dass die mittlere Lebensdauer ihrer Verbindlichkeiten ebenfalls sieben Jahre beträgt.[398] Bei den von ihnen emittierten und garantierten MBS muss die mittlere Lebensdauer per Definition mit derjenigen der verbrieften Darlehen identisch sein.[399] Eine mittlere Lebensdauer der Schuldver-

[396] Selten auch von 15 Jahren.

[397] Vgl. Absatz 3.5.3 und die Ausführungen zum Prepaymentverhalten von Hypothekarkrediten in Kapitel 5. Die mittlere Lebensdauer variiert im Zeitablauf in Abhängigkeit vom Zinsniveau: Steigende Zinsen bewirken eine Verlängerung der mittleren Lebensdauer, weil die Prepaymentgeschwindigkeit abnimmt. Sinkende Zinsen sorgen dafür, dass die Prepaymentgeschwindigkeit zunimmt, so dass sich die mittlere Lebensdauer der Darlehen verkürzt. Das Federal Housing Finance Board (FHFB) – die Regulierungsbehörde des Federal Home Loan Bank Systems (FHLBS) – geht bei seinen Berechnungen im Zusammenhang mit dem Monthly Interest Rate Survey (MIRS) von einer durchschnittlichen Lebensdauer von zehn Jahren aus; vgl. Federal Housing Finance Board, 2003. KPMG berichtet in einer im Januar 2003 veröffentlichten Studie, dass sich die mittlere Lebensdauer von Hypothekarkrediten in 2002 von sieben auf fünf Jahre verringert habe; zitiert in KPMG, 2003. In der akademischen Literatur wird in der Regel ein Wert von sieben Jahren unterstellt, von dem auch in dieser Arbeit ausgegangen werden soll.

[398] Dieses Bestreben kommunizieren Fannie Mae und Freddie Mac in ihren Jahresberichten: Bis auf wenige Ausnahmen bewegte sich die von ihnen als „Duration Gap" bezeichnete Differenz aus der Duration der gehaltenen Darlehen und der Duration ihrer Verbindlichkeiten während der zu untersuchenden Periode im Intervall von ±5 Monaten.

[399] Da die Zahlungsströme direkt und ohne Modifikation vom Kollateral an die Investoren durchgeleitet werden.

schreibungen und MBS von sieben Jahren impliziert, dass pro Monat 1/84 ihres durchschnittlichen Bestandes ausgetauscht wird.

Somit kann der Betrag der monatlich neu entstehenden subventionierten Verpflichtungen (Nettozuwachs plus Bestandsumschlag) ermittelt werden. In diesem Umfang investieren Fannie Mae und Freddie Mac monatlich in neue Hypothekarkredite bzw. verbriefen neue Hypothekarkredite zu von ihnen garantierten MBS. Da jede Darlehensgeneration eine Laufzeit von 30 Jahren hat, wird prinzipiell 360 Monate vom Spread des ursprünglichen Monats profitiert. Allerdings richtet sich die zukünftige Höhe der Subventionierung einer Darlehensgeneration nach ihrem ausstehenden Volumen, welches kontinuierlich abnimmt.

In einem gegebenen Monat wird demnach ein Subventionsstrom initialisiert, der sich folgendermaßen berechnet:

Ausgangspunkt sind die neu entstehenden Verpflichtungen von Fannie Mae und Freddie Mac (Nettozuwachs plus Bestandsumschlag bei den Schuldverschreibungen und MBS) des betrachteten Monats. Diese profitieren über ihre gesamte Lebensdauer (360 Monate) vom Finanzierungsspread zum Zeitpunkt ihrer Entstehung. Weil davon auszugehen ist, dass Fannie Mae und Freddie Mac die Verschuldung so strukturieren, dass eine Übereinstimmung mit den erwarteten Cash-Flows der korrespondierenden Darlehensgeneration vorliegt,[400] nehmen die Subventionen – als Produkt aus eingeloggtem (und deshalb konstantem) Finanzierungsspread und sinkendem Volumen der zur Finanzierung der korrespondierenden Darlehensgeneration erforderlichen Verpflichtungen – von Monat zu Monat ab. Das Absinken des notwendigen Finanzierungsvolumens wird durch planmäßige Tilgung und Prepaymentverhalten (Prepaymentgeschwindigkeit von 240% PSA) der korrespondierenden Darlehensgeneration determiniert. Dabei impliziert die unterstellte Prepaymentgeschwindigkeit von 240% PSA genau die relevante mittlere Lebensdauer von sieben Jahren.

Der Barwert dieses Subventionsstromes entspricht dann dem Umfang der Subvention, die Fannie Mae und Freddie Mac bzw. dem Wohnungssektor in demje-

[400] Bei den MBS ist dies automatisch der Fall.

nigen Monat zuteil wird, in dem die betreffenden neuen Verpflichtungen zum gegebenen Finanzierungsvorteil entstehen.[401] Die ermittelte Größe erfüllt die oben formulierte Anforderung, dass der Vorteil aus dem eingeloggten Spread über die gesamte Lebensdauer der Verpflichtungen betrachtet werden muss.

Dieser Vorgang wurde für alle Monate der betrachteten Periode Januar 1990 bis September 2002 unter Berücksichtigung der Finanzierungsvorteile gegenüber den oben genannten Rating-Kategorien A, AA und AAA durchgeführt. Die Ergebnisse sind in der oben stehenden Abbildung 46 als „Quantifizierung der staatlichen Subventionierung des amerikanischen Wohnungsmarktes aufgrund des Finanzierungsvorteils von Fannie Mae und Freddie Mac" dargestellt. Es zeigt sich, dass der Umfang der Subventionen sehr sensibel auf die Wahl der Benchmark-Ratingklasse reagiert: Der höchste im Vergleich zur Rating-Kategorie AA ermittelte Subventionsbetrag wurde mit 4,22 Mrd. US-Dollar für den August 2002 errechnet. Dieser Wert vergleicht sich mit 7,65 Mrd. US-Dollar (A) und 0,84 Mrd. US-Dollar (AAA). Der niedrigste im Vergleich zur Rating-Kategorie AA ermittelte Subventionsbetrag fällt mit 0,17 Mrd. US-Dollar in den Juni 1998. Dieser Wert vergleicht sich mit 0,39 Mrd. US-Dollar (A) und 0,16 Mrd. US-Dollar (AAA).

7.4.3 Diskussion der Ergebnisse

Angesichts des Umfangs der Subventionierung über den Finanzierungsvorteil tritt die in 7.4 beschriebene direkte Subventionierung der beiden GSEs über deren Sonderbehandlung im Zusammenhang mit der Körperschaftsteuer und der SEC in den Hintergrund: Die beiden Positionen haben in 2000 zwar einen Umfang von 0,76 Mrd. US-Dollar bzw. 0,15 Mrd. US-Dollar,[402] die Finanzierungs-

---

[401] Als Diskontierungsfaktor werden die durch den Lehman Brothers Agency Bond Index (Fannie Mae und Freddie Mac) repräsentierten Finanzierungskonditionen von Fannie Mae und Freddie Mac des betreffenden Monats gewählt, in dem die jeweils neuen Verpflichtungen entstehen. Dahinter steht die Überlegung, dass das Risiko der Subvention dem Risiko der Schuldverschreibungen und der MBS der beiden GSEs entspricht. Die Wahl eines risikolosen Diskontierungsfaktors würde den Umfang der Subvention vergrößern.

[402] Vgl. die Tabellen 10 und 11.

subventionen (im Vergleich zur Rating-Kategorie AA) addieren sich jedoch für dasselbe Jahr zu 12,29 Mrd. US-Dollar.[403]

Innerhalb der untersuchten Periode können anhand von Abbildung 46 drei verschiedene Phasen identifiziert werden:

(1) Ausgehend von einem moderaten Niveau Anfang 1990 kam es bis Ende 1994 zu einer Erhöhung der Subventionen, wobei der Höhepunkt im Oktober 1992 erreicht wurde. Hintergrund war die rezessionsbedingte Ausweitung der Finanzierungsspreads.

(2) Die konjunkturelle Erholung der folgenden Jahre sorgte dafür, dass die Spreads wieder abnahmen und damit auch die Subventionen zurückgingen (Januar 1994 bis August 1998).

(3) Der Sommer 1998 markierte dann wiederum den Beginn eines starken Anstiegs der Subventionen. Dafür war einerseits die neuerliche Ausweitung der Finanzierungsspreads verantwortlich,[404] andererseits begannen Fannie Mae und Freddie Mac damit, ihre Aktivitäten zu intensivieren. Lag der durchschnittliche monatliche Nettozuwachs der ausstehenden Verpflichtungen (Schuldverschreibungen und MBS) in den ersten beiden Phasen bei 13,68 Mrd. US-Dollar bzw. 10,83 Mrd. US-Dollar, so erhöhte er sich in der dritten Phase auf 27,85 Mrd.

---

[403] Vgl. Abbildung 46. Wird der Finanzierungsvorteil stattdessen gegenüber der Rating-Kategorie A (AAA) gemessen, so addieren sich die Zahlen zu 20,76 (3,78) Mrd. US-Dollar.

[404] Dieser Prozess begann sich nach dem Platzen der Spekulationsblase im Frühjahr 2000 zu beschleunigen: Das sich in der Folge einstellende rezessive Umfeld führte zu teils dramatischen Herabstufungen durch die Rating-Agenturen. An den Kapitalmärkten stieg die Nachfrage nach sicheren Anlageformen und die Spreads zwischen unterschiedlichen Rating-Kategorien begannen sich auszuweiten.
Ebenfalls einen Einfluss auf die Finanzierungsspreads zwischen den beiden GSEs und privaten Unternehmen hatten die Haushaltsüberschüsse der USA Ende der 90er Jahre und der daraus resultierende Nachfrageüberhang nach amerikanischen Staatsanleihen an den internationalen Kapitalmärkten. Die Frankfurter Allgemeine Zeitung überschrieb damals einen Artikel mit den Worten „Fed denkt über eine Welt ohne amerikanische Staatsanleihen nach"; Frankfurter Allgemeine Zeitung, Nr. 58 vom 09. März 2001, S. 27. Risikoaverse Investoren begannen, auf die Wertpapiere der GSEs auszuweichen und sorgten so dafür, dass sich deren Spread gegenüber Treasuries verringerte (vgl. Abbildung A1) – gleichzeitig aber der Spread gegenüber privaten Unternehmen zunahm. Eine ausführliche Diskussion dieser Entwicklungen im Marktsegment der US-Treasuries findet sich bei Schinasi, Gary J. et al., 2001.

US-Dollar. Auch der monatliche Bestandsumschlag hat aufgrund des gestiegenen Volumens an ausstehenden Schuldverschreibungen und MBS drastisch zugenommen. Waren es in den ersten beiden Phasen durchschnittlich 11,32 Mrd. US-Dollar bzw. 17,76 Mrd. US-Dollar, so stieg dieser Betrag in der dritten Phase auf 28,24 Mrd. US-Dollar. Weil die monatlichen Subventionen durch Abzinsung des im betreffenden Monat initialisierten Subventionsstromes ermittelt werden, trug das seit Mitte 2000 rückläufige Zinsniveau ebenfalls zum Subventionsanstieg bei.

Da bei der Berechnung der Finanzierungssubventionen auf Seite der korrespondierenden Hypothekarkredite eine konstante mittlere Lebensdauer von sieben Jahren unterstellt wurde, tendieren die Ergebnisse dazu, den monatlichen Subventionsumfang in Phasen besonders stark sinkender Hypothekenzinsen zu untertreiben. In diesen Phasen neigen mehr Schuldner (als durch die unterstellte Prepaymentgeschwindigkeit von 240% PSA antizipiert) dazu, ihre Darlehen zum niedrigeren Zinsniveau zu refinanzieren. Diese Prepaymentzunahme sorgt aber dafür, dass die mittlere Lebensdauer der Darlehen mit sieben Jahren zu hoch ist und demzufolge der neu zu finanzierende Bestandsumschlag bei den Schuldverschreibungen und MBS von Fannie Mae und Freddie Mac in den betreffenden Monaten größer als angenommen sein müsste, wodurch sich auch die Subventionen erhöhen würden.[405] Dieser Effekt kann durch die Pfadabhängigkeit des Prepaymentverhaltens noch verstärkt werden falls die Hypothekenzinsen wieder ansteigen, so dass die gerade zu günstigen Konditionen refinanzierten Darlehen dann eine längere mittlere Lebensdauer erreichen können als in der Berechnung unterstellt. In Phasen steigender Hypothekenzinsen verlangsamt sich die Prepaymentgeschwindigkeit der Schuldner und die berechneten Ergebnisse tendieren entsprechend dazu, die Subventionen zu übertreiben.

[405] Wenn die mittlere Lebensdauer wegen gesunkener Zinsen tatsächlich geringer als sieben Jahre ist (der Bestandsumschlag folglich größer ist als berechnet) und somit die Subventionen in den betreffenden Monaten tendenziell zu gering ausgewiesen werden, dann muss gleichzeitig auch gelten, dass der Subventionsumfang der Vormonate tendenziell zu hoch ausgewiesen ist, weil die damals finanzierten Darlehen gerade diejenigen sind, die nun wegen des gesunkenen Zinsniveaus refinanziert werden – also vorzeitig getilgt werden.

Da die Höhe der Subventionen ganz erheblich durch die zugehörigen Finanzierungsspreads determiniert wird, ist zu beobachten, dass die monatliche Entwicklung des in Abbildung 46 dargestellten Subventionsumfangs zum Teil starken kurzfristigen Schwankungen unterworfen ist. Es zeigt sich dabei, dass die Sonderstellung von Fannie Mae und Freddie Mac in wirtschaftlichen und politischen Stressphasen, wenn sich die Finanzierungsspreads zum Teil erheblich ausweiten und die internationalen Investoren „sichere Häfen" ansteuern, besonders wertvoll ist.

Eine Chronologie für die zweite Hälfte des Beobachtungszeitraums zeigt sprunghafte Subventionsanstiege

- während der Krise in den asiatischen Tigerstaaten (Ende 1997),
- während des russischen Staatsbankrots und dem Kollaps von LTCM (Ende 1998),
- nach dem Beginn der Zinssenkungsphase durch die Fed und der damit einhergehenden Rezessionsangst (ab Januar 2001),
- unmittelbar nach den Anschlägen auf das World Trade Center (September bis Dezember 2001) und
- bei Aufkommen der sich abzeichnenden Eskalation im Irak (Spätsommer 2002).

Das Congressional Budget Office (CBO) hat in Studien aus den Jahren 1996 und 2001 ebenfalls den Versuch unternommen, die Finanzierungssubventionen von Fannie Mae und Freddie Mac zu quantifizieren.[406] Allerdings weist die vom CBO verwendete Methodik große Defizite auf, die den Aussagegehalt der Ergebnisse stark einschränken:

(1) Der Finanzierungsspread wird in der Studie von 1996 auf die im Jahresdurchschnitt ausstehenden Schuldverschreibungen und MBS der beiden GSEs angewendet. Das CBO bezeichnet diese Methode als „subsidy-flow calculation". Dieses Verfahren hat den Nachteil, dass die Subventionen für heute entstandene

[406] Vgl. Congress of the United States Congressional Budget Office, 1996, S. 14-16 und 2001, S. 15-24.

Verpflichtungen graduell über spätere Jahre mitberücksichtigt werden – allerdings zu den dann vorherrschenden Finanzierungskonditionen. Dies bedeutet, dass in jedem Jahr fälschlicherweise Subventionen für die Mittelaufbringung vergangener Jahre miterfasst werden.

(2) Die Studie von 2001 heilt diesen Fehler, indem zwar (ähnlich wie in der vorliegenden Arbeit) eine „capitalized subsidy" berechnet wird, allerdings findet auch hier wieder eine Durchschnittbetrachtung statt: Der Betrag der neu entstehenden subventionierten Verbindlichkeiten (Nettozuwachs plus Bestandsumschlag) wird nicht auf Monatsbasis sondern im Jahresdurchschnitt als Input für die Berechnung der Subventionierung verwendet. Diese Jahresdurchschnittsbetrachtung bewirkt in beiden Studien, dass Phasen unterschiedlich intensiver Aktivitäten seitens Fannie Mae und Freddie Mac nicht wahrgenommen werden, und ignoriert somit die Anreizwirkung günstiger Finanzierungskonditionen.

(3) Zusätzlich zur Jahresdurchschnittsbetrachtung bei den Beständen (CBO, 1996) bzw. den Nettozuwächsen und Bestandsumschlägen (CBO, 2001) ist als größte Schwäche der beiden Studien zu nennen, dass sie auch bei den Finanzierungsspreads Durchschnittswerte verwenden. Die Studie von 1996 setzt für den Untersuchungszeitraum 1991 bis 1995 bei den Schuldverschreibungen von Fannie Mae und Freddie Mac einen konstanten Finanzierungsvorteil von 70 Basispunkten an. Diesem Wert liegt eine Untersuchung von Ambrose und Warga[407] zugrunde, in der die Finanzierungskonditionen von Fannie Mae mit denen von Banken und Industrieunternehmen (jeweils der Rating-Kategorie AA) für die Jahre 1991 bis 1994 verglichen werden.[408] Bei den MBS wird auf arbiträre Weise während des Untersuchungszeitraums 1991 bis 1995 ein konstanter Finanzierungsvorteil von 40 Basispunkten unterstellt. Dabei wird unter anderem auf eine Arbeit von Passmore und Goodman[409] verwiesen, die zu dem Schluss kommen, dass MBS von Fannie Mae und Freddie Mac 45-60 Basispunkte unter denen

---

[407] Vgl. Ambrose, Brent W./Warga, Arthur, 1995, S. 180 und 182.

[408] Zum Vergleich: Für die Finanzierungsspreads aus Abbildung 46 ergäben sich für die Jahre 1991 bis 1994 folgende Durchschnittswerte: Gegenüber A: 100,2 Basispunkte, gegenüber AA: 95,4 Basispunkte und gegenüber AAA: 68,4 Basispunkte.

[409] Vgl. Passmore, Wayne S./Goodman, John L., 1993, S. 8.

privater Emittenten rentieren. Die Studie von 2001 setzt für den Untersuchungszeitraum 1995 bis 2000 bei den Schuldverschreibungen von Fannie Mae und Freddie Mac einen geringeren aber ebenfalls konstanten Finanzierungsvorteil von 41 Basispunkten an. Diesem Wert liegt eine zweite Untersuchung von Ambrose und Warga[410] zugrunde, welche die Finanzierungskonditionen von Fannie Mae und Freddie Mac mit denen von Banken (der Rating-Kategorie A, AA und AAA) für die Jahre 1995 bis 1999 vergleicht.[411] Bei den MBS wird willkürlich und ohne Angabe von Quellen für den Untersuchungszeitraum 1995 bis 2000 ein konstanter Finanzierungsvorteil von 30 Basispunkten unterstellt.

Abbildung 47: Vergleichende Gegenüberstellung: Quantifizierte staatliche Subventionen aufgrund des Finanzierungsvorteils von Fannie Mae und Freddie Mac gegenüber Unternehmen der Rating-Kategorie AA vs. Ergebnisse der Studien des Congressional Budget Office aus den Jahren 1996 und 2001

(Januar 1990 bis September 2002; auf Monatsbasis; in Mrd. US-Dollar)

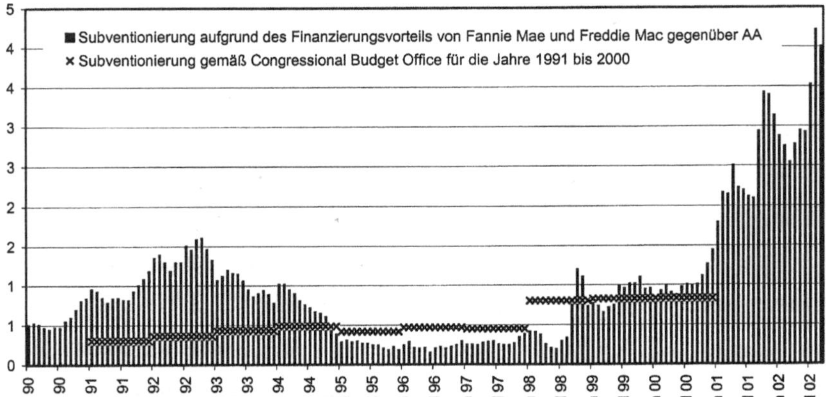

Quelle: Office of Federal Housing Enterprise Oversight; Thomson Financial; Congressional Budget Office; eigene Berechnungen.

---

[410] Vgl. Ambrose, Brent W./Warga, Arthur, 2000, zitiert in: Nothaft, Frank E. et al., 2001, S. 17.

[411] Zum Vergleich: Für die Finanzierungsspreads aus Abbildung 46 ergäben sich für die Jahre 1995 bis 1999 folgende Durchschnittswerte: Gegenüber A: 48,1 Basispunkte, gegenüber AA: 26,2 Basispunkte und gegenüber AAA: 17,8 Basispunkte.

Die auf Monatswerte heruntergebrochenen Jahressubventionsbeträge der beiden CBO-Studien sind in der oben stehenden Abbildung 47 den in Teil b) der Abbildung 46 abgetragenen Subventionen (Fannie Mae und Freddie Mac vs. AA) vergleichend gegenübergestellt: Die Anwendung konstanter Finanzierungsspreads durch das CBO bewirkt, dass aufgrund des kontinuierlich wachsenden Umfangs an ausstehenden Schuldverschreibungen und MBS eine trendmäßige Zunahme der Subventionen ermittelt wird. Außerdem resultiert bei tatsächlich höheren Spreads eine Untertreibung (vgl. 1991 bis 1994) und bei tatsächlich niedrigeren Spreads eine Übertreibung (vgl. 1995 bis 1998). Darüber hinaus ist der CBO-Ansatz aufgrund der Kombination aus Jahresdurchschnittsbetrachtung bei der Entwicklung der Schuldverschreibungen bzw. MBS und konstanten Finanzierungsspreads nicht in der Lage, die kurzfristigen Subventionsschwankungen zu erklären. Gerade diese sind aber wichtig, um dem fragilen, auf Fannie Mae und Freddie Mac basierenden Marktsegment der Conforming Conventional Mortgages, das wiederum das gesamte System der amerikanischen Wohnungsfinanzierung dominiert, die notwendige Stabilität zu verleihen: Die Subventionen bewirken, dass den beiden GSEs gerade in Stressphasen der Zugang zu den Kapitalmärkten nicht verwehrt wird und garantieren somit die jederzeitige Liquidität von Fannie Mae und Freddie Mac. Gerade in den Stressphasen müssen deshalb die Subventionen auch schlagartig zunehmen. Die Millennial Housing Commission bringt diesen Sachverhalt auf die einfache Formel: „The stabilizing force of the housing finance system was apparent in the most recent economic cycle. […] Following the events of September 11, 2001, Fannie Mae and Freddie Mac kept capital flowing even when stock and bond markets shut down.“[412]

[412] Bipartisan Millennial Housing Commission, 2002, S. 13.

7.5 Nutzen für die Nachfrager nach Immobilienfinanzierungen im Marktsegment der Conforming Conventional Mortgages

7.5.1 Vorüberlegungen bezüglich der Marktstruktur

Hinter der Subventionierung von Fannie Mae und Freddie Mac steht die erklärte staatliche Absicht, den Markt für Hypothekarkredite auf Wohnimmobilien zu unterstützen. In welchem Umfang die beiden Intermediäre letztendlich zu einer Reduktion des Hypothekenzinsniveaus beitragen und inwiefern sie einen effizienten Kanal für die Distribution der staatlich intendierten Zinssubvention darstellen, sind Fragen, die aufgrund der Komplexität der zugrundeliegenden Inzidenzproblematik nicht befriedigend beantwortet werden können.[413] Diese Komplexität resultiert per se aus dem Zusammenspiel des mannigfaltigen Instrumenteneinsatzes im Rahmen der amerikanischen Wohnungspolitik. Sie wird verstärkt durch eine Vielzahl an Sekundäreffekten, die in Wechselwirkung mit anderen Sektoren der Volkswirtschaft zu nicht überschaubaren Rückkopplungen führen.[414]

In den beiden folgenden Absätzen werden dennoch zwei qualitative Argumente vorgestellt, die den Schluss zulassen, dass die Aktivitäten von Fannie Mae und Freddie Mac im dominanten Marktsegment der Conforming Conventional Mortgages zu einer Reduktion der Hypothekenzinsen beitragen bzw. eine derartige Reduktion von den Schuldnern wahrgenommen wird. Dieser Reduktion liegt folgender Transmissionsprozess zugrunde: Aufgrund ihrer günstigen Kos-

---

[413] Dennoch haben einige Autoren den Versuch unternommen, den Einfluss von Fannie Mae und Freddie Mac auf das Niveau der Hypothekenzinsen zu quantifizieren. Vgl. hierzu beispielsweise: Hendershott, Patric H./Shilling, J., 1989; Naranjo, Andy/Toevs, Alden, 2002; Passmore, Wayne/Sparks, Roger, 2001; Congress of the United States Congressional Budget Office, 1996 und 2001; Pearce, James E./Miller, James C., 2001; McKenzie, Joseph A., 2002. Diese Arbeiten verfolgen alle den Ansatz, einen durchschnittlichen Spread zwischen Jumbo Mortgages und Non-Jumbo Mortgages zu ermitteln und diesen dem Engagement von Fannie Mae und Freddie Mac zuzuschreiben. Abgesehen von der Vernachlässigung der beschriebenen Komplexität der Inzidenzproblematik weisen diese Arbeiten den Nachteil auf, dass sie aufgrund der Durchschnittsbetrachtung gerade die kurze Frist und damit die intertemporalen Schwankungen beim Zinsvorteil, der den Hypothekarkreditschuldnern zuteil wird, außer Acht lassen.

[414] Vgl. Frame, Scott W./Wall, Larry D., 2002, S. 30.

tenstruktur, die sich aus den direkten Subventionen und den subventionierten Finanzierungskonditionen ableitet, können die beiden GSEs gegenüber dem Primärmarkt tendenziell hohe Preise für Darlehen bieten (als Nachfrager nach Conforming Conventional Mortgages) bzw. für Verbriefungen tendenziell niedrige Preise fordern (als Anbieter von Verbreifungsdienstleistungen bei Conforming Conventional Mortgages im Rahmen ihrer Swap-Programme). Dieser Vorteil wird vom Primärmarkt wiederum an die vom Staat intendierten Subventionsdestinatare weitergeleitet.

Diese Argumentation erfordert zunächst eine Analyse der Marktstruktur: Fannie Mae und Freddie Mac bilden im Markt für Conforming Conventional Mortgages quasi ein Duopol. Unter der Annahme, dass sie sich wie Bertrand-Wettbewerber verhalten, bieten beide zu (identischen) Grenzkosten an. Ihre konkurrenzlose Kostenstruktur stellt dabei eine wirksame Marktzutrittschranke für potentielle private Wettbewerber dar, so dass die beiden auch de facto ein Duopol darstellen. Die Subvention fließt dann in vollem Umfang an den Primärmarkt, bei dem sich aufgrund seiner atomistischen Struktur ebenfalls die Wettbewerbslösung einstellt, so dass sie letztlich in vollem Umfang bei den Schuldnern ankommen kann. Fannie Mae und Freddie Mac wären in diesem Fall tatsächlich ein effizienter Distributionskanal.[415]

Da sich im Sekundärmarktsegment der beiden GSEs aber auch private Unternehmen befinden,[416] muss gelten, dass Fannie Mae und Freddie Mac nicht zu

---

[415] Die Wahl von Fannie Mae und Freddie Mac als vorgelagerte Einsatzstelle für die Distribution einer staatlichen Subvention wäre dann gerechtfertigt: Die Subventionstheorie schlägt grundsätzlich vor, die Einssatzstelle möglichst nahe beim Subventionsdestinatar zu wählen, um zu verhindern dass Teile der Subvention versickern. Wenn aber die Anzahl der Destinatare sehr groß ist, kann es unter dem Aspekt der Kosten der administrativen Abwicklung vorteilhaft sein, eine vorgelagerte Stelle (hier: Fannie Mae und Freddie Mac) zu wählen. Vgl. Andel, Norbert, 1998, S. 277.

[416] Ende 2001 betrug das Volumen der ausstehenden Conforming Conventional Mortgages 4,31 Billionen US-Dollar. Davon wurden 2,59 Billionen US-Dollar (60%) von Fannie Mae und Freddie Mac zu MBS verbrieft oder im eigenen Portfolio gehalten. Das restliche Volumen verteilt sich auf Primärmarktinstitutionen, die einen Teil der von ihnen generierten Darlehen selbst halten (dabei handelt es sich hauptsächlich um Thrifts) oder um private Sekundärmarktinstitutionen, die dann zu Fannie Mae und Freddie Mac in Konkurrenz stehen.

Grenzkosten, sondern darüber anbieten. Daraus lassen sich zwei verschiedene Szenarien ableiten:

Unter der Annahme, dass sich die beiden Duopolisten nicht kooperativ verhalten, finden sich für dieses Phänomen bei Cournot[417] und von Stackelberg[418] die entsprechenden Modellansätze. Allerdings erfüllt das Marktsegment der Conforming Conventional Mortgages, in dem sich Fannie Mae und Freddie Mac bewegen (müssen), in idealer Weise die Voraussetzungen für die Bildung und Aufrechterhaltung eines Kartells, so dass grundsätzlich die Möglichkeit besteht, dass die beiden stillschweigend miteinander kooperieren.[419]

In beiden Fällen gilt dann, dass die staatliche Subvention nicht in vollem Umfang an den Primärmarkt weitergeleitet wird. Die privaten Konkurrenten, denen der Marktzutritt in beiden Szenarien möglich ist, müssen als Preisnehmer agieren:[420] Bieten sie ungünstigere Konditionen als Fannie Mae und Freddie Mac, so wenden sich potentielle Kunden aufgrund der vorherrschenden Markttransparenz sofort den beiden GSEs zu, die umgekehrt jede Preissenkung der Privaten unterbieten und diese so zum Marktaustritt zwingen können.

Zusammenfassend gilt folglich, dass Fannie Mae und Freddie Mac nicht zu Grenzkosten anbieten, mithin ein Teil der Subvention nicht den Hypothekenschuldnern zugute kommt. Falls die beiden GSEs aber einen Einfluss auf das

---

417 Vgl. Cournot, Augustin A., 1838.

418 Vgl. Stackelberg, Heinrich von, 1934.

419 Im Idealfall kann ein Kartell gebildet werden, ohne dass explizite Absprachen zwischen den Unternehmen erforderlich sind (tacit collusion). Die Voraussetzungen hierfür (geringe Anzahl an Unternehmen; Möglichkeit der gegenseitigen Überwachung; homogene Produkte, nahezu identische Produktionstechnologie; Möglichkeit, durch häufige Interaktionen mit Kunden regelmäßig Preissignale auszusenden; etc.) sind für Fannie Mae und Freddie Mac gegeben. Für die Aufrechterhaltung eines Kartells ist es darüber hinaus notwendig, dass für den Fall eines Verstoßes gegen die Kartellvereinbarung (cheating) glaubwürdig mit Bestrafung gedroht werden kann. Auch diese Voraussetzung (schnelle Reaktionsmöglichkeit des Bestrafenden durch Absenken der Preise auf Grenzkostenniveau, so dass der Kartellbetrüger keine excess-profits mehr erzielen kann) ist gegeben. Vgl. auch Passmore, Wayne S./Goodman, John L. 1993, S. 9-15 und Hermalin, Benjamin/ Jaffee, Dwight M., 1996, S. 227 und 241-253.

420 Die Standardlehrbücher der Industrieökonomik behandeln diese beiden Optimierungsprobleme unter den Stichworten „dominant firm with competitive fringe“ und „imperfect cartel“. Vgl. exemplarisch: Carlton, Dennis W./Perloff, Jeffrey M., 2000, S. 115-118 und S. 145-149.

Zinsniveau der Conforming Conventional Mortgages haben, dann nicht nur bei denen, die von ihnen gekauft oder durch sie verbrieft werden, sondern auf das ganze Marktsegment der Conforming Conventional Mortgages, da sie gegenüber den privaten Konkurrenten die Preisführerschaft innehaben.

7.5.2 Clusterbildung am Conforming Loan Limit

Fannie Mae Charter Act und *Freddie Mac Act* verbieten es den beiden GSEs, Darlehen zu kaufen oder zu verbriefen, die das Conforming Loan Limit überschreiten. Das bedeutet, dass ihre Aktivitäten im Marktsegment der Conforming Conventional Mortgages das Marktsegment der Jumbo Mortgages nicht direkt beeinflussen können. Diese künstliche Marktteilung[421] liefert Erkenntnisse über den Einfluss der beiden GSEs auf das Marktsegment der Conforming Conventional Mortgages.

Die MIRS-Datenbank[422] des Federal Housing Finance Board (FHFB) ermöglicht es, Datensätze individueller Hypothekarkredite zu analysieren. Hierzu meldet ein Panel aus 151 Primärmarktinstitutionen alle relevanten Daten[423] der in den ersten fünf Geschäftstagen eines Monats vergebenen Darlehen, die

- zur Finanzierung von Einfamilienhäusern verwendet werden,
- eine vollständige Tilgung vorsehen,
- nicht durch landwirtschaftliche Objekte besichert sind und
- nicht durch FHA, VA oder RHS versichert sind.

Die MIRS-Datenbank isoliert demzufolge Conventional Mortgages von Government Insured Mortgages, weil letztere erst gar nicht berücksichtigt werden.[424] Die Conventional Mortgages können anhand des Darlehenvolumens

---

[421] Vgl. auch Abbildung 7.

[422] Monthly Interest Rate Survey (MIRS).

[423] Jeder Datensatz enthält unter anderem folgende Abgaben: Art, Laufzeit, Zweck, Höhe und Zinssatz des Darlehens; Art, Bundesstaat, Postleitzahl und Kaufpreis der damit finanzierten Wohnimmobilie; LTV; kreditgebende Institution; Vergabedatum.

[424] Ende 2001 betrug das Volumen der ausstehenden Government Insured Mortgages 0,69 Billionen US-Dollar, das der Conventional Mortgages 5,06 Billionen US-Dollar.

wiederum in Jumbo Mortgages und Non-Jumbo Mortgages (respektive Conforming Conventional Mortgages, dem Marktsegment von Fannie Mae und Freddie Mac) unterteilt werden.[425] Dadurch wird es möglich, Conforming Conventional Mortgages und Jumbo Mortgages in der Umgebung des Conforming Loan Limit isoliert zu betrachten, so dass auf den Einfluss von Fannie Mae und Freddie Mac im Marktsegment der Conforming Conventional Mortgages geschlossen werden kann. Zu diesem Zweck stellt die nachfolgende Abbildung 48 die Häufigkeitsverteilung verschiedener Darlehensgrößenklassen unter Verwendung der MIRS-Daten des Jahres 2001[426] für den Bundesstaat Kalifornien[427] dar. Die Daten wurden vom Federal Housing Finance Board (FHFB) zur Verfügung gestellt.

Abbildung 48 offenbart das Phänomen, dass unmittelbar unterhalb des Conforming Loan Limits eine Clusterbildung zu beobachten ist, unmittelbar darüber jedoch nur sehr wenige Jumbo Mortgages vergeben wurden. Diese Anomalie ist – wie Abbildung A3 im Anhang (IV) für die Jahre 1990 bis 2002 chronologisch verdeutlicht – eindeutig durch das Conforming Loan Limit determiniert. Immobilienkäufer lassen sich folglich bei der Planung ihrer Finanzierung von der Höhe des Conforming Loan Limits beeinflussen: Schuldner, die andernfalls höhere Darlehen in Anspruch genommen hätten, reduzieren das tatsächliche Volumen

---

[425] In diesem Zusammenhang wird vernachlässigt, dass der von MIRS erfasste Teil, bei dem es sich nicht um Jumbo Mortgages handelt auch Subprime Mortgages enthalten kann. Strenggenommen dürfen folglich die Non-Jumbo Mortgages nicht gleichgesetzt werden mit den Conforming Conventional Mortgages. Da aber der Anteil der Subprime Mortgages am Volumen der Non-Jumbo Mortgages kleiner als 5% ist und Subprime Mortgages in der Regel geringe Darlehensbeträge aufweisen, für einen Vergleich zwischen Jumbo und Conforming Conventional Mortgages aber die größeren – im Bereich des Conforming Loan Limit – liegenden Darlehen von Interesse sind, bei denen es sich fast ausschließlich um Conforming Conventional Mortgages handelt, ist es für die weitere Betrachtung gerechtfertigt, die Non-Jumbo Mortgages mit den Conforming Conventional Mortgages gleichzusetzen.

[426] Im Anhang (IV) befindet sich mit Abbildung A3 eine chronologische Darstellung dieses Sachverhalts für die Jahre 1990 bis 2002.

[427] Die Fokussierung auf Kalifornien trägt einerseits der Tatsache Rechnung, dass dieser Bundesstaat den mit Abstand größten Hypothekarkreditmarkt der USA repräsentiert (21,2% aller gemeldeten Darlehen des Jahres 2001 entfielen auf Kalifornien) und dass dort andererseits das Marktsegment der Jumbo Mortgages traditionell stark ausgeprägt ist (10,7% aller kalifornischen Darlehen des Jahres 2001 waren Jumbo Mortgages).

auf ein niedrigeres Niveau,[428] so dass ihr Darlehen gerade noch den Status einer Conforming Conventional Mortgage aufweist und somit von den beiden GSEs gekauft oder verbrieft werden darf.

Abbildung 48: Clusterbildung am Conforming Loan Limit[1)]
(2001)

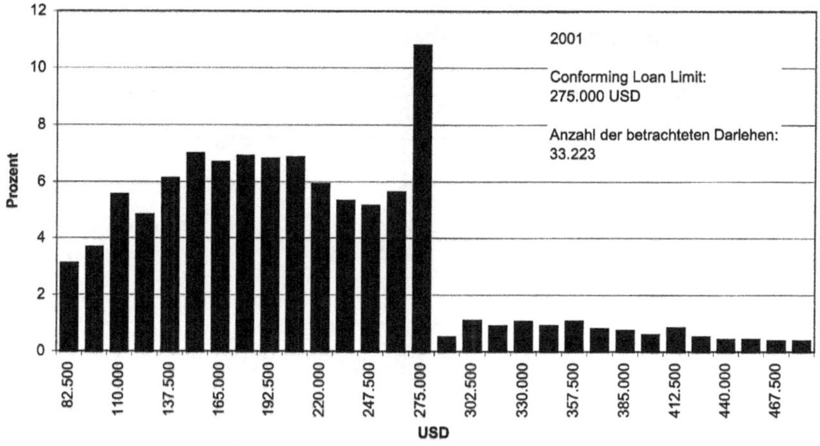

[1)] Den Berechnungen liegen individuelle Datensätze von neu vergebenen Hypothekarkrediten aus der MIRS-Datenbank des Federal Housing Finance Boards zugrunde. Auswahlkriterien waren: Die Darlehen mussten eine Laufzeit von 30 Jahren sowie eine feste Verzinsung aufweisen. Die finanzierten Wohnimmobilien sollten sich in Kalifornien befinden. Die abgetragenen Säulen stellen die prozentuale Verteilung der Hypothekarkredite für bestimmte Darlehensgrößenklassen dar. Weil das Conforming Loan Limit fast jedes Jahr nach oben angepasst wurde, ist die Intervallbreite der Darlehensgrößenklassen nicht absolut fixiert, sondern relativ zum Conforming Loan Limit in Schritten von 5% abgetragen. Das erste Intervall beginnt bei 25% des zugehörigen Conforming Loan Limit. Das letzte Intervall endet bei 175% des Conforming Loan Limit. Für die Abbildung bedeutet das: Die Säule mit der Beschriftung 275.000 US-Dollar (Conforming Loan Limit des Jahres 2001) repräsentiert dasjenige Intervall, dessen Darlehen einen Umfang von maximal 275.000 US-Dollar hatten (100% des Conforming Loan Limit), aber größer waren als die Obergrenze der nächstniedrigeren Größenklasse 261.250 US-Dollar (95% des Conforming Loan Limit). Um die Notation zu vereinfachen, wurden immer nur die Obergrenzen der betreffenden Intervalle abgetragen.

Quelle: Federal Housing Finance Board: Monthly Interest Rate Survey (MIRS-Database); eigene Berechnungen.

[428] Hierzu haben die Schuldner drei Möglichkeiten: (1.) Erhöhung des Eigenkapitals, (2.) Finanzierung des Differenzbetrags über eine teurere, nachrangige Zweithypothek und (3.) Kauf eines entsprechend günstigeren Hauses.

7.5.3 Verhalten der Hypothekenzinsen am Conforming Loan Limit

Um zu überprüfen, ob hinter dem Verhalten der Schuldner, das zu der aufgezeigten Clusterbildung führt, tatsächlich der Anreiz günstiger Finanzierungskonditionen steht, wurde für jede Darlehensgrößenklasse der oben stehenden Abbildung 48 der durchschnittliche Zinssatz ermittelt. Die Ergebnisse sind in der nachfolgenden Abbildung 49 abgetragen.[429]

Abbildung 49: Verhalten der Hypothekenzinsen am Conforming Loan Limit[1)]
(2001)

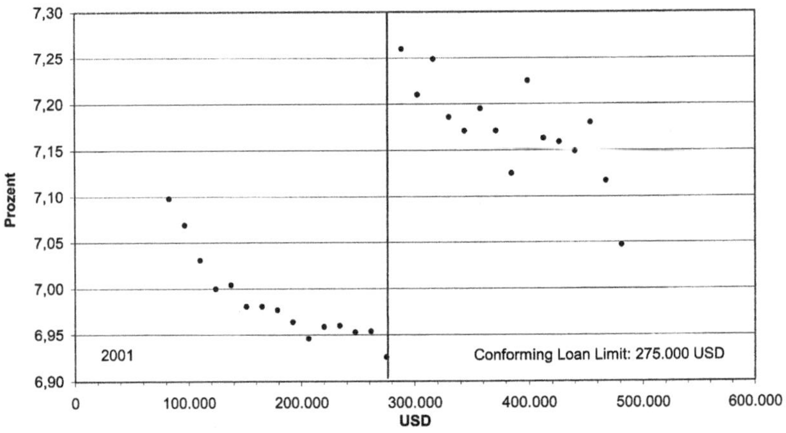

[1)] Den Berechnungen liegen individuelle Datensätze von neu vergebenen Hypothekarkrediten aus der MIRS-Datenbank des Federal Housing Finance Boards zugrunde. Auswahlkriterien waren: Die Darlehen mussten eine Laufzeit von 30 Jahren sowie eine feste Verzinsung aufweisen. Die finanzierten Wohnimmobilien sollten sich in Kalifornien befinden. Die abgetragenen Punkte stellen Durchschnittszinssätze (Contract Rates) der Hypothekarkredite für bestimmte Darlehensgrößenklassen dar. Weil das Conforming Loan Limit fast jedes Jahr nach oben angepasst wurde, ist die Intervallbreite der Darlehensgrößenklassen nicht absolut fixiert, sondern relativ zum Conforming Loan Limit in Schritten von 5% abgetragen. Das jeweils erste Intervall eines betrachteten Jahres beginnt bei 25% des zugehörigen Conforming Loan Limit. Das jeweils letzte Intervall endet bei 175% des Conforming Loan Limit. Für das Jahr 2001 bedeutet dies: Der Punkt, der gerade von der senkrechten Linie, die das zugehörige Conforming Loan Limit repräsentiert, geschnitten wird, ist der durchschnittliche Darlehenszins der Darlehen, die maximal 275.000 US-Dollar betrugen (100% des Conforming Loan Limit), aber größer waren als die Obergrenze der nächstniedrigeren Größenklasse 261.250 US-Dollar (95% des Conforming Loan Limit).

Quelle: Federal Housing Finance Board: Monthly Interest Rate Survey (MIRS-Database); eigene Berechnungen.

[429] Im Anhang (IV) befindet sich mit Abbildung A4 wiederum eine chronologische Darstellung dieses Sachverhalts für die Jahre 1990 bis 2002.

Das Diagramm zeigt, dass die Zinsen mit zunehmendem Darlehensvolumen kontinuierlich sinken, bis das Conforming Loan Limit erreicht wird.[430] Bei der unmittelbar auf das Conforming Loan Limit folgenden Darlehensgrößenklasse schnellt das Zinsniveau dann stark nach oben, um anschließend, ausgehend von diesem neuen Niveau, wieder abzunehmen.

Diese Sprungstelle wandert – wie Abbildung A4 im Anhang (IV) wiederum für die Jahre 1990 bis 2002 verdeutlicht – mit dem im Zeitablauf stetig nach oben angepassten Conforming Loan Limit mit.[431] Dadurch wird bestätigt, dass die Clusterbildung unterhalb des Conforming Loan Limits auf unterschiedliche Zinsniveaus unter- und oberhalb der künstlichen – zwischen Conforming Conventional Mortgages und Jumbo Mortgages differenzierenden – Trennlinie zurückzuführen ist, so dass den subventionierten Aktivitäten von Fannie Mae und Freddie Mac tatsächlich ein zinssenkender Einfluss auf das gesamte Marktsegment der Conforming Conventional Mortgages attestiert werden kann.

---

430 Dieser inverse Zusammenhang zwischen Darlehensvolumen und zugehörigem Zinssatz ist konsistent mit der Tatsache, dass Vergabe (origination) und fortlaufende Betreuung (servicing) eines Darlehens, sowie eine eventuell erforderliche Verwertung der zur Besicherung eingesetzten Immobilie mit hohen Fixkosten verbunden sind, so dass zunehmende Darlehensvolumina mit sinkenden Durchschnittskosten einhergehen. Diese Fixkostendegression wiegt schwerer als der mit steigendem Darlehensvolumen verbundene Wertzuwachs der Prepaymentoption. Bei sehr großen Jumbo Mortgages gilt diese Argumentation allerdings nicht mehr pauschal, da diese häufig mit sehr exklusiven und teuren Immobilien besichert sind, die aufgrund ihres engen Marktes wiederum ein höheres Kreditrisiko darstellen. Außerdem reagieren diese Darlehen extrem sensitiv auf Zinsänderungen, was eine höhere Optionsprämie erforderlich werden lässt. Diese Darlehen werden in Abbildung 49 allerdings nicht mehr berücksichtigt, da das letzte Jumbo Mortgage Intervall bei 175% des Conforming Loan Limit – und damit „schon" bei 481.250 US-Dollar – endet.

431 Lediglich die Jahre 1992 und 1994 weichen von diesem Muster ab. Hintergrund dieser Abweichung ist der dramatische Rückgang der Immobilienpreise an der Westküste in den Jahren 1990 bis 1994 (Vgl. Abbildung 18), der dazu geführt hat, dass die tendenziell mit höherem Eigenkapitalanteil und besser verdienenden Schuldnern einhergehenden Jumbo Mortgages, geringere Risikoaufschläge erforderten als die Conforming Conventional Mortgages.

8. Fazit und Ausblick

Fannie Mae und Freddie Mac sind Teil einer Wohnungspolitik, deren Ziel es ist, für möglichst viele Bürger den Traum der eigenen vier Wänden – den *American dream* – Realität werden zu lassen. Die vorliegende Arbeit hat Fannie Mae und Freddie Mac im Kontext der US-amerikanischen Wohnungspolitik in das System der amerikanischen Immobilienfinanzierung eingeordnet und dabei aufgezeigt, dass diese beiden Finanzintermediäre eine zentrale Position darin einnehmen: Zum Stichtag 30. September 2002 addierten sich die ausstehenden Schuldverschreibungen und MBS von Fannie Mae und Freddie Mac, die das Resultat ihres Engagements im Marktsegment der Conforming Conventional Mortgages darstellen, auf 3,1 Billionen US-Dollar. Es wurde nachgewiesen, dass den Aktivitäten der beiden GSEs eine implizite Garantie der Regierung zugrunde liegt, die über den Transmissionsprozess eines dadurch bedingten Finanzierungsvorteils zu einer von den Hypothekarkreditschuldnern tatsächlich wahrgenommenen Subventionierung des Marktsegments der Conforming Conventional Mortgages führt.

Grundsätzlich ist allerdings zu klären, ob Fannie Mae und Freddie Mac tatsächlich eine effiziente Einssatzstelle für die Distribution einer staatlichen Zinssubvention darstellen und damit rechtfertigen, dass die Regierung zusätzlich zur offiziellen Staatschuld der USA in Höhe von 6,2 Billionen US-Dollar auch noch implizit den Kredit- und Zinsrisiken der beiden GSEs ausgesetzt ist: Die Tatsache, dass Fannie Mae und Freddie Mac nicht zu Grenzkosten anbieten, spricht dafür, dass ein Teil der Subventionen nicht bei den intendierten Empfängern ankommt, sie mithin ihre Marktmacht einsetzen, um *excess profits* zu generieren. Tatsächlich erzielten Fannie Mae und Freddie Mac in 2000 ein Return-on-Equity (ROE) von 25,6% bzw. 22,8%[432] und übertrafen damit deutlich die durch die Federal Deposit Insurance Corporation (FDIC) versicherten Geschäftsban-

[432] Fannie Mae spricht im Jahresabschluss für das Jahr 2000 von „[...] 14 years of steady earnings growth [...]“ und es ist zu erfahren, dass das ROE für die Jahre 1998, 1999 und 2000 stets über 25% lag. Vgl. Fannie Mae, 2001, S. 4 und 21. Freddie Mac berichtet in seinem Jahresabschluss für das Jahr 2000, dass das ROE nun schon im 19. Jahr in Folge über der Marke von 20% gelegen habe. Vgl. Freddie Mac, 2001, S. 2.

ken, deren durchschnittliches ROE bei 14% lag.[433] Fannie Mae und Freddie Mac dagegen werden nicht müde, ihre hervorragende Performance einzig auf die Qualität des Managements zurückzuführen. Allerdings stellt sich dann die Frage, warum beide in immensem Umfang *rent-seeking* betreiben.[434]

Vor diesem Hintergrund hat sich in der jüngeren Vergangenheit eine Debatte zwischen den beiden GSEs und einer besorgten akademischen Öffentlichkeit entwickelt, die auf das kontinuierliche Ansteigen der impliziten Risiken für die amerikanische Regierung und damit letztendlich für den Steuerzahler verweist und Fannie Mae und Freddie Mac als tickende Zeitbomben betrachtet, die es zu entschärfen gelte. Der Regierung stünden hierfür folgende Optionen zur Verfügung, deren Auswirkungen auf das Zinsniveau und die Risikoallokation in Kombination mit der Frage, in welchem Umfang grundsätzlich Kapital in den Wohnungsmarkt alloziert werden sollte, Raum für weitere Forschungstätigkeit entstehen lässt:

(1) Die Regierung ersetzt die implizite Garantie für die beiden GSEs durch eine explizite Garantie und erhöht gleichzeitig den Wettbewerb, indem weitere, ebenfalls explizit garantierte Sekundärmarktinstitutionen zugelassen werden. In diesem Szenario könnten die Zinsen für Conforming Conventional Mortgages weiter reduziert werden. Aufgrund der expliziten Garantien wären der GSE-Status und die darüber hinaus gehende Privilegierung von Fannie Mae und Freddie Mac überflüssig.

---

433 Vgl. Frame, Scott W./Wall, Larry D., 2002, S., 32.

434 Das Wall Street Journal berichtet in seiner Ausgabe vom 20. Februar 2002, dass Fannie Mae und Freddie Mac während des Präsidentschaftswahlkampfs 1999 bis 2000 die beiden Parteien mit 4 Mio. US-Dollar unterstützten.
Die Fannie Mae Foundation hat von Fannie Mae Ende 2001 eine Zuwendung in Höhe von 300 Millionen US-Dollar erhalten. Ihre Aufgabe ist „[...] to create affordable homeownership and housing opportunities through *innovative partnerships and initiatives* that build healthy, vibrant communities across the United States", vgl. Fannie Mae, 2002, S. 26 [Hervorhebung nicht im Original].
Anmerkung: Die von Geschäftsbanken finanzierte Organisation FM-Watch hat es sich zur Aufgabe gemacht, die Aktivitäten von Fannie Mae und Freddie Mac mit wachsamem Auge zu beobachten. Der geneigte Leser sei deshalb auf die Website von FM-Watch (URL:http://www.fanniemaewatch.org/) als Ausgangspunkt für weitere Recherchen verwiesen.

(2) Soll der Status Quo auf der Sekundärmarktseite beibehalten werden, so könnten Fannie Mae und Freddie Mac über eine Verschärfung der Housing Goals dazu gezwungen werden, einen größeren Teil der Subvention an die intendierten Empfänger weiterzuleiten. Um die Risiken für die Steuerzahler gleichzeitig zu reduzieren, kann diese Strategie begleitet werden von einer Kombination aus:

- Verschärfung der Kapitalanforderungen,
- Reduktion des Conforming Loan Limits,
- Beschränkung der Verbriefungsaktivitäten bzw. Deckelung der kapitalmarktfinanzierten Retained Portfolios und der
- Verschärfung der Aufsicht.

(3) Eine „vollständige" Privatisierung von Fannie Mae und Freddie Mac hätte zur Folge, dass den beiden Finanzintermediären GSE-Status und Privilegien entzogen werden müssten. Eine abrupte und sofortige Umsetzung dieser Strategie könnte allerdings zu unerwünschten Friktionen führen, so dass ein allmählicher Transformationsprozess wünschenswerter erscheint. Allerdings steht dann zu befürchten, dass die Aktionäre und das Management sich gegen eine solche Privatisierung wenden werden. In 1997 wurde ein Transformationsprozess eingeleitet, an dessen Ende in 2008 die Privatisierung der Student Loan Marketing Association (Sallie Mae) stehen soll.[435] Im Vergleich zu ihren beiden großen Geschwistern stellt die Privatisierung dieser kleinen GSE einen Versuchsballon dar, aus dem unter Umständen Lehren für eine Privatisierung von Fannie Mae und Freddie Mac gezogen werden können.

---

[435] Vgl. hierzu ausführlicher Corder, Kevin/Hoffman, Susan, 2001.

Anhang (I)

Mathematische Herleitung der Single Monthly Mortality Rate (SMM) und der Constant Prepayment Rate (CPR)

Für einen gegebenen Hypothekarkreditpool gelten die folgenden Bezeichnungen:

B_t = Ausstehender Darlehensbetrag je Dollar der ursprünglichen Darlehen am Ende des Monats t, unter der Annahme, dass neben der planmäßigen Tilgung keine Prepayments stattgefunden haben;

F_t = Tatsächlich ausstehender Darlehensbetrag je Dollar der ursprünglichen Darlehen am Ende des Monats t;

$Q_t = F_t/B_t$ = Anteil des Pools, der am Ende des Monats t noch nicht durch Prepayments getilgt worden ist. Während F_t sowohl geplante Tilgung als auch Prepayments berücksichtigt, ist Q_t so normiert, dass Veränderungen in Q_t nur Prepayments berücksichtigen.

Dann ist

$$SMM_t = \frac{Q_{t-1} - Q_t}{Q_{t-1}} = 1 - \frac{Q_t}{Q_{t-1}} \qquad \text{(A1)}$$

derjenige Teil des Pools, der im Laufe des Monats t durch Prepayments getilgt wird.

Der Überlebensfaktor Q_n und die monatlichen Prepaymentraten $SMM_1, \ldots,$ SMM_n sind durch folgende Beziehung miteinander verknüpft:

$$Q_n = (1 - SMM_1)(1 - SMM_2)\ldots(1 - SMM_n). \qquad \text{(A2)}$$

Die CPR ist die annualisierte Prepaymentrate. Dabei wird unterstellt, dass eine konstante SMM ($SMM_1 = \ldots = SMM_n = SMM$) vorliegt. Zwischen SMM und CPR gilt dann folgender Zusammenhang:

$$CPR = 1 - Q_{12} = 1 - (1 - SMM)^{12}. \qquad \text{(A3)}$$

Anhang (II)

Konstruktion des Cash-Flows eines Passthroughs unter Verwendung des Standards der Public Securities Association (PSA)

Aus Gründen der Vereinfachung wird angenommen, dass dem Passthrough ein Pool gerade erst generierter Hypothekarkredite zugrunde liegt, die identische Laufzeiten und Verzinsungen aufweisen. Demzufolge können die verbrieften Kredite wie ein einziges großes Darlehen behandelt werden.

Ausgangspunkt ist die Berechnung der monatlichen Annuität, die sich aus Zinszahlungen und planmäßigen Tilgungsleistungen zusammensetzt:

$$A_t = V_{t-1}\left[\frac{i(1+i)^{n-t+1}}{(1+i)^{n-t+1}-1}\right]. \qquad \text{(A4)}$$

A_t = Erwartete Annuität für Monat t;

V_{t-1} = Erwarteter ausstehender Darlehensbetrag am Ende von Monat t-1 unter Berücksichtigung der Tatsache, dass in der Vergangenheit Prepayments stattgefunden haben. Dieser Betrag ist gleichzeitig der erwartete ausstehende Darlehensbetrag am Anfang des Monats t;

n = Laufzeit der Darlehen;

i = Verzinsung der Darlehen (Jahreszinssatz/12).

Im nächsten Schritt muss die Annuität des Monats t in Zins- und Tilgungsanteil aufgespalten werden. Der Zinsanteil für den Monat t ergibt sich wie folgt:

$$I_t = iV_{t-1}. \qquad \text{(A5)}$$

I_t = Erwarteter Zins in Monat t.

Der planmäßige Tilgungsanteil ist dann die Differenz aus A4 und A5:

$$T_t = A_t - I_t. \qquad \text{(A6)}$$

T_t = Erwartete planmäßige Tilgung in Monat t.

I_t ist nicht gleichbedeutend mit der Zinszahlung, die der Investor erhält, da zunächst einmal Gebühren für den Servicer abgezogen werden.[436] Diese Gebühren richten sich nach dem ausstehenden Darlehensbetrag:

$$S_t = sV_{t-1}. \tag{A7}$$

S_t = Erwartete Gebühr für das Servicing in Monat t;
s = Gebührensatz für das Servicing in Basispunkten.

Der dem Investor zufließende Zins ist dann die Differenz aus A5 und A7:

$$NI_t = I_t - S_t = iV_{t-1} - sV_{t-1} = (i-s)V_{t-1}. \tag{A8}$$

NI_t = Erwarteter Nettozins in Monat t.

Die Prepayments für den Monat t ergeben sich aus:

$$P_t = SMM_t(V_{t-1} - T_t). \tag{A9}$$

P_t = Erwartete Prepayments in Monat t;
SMM_t = Single Monthly Mortality Rate in Monat t gemäß PSA Schema.

Der Cash-Flow (CF_t) des Passthrough kann nun ermittelt werden. Er setzt sich zusammen aus:

- Dem erwarteten Nettozins (NI_t) → Investor;
- Der erwarteten planmäßigen Tilgung (T_t) → Investor;
- Den erwarteten Prepayments (P_t) → Investor;
- Der erwarteten Gebühr für das Servicing (S_t) → Servicer;

und entspricht per Definition genau dem Cash-Flow des zugrunde liegenden Hypothekarkreditpools.

Formal gilt für den Cash-Flow des Passthroughs:

---

[436] Aus didaktischen Gründen wird an dieser Stelle auf die Berücksichtigung von Prämien, die von den Agencies für die Übernahme der Kreditrisiken verlangt werden, verzichtet. Sie gehen aber auf die gleiche Weise in die Berechnung ein, wie dies auch bei den Gebühren für das Servicing der Fall ist.

$$CF_t = NI_t + T_t + P_t + S_t. \quad \text{(A10)}$$

CF_t = Erwarteter gesamter Cash-Flow des Passthrough in Monat t.

Davon erhält der Investor:

$$CFI_t = CF_t - S_t = NI_t + T_t + P_t. \quad \text{(A11)}$$

CFI_t = Erwarteter Cash-Flow für den Investor aus dem Passthrough in Monat t.

Die nachfolgenden Tabellen A1 bis A4 beinhalten die Passthrough Cash-Flows, die den unterschiedlichen Szenarien der Abbildung 31 in Abschnitt 5.2.3 zugrunde liegen. Dabei haben die Spaltenüberschriften (1) bis (12) folgende Bedeutung:

(1) t = Laufvariable für die Monate 1 bis 360;

(2) V_{t-1} = Erwarteter ausstehender Darlehensbetrag am Ende von Monat t-1;

(3) A_t = Erwartete Annuität für Monat t;

(4) I_t = Erwarteter Zins aus den Hypothekarkrediten in Monat t;

(5) S_t = Erwartete Gebühr für das Servicing in Monat t;

(6) NI_t = Erwarteter Nettozins für den Investor in Monat t;

(7) T_t = Erwartete planmäßige Tilgung in Monat t;

(8) SMM_t = Single Monthly Mortality Rate in Monat t gemäß PSA Schema;

(9) P_t = Erwartete Prepayments in Monat t;

(10) T_t+P_t = Erwartete gesamte Tilgung in Monat t;

(11) CFI_t = Erwarteter Cash-Flow für den Investor aus dem Passthrough in Monat t;

(12) V_t = Erwarteter ausstehender Darlehensbetrag am Ende von Monat t.

Tabelle A1: Erwartete Passthrough Cash-Flow bei 0% PSA

Anfangsvolumen des Passthroughs:	1.000.000 US
Verzinsung der Hypothekarkredite:	9,5%
Gebührensatz für das Servicing:	50 bp
Coupon des Passthrough:	9,0%
Laufzeit:	360 Monate
Prepaymentgeschwindigkeit:	0% PSA

t (1)	V_{t-1} (2)	A_t (3)	I_t (4)	S_t (5)	NI_t (6)	T_t (7)	SMM_t (8)	P_t (9)	T_t+P_t (10)	CFI_t (11)	V_t (12)
1	1.000.000	8.409	7.917	417	7.500	492	0	0	492	7.992	999.508
2	999.508	8.409	7.913	416	7.496	496	0	0	496	7.992	999.012
3	999.012	8.409	7.909	416	7.493	500	0	0	500	7.992	998.513
4	998.513	8.409	7.905	416	7.489	504	0	0	504	7.992	998.009
5	998.009	8.409	7.901	416	7.485	508	0	0	508	7.993	997.501
6	997.501	8.409	7.897	416	7.481	512	0	0	512	7.993	996.990
7	996.990	8.409	7.893	415	7.477	516	0	0	516	7.993	996.474
8	996.474	8.409	7.889	415	7.474	520	0	0	520	7.993	995.954
9	995.954	8.409	7.885	415	7.470	524	0	0	524	7.994	995.430
10	995.430	8.409	7.880	415	7.466	528	0	0	528	7.994	994.902
11	994.902	8.409	7.876	415	7.462	532	0	0	532	7.994	994.370
12	994.370	8.409	7.872	414	7.458	536	0	0	536	7.994	993.834
13	993.834	8.409	7.868	414	7.454	541	0	0	541	7.994	993.293
14	993.293	8.409	7.864	414	7.450	545	0	0	545	7.995	992.748
15	992.748	8.409	7.859	414	7.446	549	0	0	549	7.995	992.199
16	992.199	8.409	7.855	413	7.441	554	0	0	554	7.995	991.645
17	991.645	8.409	7.851	413	7.437	558	0	0	558	7.995	991.087
18	991.087	8.409	7.846	413	7.433	562	0	0	562	7.996	990.525
19	990.525	8.409	7.842	413	7.429	567	0	0	567	7.996	989.958
20	989.958	8.409	7.837	412	7.425	571	0	0	571	7.996	989.386
...	...	...	...	...	...	...	...	...	...	...	...
31	983.418	8.409	7.785	410	7.376	623	0	0	623	7.999	982.795
32	982.795	8.409	7.780	409	7.371	628	0	0	628	7.999	982.166
33	982.166	8.409	7.775	409	7.366	633	0	0	633	7.999	981.533
34	981.533	8.409	7.770	409	7.362	638	0	0	638	8.000	980.895
35	980.895	8.409	7.765	409	7.357	643	0	0	643	8.000	980.252
...	...	...	...	...	...	...	...	...	...	...	...
98	928.625	8.409	7.352	387	6.965	1.057	0	0	1.057	8.022	927.568
99	927.568	8.409	7.343	386	6.957	1.065	0	0	1.065	8.022	926.503
100	926.503	8.409	7.335	386	6.949	1.074	0	0	1.074	8.022	925.429
...	...	...	...	...	...	...	...	...	...	...	...
209	741.774	8.409	5.872	309	5.563	2.536	0	0	2.536	8.099	739.238
210	739.238	8.409	5.852	308	5.544	2.556	0	0	2.556	8.101	736.682
211	736.682	8.409	5.832	307	5.525	2.576	0	0	2.576	8.102	734.105
...	...	...	...	...	...	...	...	...	...	...	...
358	24.831	8.409	197	10	186	8.212	0	0	8.212	8.398	16.619
359	16.619	8.409	132	7	125	8.277	0	0	8.277	8.402	8.342
360	8.342	8.409	66	3	63	8.342	0	0	8.342	8.405	0

Quelle: Eigene Berechnungen.

Tabelle A2: Erwarteter Passthrough Cash-Flow bei 50% PSA

Anfangsvolumen des Passthroughs:	1.000.000 US
Verzinsung der Hypothekarkredite:	9,5%
Gebührensatz für das Servicing:	50 bp
Coupon des Passthrough:	9,0%
Laufzeit:	360 Monate
Prepaymentgeschwindigkeit:	50% PSA

t (1)	V_{t-1} (2)	A_t (3)	I_t (4)	S_t (5)	NI_t (6)	T_t (7)	SMM_t (8)	P_t (9)	T_t+P_t (10)	CFI_t (11)	V_t (12)
1	1.000.000	8.409	7.917	417	7.500	492	0,000083	83	575	8.075	999.425
2	999.425	8.408	7.912	416	7.496	496	0,000167	167	662	8.158	998.762
3	998.762	8.406	7.907	416	7.491	500	0,000250	250	749	8.240	998.013
4	998.013	8.404	7.901	416	7.485	503	0,000334	333	837	8.322	997.176
5	997.176	8.402	7.894	415	7.479	507	0,000418	416	923	8.402	996.253
6	996.253	8.398	7.887	415	7.472	511	0,000501	499	1.010	8.482	995.243
7	995.243	8.394	7.879	415	7.464	515	0,000585	582	1.097	8.561	994.146
8	994.146	8.389	7.870	414	7.456	519	0,000669	665	1.183	8.640	992.962
9	992.962	8.383	7.861	414	7.447	522	0,000753	747	1.270	8.717	991.693
10	991.693	8.377	7.851	413	7.438	526	0,000837	830	1.356	8.794	990.337
11	990.337	8.370	7.840	413	7.428	530	0,000921	912	1.442	8.869	988.895
12	988.895	8.362	7.829	412	7.417	533	0,001006	994	1.527	8.944	987.368
13	987.368	8.354	7.817	411	7.405	537	0,001090	1.075	1.613	9.018	985.755
14	985.755	8.345	7.804	411	7.393	541	0,001174	1.157	1.698	9.091	984.057
15	984.057	8.335	7.790	410	7.380	544	0,001259	1.238	1.782	9.163	982.275
16	982.275	8.324	7.776	409	7.367	548	0,001343	1.319	1.867	9.234	980.408
17	980.408	8.313	7.762	409	7.353	552	0,001428	1.399	1.951	9.304	978.457
18	978.457	8.301	7.746	408	7.338	555	0,001513	1.479	2.034	9.373	976.423
19	976.423	8.289	7.730	407	7.323	559	0,001597	1.559	2.118	9.441	974.305
20	974.305	8.276	7.713	406	7.307	562	0,001682	1.638	2.200	9.508	972.105
...	...	...	...	...	...	...	...	...	...	...	...
31	945.661	8.086	7.486	394	7.092	599	0,002535	2.396	2.995	10.087	942.666
32	942.666	8.065	7.463	393	7.070	602	0,002535	2.388	2.991	10.061	939.675
33	939.675	8.045	7.439	392	7.048	606	0,002535	2.381	2.986	10.034	936.689
34	936.689	8.024	7.415	390	7.025	609	0,002535	2.373	2.982	10.007	933.707
35	933.707	8.004	7.392	389	7.003	612	0,002535	2.365	2.978	9.980	930.729
...	...	...	...	...	...	...	...	...	...	...	...
98	753.321	6.821	5.964	314	5.650	857	0,002535	1.908	2.765	8.415	750.556
99	750.556	6.804	5.942	313	5.629	862	0,002535	1.901	2.763	8.392	747.794
100	747.794	6.787	5.920	312	5.608	867	0,002535	1.893	2.760	8.369	745.033
...	...	...	...	...	...	...	...	...	...	...	...
209	453.994	5.146	3.594	189	3.405	1.552	0,002535	1.147	2.699	6.104	451.294
210	451.294	5.133	3.573	188	3.385	1.561	0,002535	1.140	2.701	6.085	448.594
211	448.594	5.120	3.551	187	3.364	1.569	0,002535	1.133	2.702	6.067	445.892
...	...	...	...	...	...	...	...	...	...	...	...
358	10.412	3.526	82	4	78	3.443	0,002535	18	3.461	3.539	6.951
359	6.951	3.517	55	3	52	3.462	0,002535	9	3.471	3.523	3.480
360	3.480	3.508	28	1	26	3.480	0,002535	0	3.480	3.506	0

Quelle: Eigene Berechnungen.

Tabelle A3: Erwarteter Passthrough Cash-Flow bei 100% PSA

Anfangsvolumen des Passthroughs:	1.000.000 US
Verzinsung der Hypothekarkredite:	9,5%
Gebührensatz für das Servicing:	50 bp
Coupon des Passthrough:	9,0%
Laufzeit:	360 Monate
Prepaymentgeschwindigkeit:	100% PSA

t	V_{t-1}	A_t	I_t	S_t	NI_t	T_t	SMM_t	P_t	T_t+P_t	CFI_t	V_t
(1)	(2)	(3)	(4)	(5)	(6)	(7)	(8)	(9)	(10)	(11)	(12)
1	1.000.000	8.409	7.917	417	7.500	492	0,000167	167	659	8.159	999.341
2	999.341	8.407	7.911	416	7.495	496	0,000334	334	829	8.324	998.512
3	998.512	8.404	7.905	416	7.489	499	0,000501	500	1.000	8.489	997.512
4	997.512	8.400	7.897	416	7.481	503	0,000669	667	1.170	8.652	996.342
5	996.342	8.394	7.888	415	7.473	507	0,000837	834	1.340	8.813	995.002
6	995.002	8.387	7.877	415	7.463	510	0,001006	1.000	1.510	8.973	993.491
7	993.491	8.379	7.865	414	7.451	514	0,001174	1.166	1.680	9.131	991.811
8	991.811	8.369	7.852	413	7.439	517	0,001343	1.332	1.849	9.287	989.962
9	989.962	8.358	7.837	412	7.425	521	0,001513	1.497	2.017	9.442	987.945
10	987.945	8.345	7.821	412	7.410	524	0,001682	1.661	2.185	9.595	985.760
11	985.760	8.331	7.804	411	7.393	527	0,001852	1.825	2.352	9.745	983.408
12	983.408	8.316	7.785	410	7.376	531	0,002022	1.988	2.518	9.894	980.890
13	980.890	8.299	7.765	409	7.357	534	0,002193	2.150	2.683	10.040	978.206
14	978.206	8.281	7.744	408	7.337	537	0,002364	2.311	2.848	10.184	975.359
15	975.359	8.261	7.722	406	7.315	540	0,002535	2.471	3.011	10.326	972.348
16	972.348	8.240	7.698	405	7.293	543	0,002707	2.630	3.173	10.465	969.175
17	969.175	8.218	7.673	404	7.269	545	0,002878	2.788	3.334	10.602	965.841
18	965.841	8.194	7.646	402	7.244	548	0,003051	2.945	3.493	10.737	962.348
19	962.348	8.169	7.619	401	7.218	551	0,003223	3.100	3.651	10.868	958.698
20	958.698	8.143	7.590	399	7.190	553	0,003396	3.254	3.807	10.997	954.890
...	...	...	...	...	...	...	...	...	...	...	...
31	908.603	7.769	7.193	379	6.815	576	0,005143	4.670	5.246	12.060	903.357
32	903.357	7.729	7.152	376	6.775	577	0,005143	4.643	5.220	11.996	898.137
33	898.137	7.689	7.110	374	6.736	579	0,005143	4.616	5.195	11.931	892.942
34	892.942	7.650	7.069	372	6.697	580	0,005143	4.589	5.170	11.867	887.772
35	887.772	7.610	7.028	370	6.658	582	0,005143	4.563	5.145	11.803	882.627
...	...	...	...	...	...	...	...	...	...	...	...
98	607.352	5.499	4.808	253	4.555	691	0,005143	3.120	3.811	8.366	603.541
99	603.541	5.471	4.778	251	4.527	693	0,005143	3.100	3.794	8.320	599.747
100	599.747	5.443	4.748	250	4.498	695	0,005143	3.081	3.776	8.274	595.971
...	...	...	...	...	...	...	...	...	...	...	...
209	273.719	3.103	2.167	114	2.053	936	0,005143	1.403	2.339	4.392	271.380
210	271.380	3.087	2.148	113	2.035	938	0,005143	1.391	2.329	4.365	269.050
211	269.050	3.071	2.130	112	2.018	941	0,005143	1.379	2.320	4.338	266.731
...	...	...	...	...	...	...	...	...	...	...	...
358	4.250	1.439	34	2	32	1.405	0,005143	15	1.420	1.452	2.830
359	2.830	1.432	22	1	21	1.409	0,005143	7	1.417	1.438	1.413
360	1.413	1.424	11	1	11	1.413	0,005143	0	1.413	1.424	0

Quelle: Eigene Berechnungen.

Tabelle A4: Erwarteter Passthrough Cash-Flow bei 200% PSA

Anfangsvolumen des Passthroughs:	1.000.000 US
Verzinsung der Hypothekarkredite:	9,5%
Gebührensatz für das Servicing:	50 bp
Coupon des Passthrough:	9,0%
Laufzeit:	360 Monate
Prepaymentgeschwindigkeit:	200% PSA

t (1)	V_{t-1} (2)	A_t (3)	I_t (4)	S_t (5)	NI_t (6)	T_t (7)	SMM_t (8)	P_t (9)	T_t+P_t (10)	CFI_t (11)	V_t (12)
1	1.000.000	8.409	7.917	417	7.500	492	0,000334	334	826	8.326	999.174
2	999.174	8.406	7.910	416	7.494	496	0,000669	668	1.164	8.658	998.010
3	998.010	8.400	7.901	416	7.485	499	0,001006	1.003	1.502	8.987	996.508
4	996.508	8.392	7.889	415	7.474	503	0,001343	1.338	1.840	9.314	994.668
5	994.668	8.380	7.874	414	7.460	506	0,001682	1.672	2.178	9.638	992.490
6	992.490	8.366	7.857	414	7.444	509	0,002022	2.006	2.515	9.959	989.974
7	989.974	8.349	7.837	412	7.425	512	0,002364	2.339	2.851	10.276	987.123
8	987.123	8.330	7.815	411	7.403	515	0,002707	2.670	3.185	10.589	983.938
9	983.938	8.307	7.790	410	7.380	518	0,003051	3.000	3.518	10.897	980.420
10	980.420	8.282	7.762	409	7.353	520	0,003396	3.328	3.848	11.201	976.572
11	976.572	8.254	7.731	407	7.324	522	0,003743	3.653	4.176	11.500	972.397
12	972.397	8.223	7.698	405	7.293	525	0,004091	3.976	4.500	11.793	967.897
13	967.897	8.189	7.663	403	7.259	527	0,004440	4.295	4.822	12.081	963.075
14	963.075	8.153	7.624	401	7.223	528	0,004791	4.611	5.140	12.363	957.935
15	957.935	8.114	7.584	399	7.185	530	0,005143	4.924	5.454	12.638	952.481
16	952.481	8.072	7.540	397	7.144	531	0,005496	5.232	5.764	12.907	946.717
17	946.717	8.028	7.495	394	7.100	533	0,005851	5.536	6.069	13.170	940.648
18	940.648	7.981	7.447	392	7.055	534	0,006208	5.836	6.370	13.425	934.278
19	934.278	7.931	7.396	389	7.007	535	0,006565	6.130	6.665	13.672	927.613
20	927.613	7.879	7.344	387	6.957	535	0,006924	6.419	6.955	13.912	920.658
...	...	...	...	...	...	...	...	...	...	...	...
31	836.575	7.153	6.623	349	6.274	530	0,010596	8.859	9.389	15.663	827.185
32	827.185	7.077	6.549	345	6.204	529	0,010596	8.759	9.288	15.492	817.897
33	817.897	7.002	6.475	341	6.134	527	0,010596	8.661	9.188	15.322	808.709
34	808.709	6.928	6.402	337	6.065	526	0,010596	8.564	9.089	15.155	799.620
35	799.620	6.855	6.330	333	5.997	524	0,010596	8.467	8.992	14.989	790.628
...	...	...	...	...	...	...	...	...	...	...	...
98	386.933	3.504	3.063	161	2.902	440	0,010596	4.095	4.536	7.438	382.397
99	382.397	3.466	3.027	159	2.868	439	0,010596	4.047	4.486	7.354	377.910
100	377.910	3.430	2.992	157	2.834	438	0,010596	4.000	4.438	7.272	373.473
...	...	...	...	...	...	...	...	...	...	...	...
209	94.740	1.074	750	39	711	324	0,010596	1.000	1.324	2.035	93.415
210	93.415	1.063	740	39	701	323	0,010596	986	1.309	2.010	92.106
211	92.106	1.051	729	38	691	322	0,010596	973	1.295	1.985	90.811
...	...	...	...	...	...	...	...	...	...	...	...
358	649	220	5	0	5	214	0,010596	5	219	224	429
359	429	217	3	0	3	214	0,010596	2	216	219	213
360	213	215	2	0	2	213	0,010596	0	213	215	0

Quelle: Eigene Berechnungen.

Anhang (III)

Subventionierung des amerikanischen Wohnungsmarktes über den Refinanzierungsvorteil von Fannie Mae und Freddie Mac

Abbildung A1: Übersicht 1

(Januar 1990 bis September 2002; in Prozent)

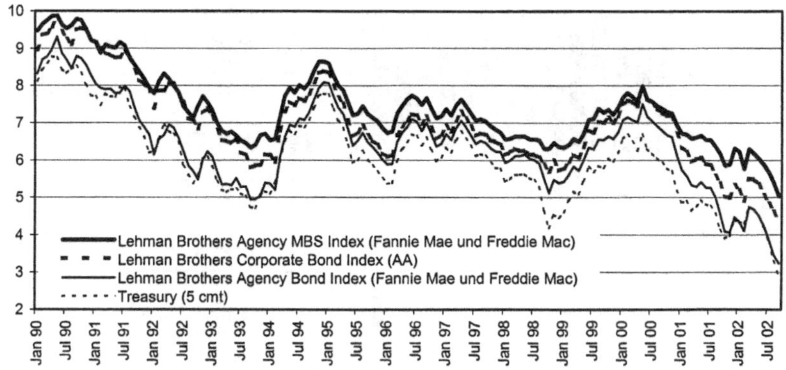

Quelle: Federal Reserve Statistical Release H.15; Thomson Financial; eigene Darstellung.

Abbildung A2: Übersicht 2

(Januar 1990 bis September 2002; in Prozent)

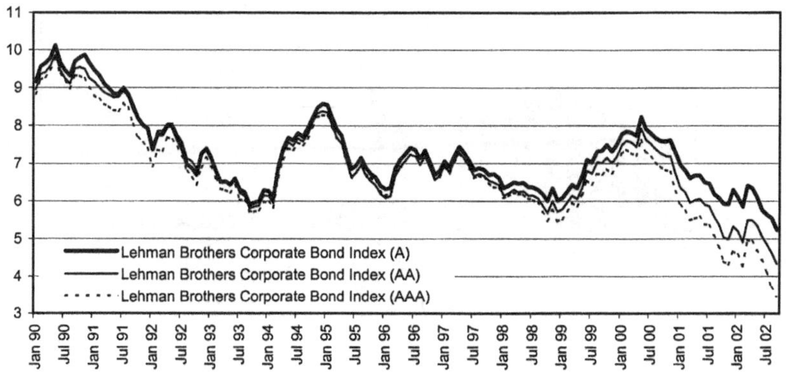

Quelle: Thomson Financial; eigene Darstellung.

Anhang (IV)

Benefits für die Schuldner

Abbildung A3: Clusterbildung am Conforming Loan Limit[1)]
(1990-2002)[2)]

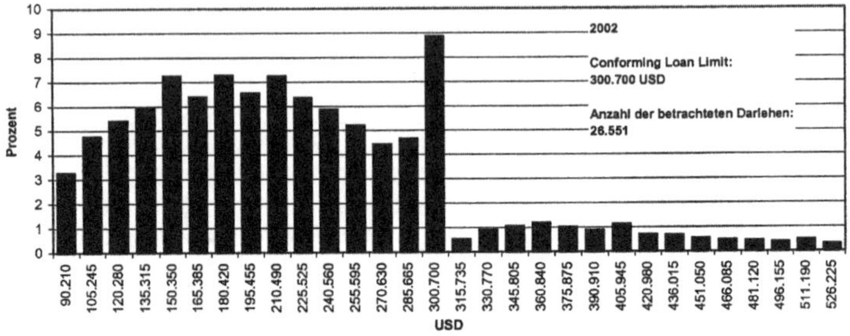

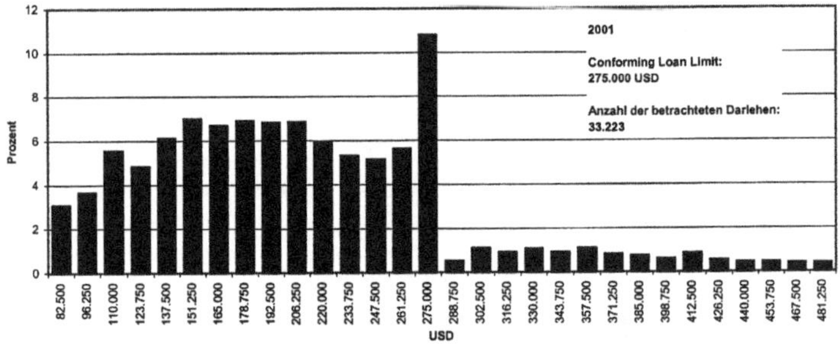

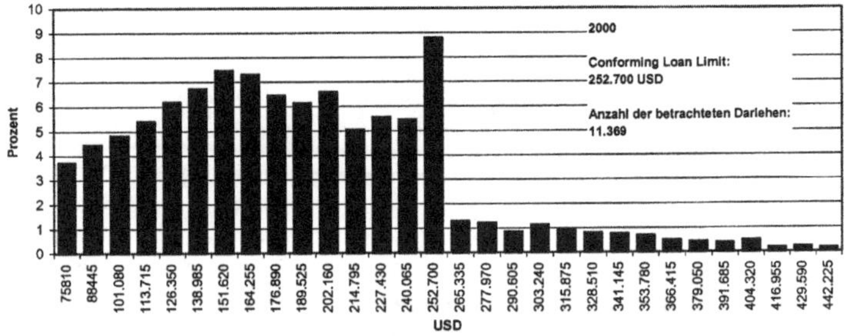

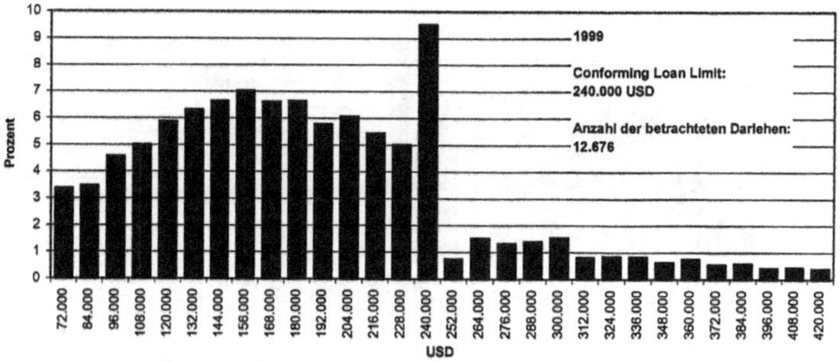
1999
Conforming Loan Limit:
240.000 USD
Anzahl der betrachteten Darlehen:
12.676
Prozent
USD
72.000 84.000 96.000 108.000 120.000 132.000 144.000 156.000 168.000 180.000 192.000 204.000 216.000 228.000 240.000 252.000 264.000 276.000 288.000 300.000 312.000 324.000 336.000 348.000 360.000 372.000 384.000 396.000 408.000 420.000

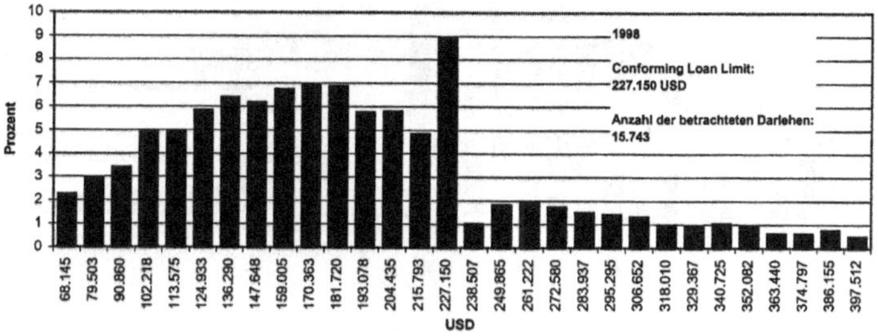
1998
Conforming Loan Limit:
227.150 USD
Anzahl der betrachteten Darlehen:
15.743
Prozent
USD
68.145 79.503 90.860 102.218 113.575 124.933 136.290 147.648 159.005 170.363 181.720 193.078 204.435 215.793 227.150 238.507 249.865 261.222 272.580 283.937 295.295 306.652 318.010 329.367 340.725 352.082 363.440 374.797 386.155 397.512

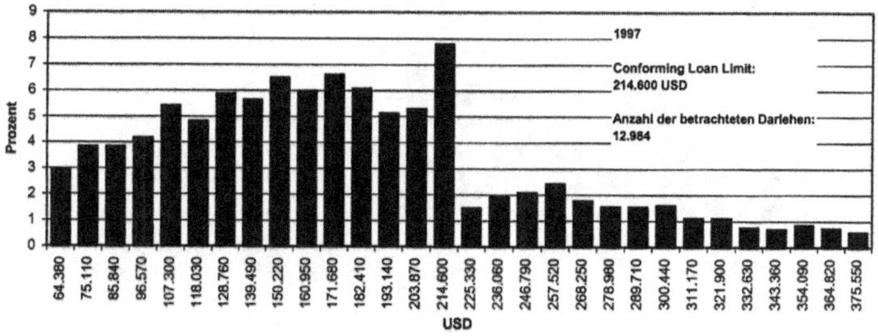
1997
Conforming Loan Limit:
214.600 USD
Anzahl der betrachteten Darlehen:
12.984
Prozent
USD
64.380 75.110 85.840 96.570 107.300 118.030 128.760 139.490 150.220 160.950 171.680 182.410 193.140 203.870 214.600 225.330 236.060 246.790 257.520 268.250 278.980 289.710 300.440 311.170 321.900 332.630 343.360 354.090 364.820 375.550

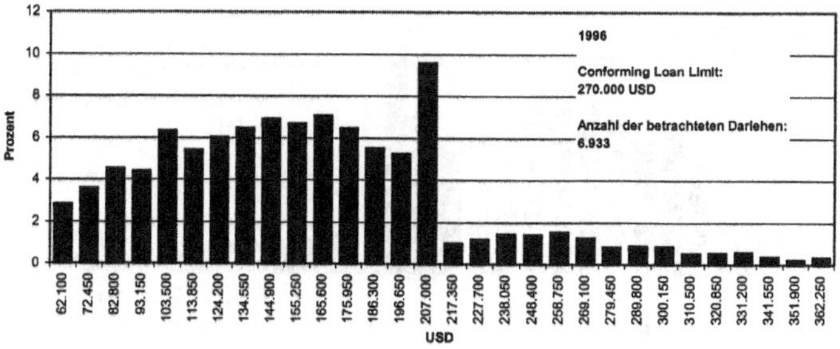
1996
Conforming Loan Limit:
270.000 USD
Anzahl der betrachteten Darlehen:
6.933
Prozent
USD
62.100 72.450 82.800 93.150 103.500 113.850 124.200 134.550 144.900 155.250 165.600 175.950 186.300 196.650 207.000 217.350 227.700 238.050 248.400 258.750 269.100 279.450 289.800 300.150 310.500 320.850 331.200 341.550 351.900 362.250

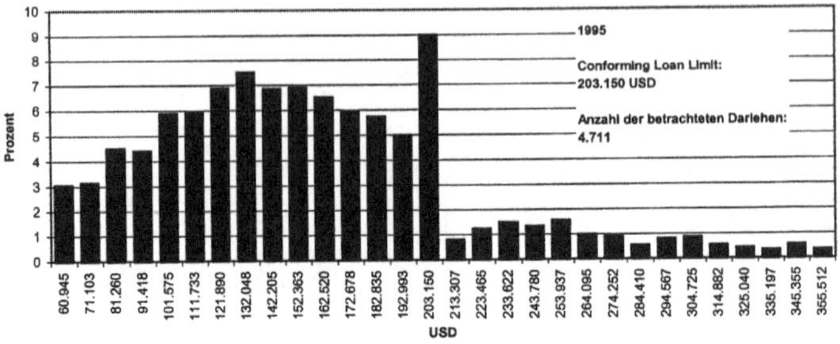
1995
Conforming Loan Limit:
203.150 USD
Anzahl der betrachteten Darlehen:
4.711
Prozent
USD
60.945 71.103 81.260 91.418 101.575 111.733 121.890 132.048 142.205 152.363 162.520 172.678 182.835 192.993 203.150 213.307 223.465 233.622 243.780 253.937 264.095 274.252 284.410 294.567 304.725 314.882 325.040 335.197 345.355 355.512

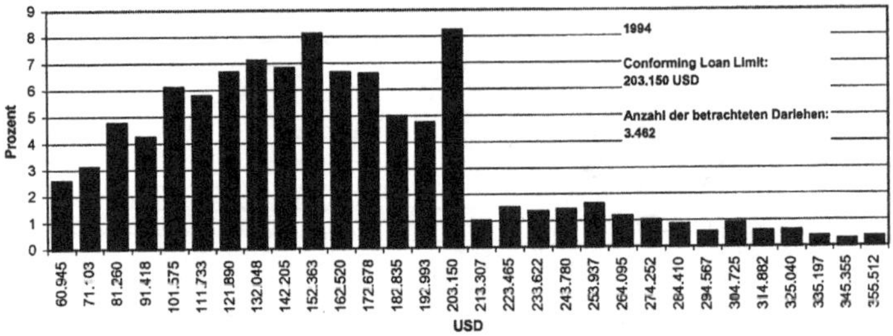
1994
Conforming Loan Limit:
203.150 USD
Anzahl der betrachteten Darlehen:
3.462
Prozent
USD

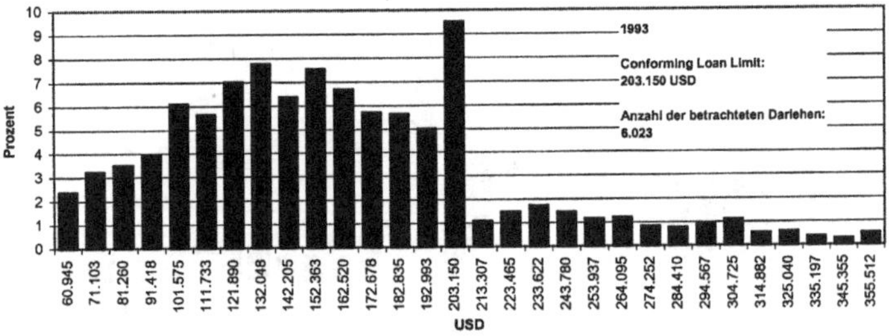
1993
Conforming Loan Limit:
203.150 USD
Anzahl der betrachteten Darlehen:
6.023
Prozent
USD
60.945 71.103 81.260 91.418 101.575 111.733 121.890 132.048 142.205 152.363 162.520 172.678 182.835 192.993 203.150 213.307 223.465 233.622 243.780 253.937 264.095 274.252 284.410 294.567 304.725 314.882 325.040 335.197 345.355 355.512

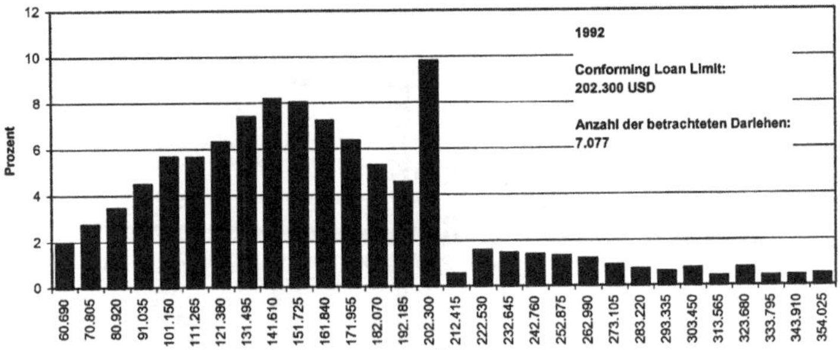
1992
Conforming Loan Limit:
202.300 USD
Anzahl der betrachteten Darlehen:
7.077
Prozent
USD
60.690 70.805 80.920 91.035 101.150 111.265 121.380 131.495 141.610 151.725 161.840 171.955 182.070 192.185 202.300 212.415 222.530 232.645 242.760 252.875 262.990 273.105 283.220 293.335 303.450 313.565 323.680 333.795 343.910 354.025

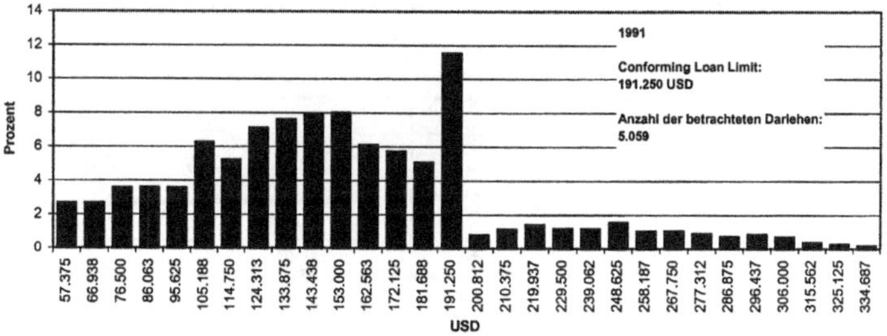

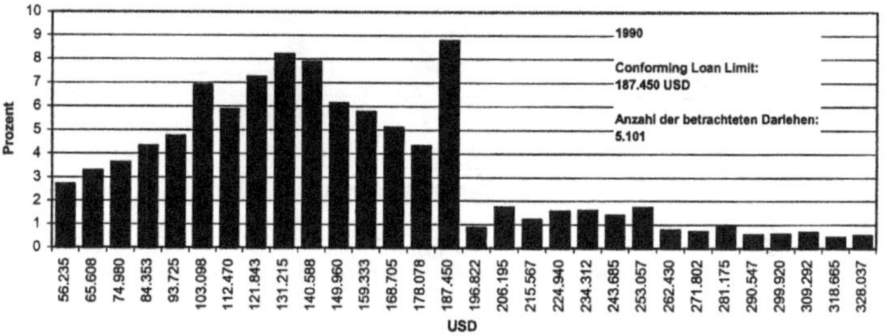

---

1) Den Berechnungen liegen individuelle Datensätze von neu vergebenen Hypothekarkrediten aus der MIRS-Datenbank des Federal Housing Finance Boards zugrunde. Auswahlkriterien waren: Die Darlehen mussten eine Laufzeit von 30 Jahren sowie eine feste Verzinsung aufweisen. Die finanzierten Wohnimmobilien sollten sich in Kalifornien befinden. Die abgetragenen Säulen stellen die prozentuale Verteilung der Hypothekarkredite für bestimmte Darlehensgrößenklassen dar. Weil das Conforming Loan Limit fast jedes Jahr nach oben angepasst wurde, ist die Intervallbreite der Darlehensgrößenklassen nicht absolut fixiert, sondern relativ zum Conforming Loan Limit in Schritten von 5% abgetragen. Das jeweils erste Intervall eines betrachteten Jahres beginnt bei 25% des zugehörigen Conforming Loan Limit. Das jeweils letzte Intervall endet bei 175% des Conforming Loan Limit. Für das Jahr 2001 bedeutet dies: Die Säule mit der Beschriftung 275.000 USD (Conforming Loan Limit des Jahres 2001) repräsentiert dasjenige Intervall, dessen Darlehen einen Umfang von maximal 275.000 USD hatten (100% des Conforming Loan Limit), aber größer waren als die Obergrenze der nächstniedrigeren Größenklasse 261.250 USD (95% des Conforming Loan Limit). Um die Notation zu vereinfachen, wurden immer nur die Obergrenzen der betreffenden Intervalle abgetragen.

2) 2002 ohne die Monate Oktober bis Dezember.

Quelle: Federal Housing Finance Board: Monthly Interest Rate Survey (MIRS-Database); eigene Berechnungen.

***Abbildung A4: Verhalten der Hypothekenzinsen am Conforming Loan Limit*[1]**

(1990-2002)[2]

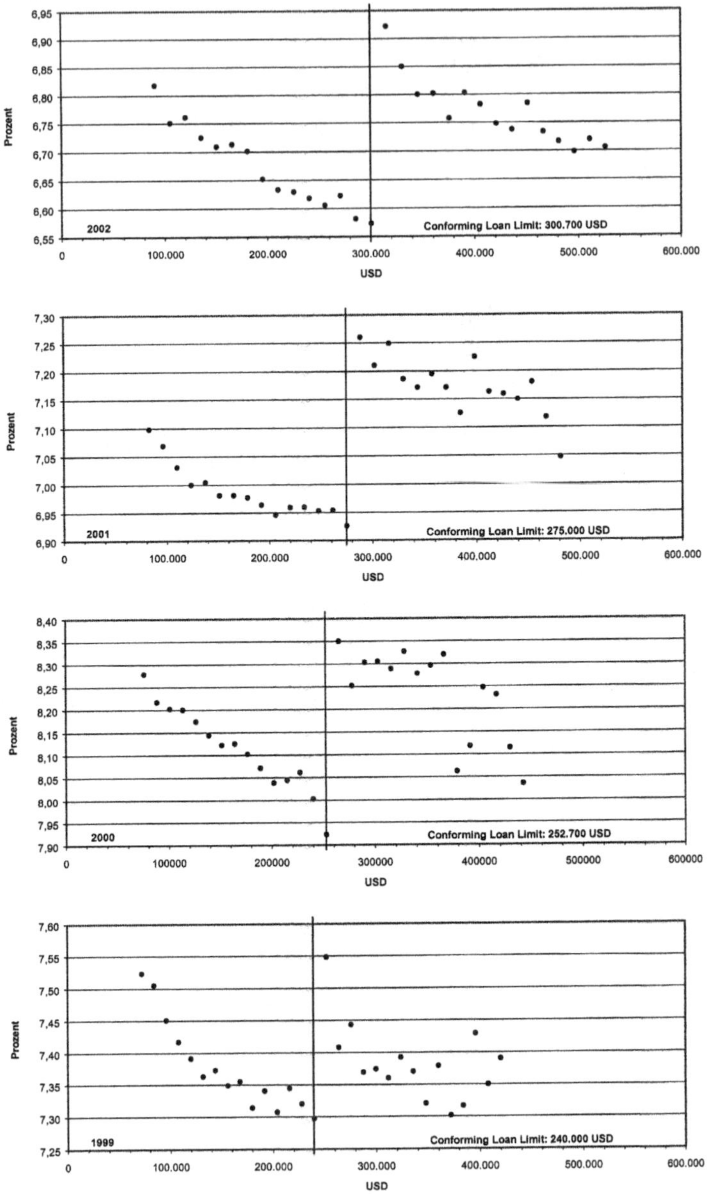

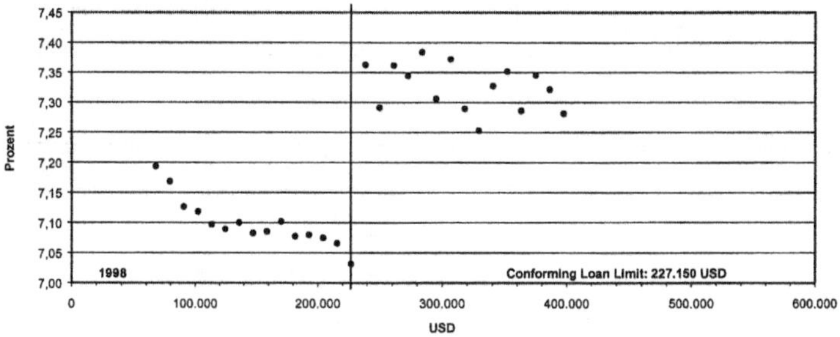
7,45
7,40
7,35
7,30
7,25
7,20
7,15
7,10
7,05
7,00
Prozent
1998
Conforming Loan Limit: 227.150 USD
0
100.000
200.000
300.000
400.000
500.000
600.000
USD

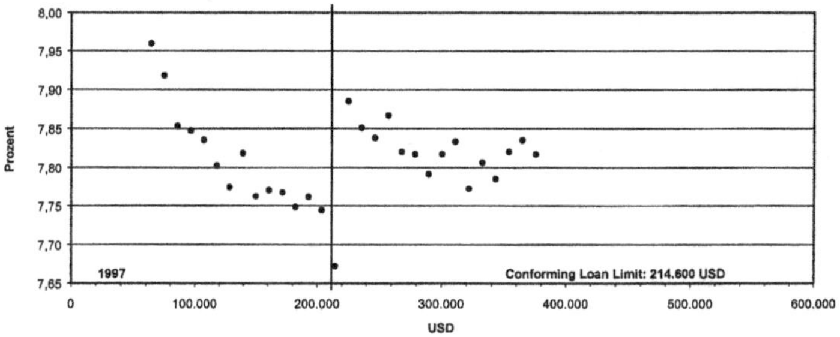
8,00
7,95
7,90
7,85
7,80
7,75
7,70
7,65
Prozent
1997
Conforming Loan Limit: 214.600 USD
0
100.000
200.000
300.000
400.000
500.000
600.000
USD

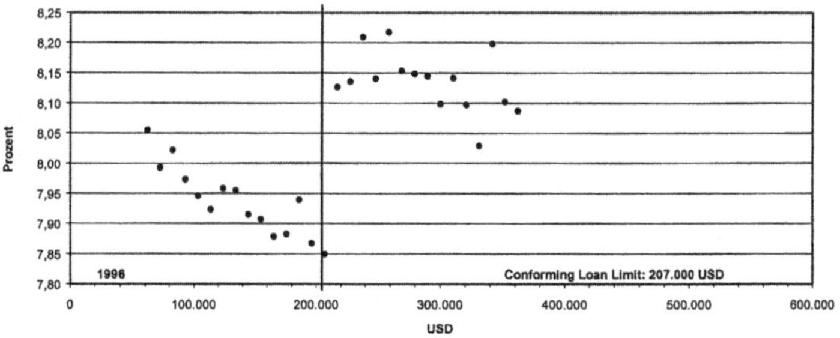
8,25
8,20
8,15
8,10
8,05
8,00
7,95
7,90
7,85
7,80
Prozent
1996
Conforming Loan Limit: 207.000 USD
0
100.000
200.000
300.000
400.000
500.000
600.000
USD

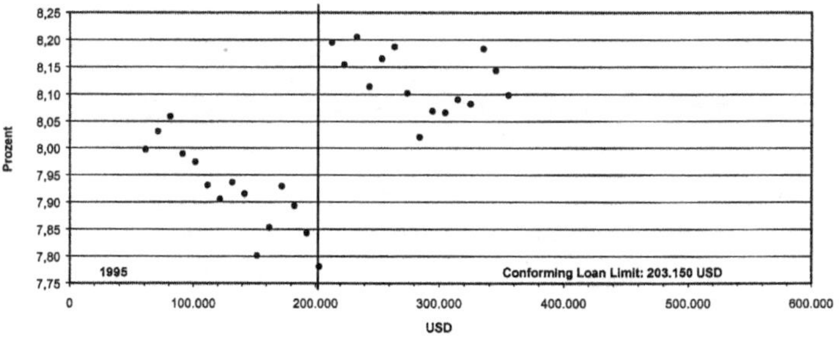
8,25
8,20
8,15
8,10
8,05
8,00
7,95
7,90
7,85
7,80
7,75
Prozent
1995
Conforming Loan Limit: 203.150 USD
0
100.000
200.000
300.000
400.000
500.000
600.000
USD

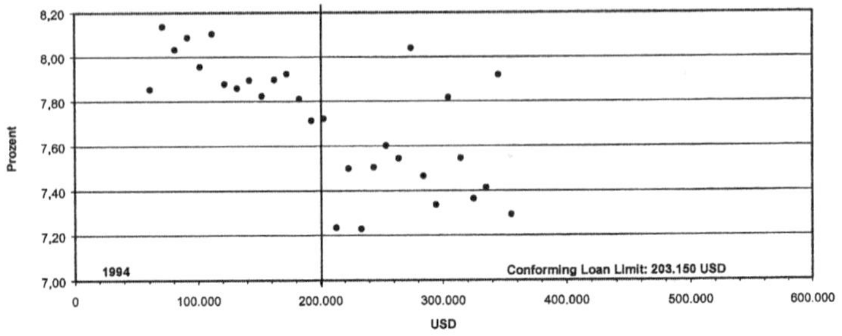
8,20
8,00
7,80
7,60
7,40
7,20
7,00
Prozent
1994
Conforming Loan Limit: 203.150 USD
0
100.000
200.000
300.000
400.000
500.000
600.000
USD

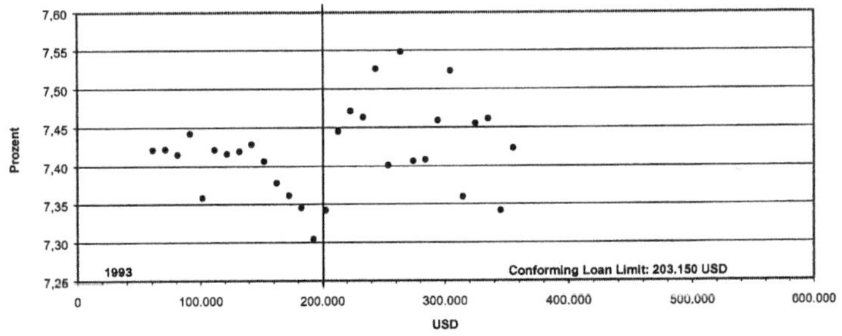
7,60
7,55
7,50
7,45
7,40
7,35
7,30
7,25
Prozent
1993
Conforming Loan Limit: 203.150 USD
0
100.000
200.000
300.000
400.000
500.000
600.000
USD

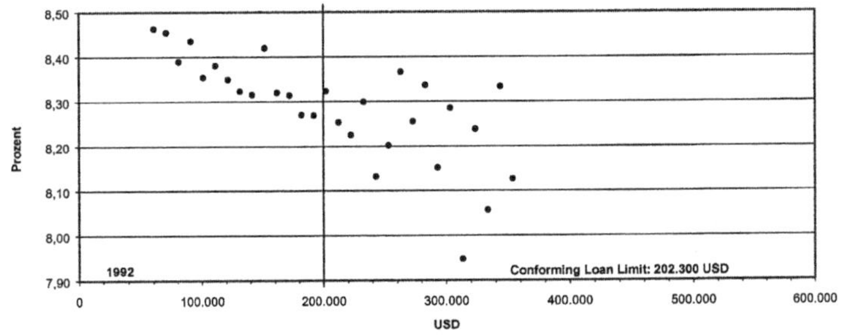
8,50
8,40
8,30
8,20
8,10
8,00
7,90
Prozent
1992
Conforming Loan Limit: 202.300 USD
0
100.000
200.000
300.000
400.000
500.000
600.000
USD

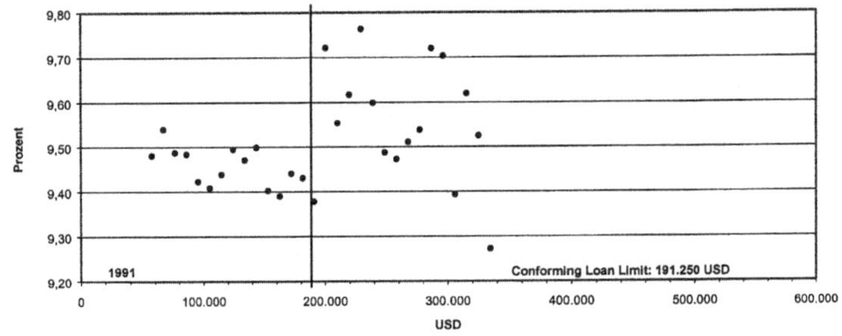
9,80
9,70
9,60
9,50
9,40
9,30
9,20
Prozent
1991
Conforming Loan Limit: 191.250 USD
0
100.000
200.000
300.000
400.000
500.000
600.000
USD

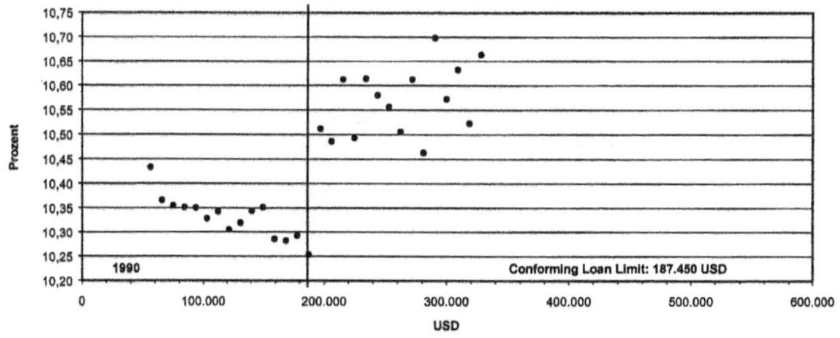

[1] Den Berechnungen liegen individuelle Datensätze von neu vergebenen Hypothekarkrediten aus der MIRS-Datenbank des Federal Housing Finance Boards zugrunde. Auswahlkriterien waren: Die Darlehen mussten eine Laufzeit von 30 Jahren sowie eine feste Verzinsung aufweisen. Die finanzierten Wohnimmobilien sollten sich in Kalifornien befinden. Die abgetragenen Punkte stellen Durchschnittszinssätze (Contract Rates) der Hypothekarkredite für bestimmte Darlehensgrößenklassen dar. Weil das Conforming Loan Limit fast jedes Jahr nach oben angepasst wurde, ist die Intervallbreite der Darlehensgrößenklassen nicht absolut fixiert, sondern relativ zum Conforming Loan Limit in Schritten von 5% abgetragen. Das jeweils erste Intervall eines betrachteten Jahres beginnt bei 25% des zugehörigen Conforming Loan Limit. Das jeweils letzte Intervall endet bei 175% des Conforming Loan Limit. Für das Jahr 2002 bedeutet dies: Der Punkt, der gerade von der senkrechten Linie, die das zugehörige Conforming Loan Limit repräsentiert, geschnitten wird, ist der durchschnittliche Darlehenszins der Darlehen, die maximal 275.000 USD betrugen (100% des Conforming Loan Limit), aber größer waren als die Obergrenze der nächstniedrigeren Größenklasse 261.250 USD (95% des Conforming Loan Limit).

[2] 2002 ohne die Monate Oktober bis Dezember.

Quelle: Federal Housing Finance Board: Monthly Interest Rate Survey (MIRS-Database); eigene Berechnungen.

Literaturverzeichnis

Aaron, Henry J. (1972): Rationale for a Housing Policy, in: Mitchell, Paul J. (Hrsg.), 1990, S. 19-36

Akerlof, George A. (1970): The Market for "Lemons": Quality Uncertainty and the Market Mechanism, in: Quarterly Journal of Economics, 1970, Vol. 84(3), S. 488-500

Ambrose, Brent W. et al. (2001): Optimal Put Exercise: An Empirical Examination of Conditions for Mortgage Foreclosure, in: Journal of Real Estate Finance and Economics, 2001, Vol. 23(2), S. 213-234

Ambrose, Brent W./Warga, Arthur (1995): Implications of Privatization: The Costs to Fannie Mae and Freddie Mac, in: U.S. Department of Housing and Urban Development (Hrsg.), 1996

Ambrose, Brent W./Warga, Arthur (2000): An Update on Measuring GSE Funding Advantages, unpublished report prepared for the Congressional Budget Office, Washington, DC, 2000

Andel, Norbert (1998): Finanzwissenschaft, 4. Aufl., Tübingen, 1998

Archer, Wayne R./Ling, David C. (1993): Pricing Mortgage-Backed Securities: Integrating Optimal Call and Empirical Models of Prepayment, in: Journal of the American Real Estate and Urban Economics Association, 1993, Vol. 21(4), S. 373-404

Arrow, Kenneth J. (1951): Social Choice and individual Values, New York, 1951

Avery, Robert et al. (1996): Credit Risk, Credit Scoring and the Performance of Home Mortgages, in: Federal Reserve Bulletin, July 1996, S. 621-648

Bank for International Settlements (1994): 64th Annual Report, Basel, 1994

Bartholomew, Philip/Whalen, Gary (1995): Fundamentals of Systemic Risk, in: Kaufman, George G. (Hrsg.), 1995, S. 3-17

Basle Committee on Banking Supervision (1988): International Convergence of Capital Measurement and Capital Standards, Basel, 1988

Basle Committee on Banking Supervision (2001): Consultative Document "The New Basel Capital Accord“, Basel, 2001

Basle Committee on Banking Supervision (2001a): Working Paper on the Treatment of Asset Securitization, Basel, 2001

Baumol, William J./Blinder, Alan S. (1991): Economics: Principles and Policy, 5. Aufl., San Diego, 1991

Becketti, Sean (1989): The Prepayment Risk of Mortgage-Backed Securities, in: Federal Reserve Bank of Kansas City Economic Review, 1989, First Quarter, S. 43-57

Becketti, Sean/Morris, Charles S. (1990): The Prepayment Experience of FNMA Mortgage-Backed Securities, in: Federal Reserve Bank of Kansas City Research Working Paper Series, 1990, RWP 90-01

Bennett, Paul et al. (1997): Credit, Equity and Mortgage Refinancings, in: Federal Reserve Bank of New York Economic Policy Review, July 1997, S. 83-99

Bipartisan Millennial Housing Commission (2002): Meeting Our Nation’s Housing Challenges, Report of the Bipartisan Millennial Housing Commission appointed by the Congress of the United States, Washington, DC, 2002

Black, Fischer/Scholes, Myron (1972): The Pricing of Options and Corporate Liabilities, in: Journal of Political Economy, 1973, Vol. 81(3), S. 637-654

Blankart, Charles B. (2001): Öffentliche Finanzen in der Demokratie, 4. Aufl., München, 2001

Board of Governors of the Federal Reserve System (1994): The Federal Reserve System: Purposes and Functions, Washington, DC, 1994

Board of Governors of the Federal Reserve System (1998): The Federal Reserve's Fedwire Book-Entry Securities Transfer Service, Washington, DC, 1998

Board of Governors of the Federal Reserve System (1999): Differences in Capital and Accounting Standards among the Federal Banking and Thrift Agencies, submitted to the Congress pursuant to section 121 of the Federal Deposit Insurance Corporation Improvement Act of 1991, 20. Januar 1999

Bourassa, Stephen C./Grigsby, William G. (2000): Income Tax Concessions for Owner-Occupied Housing, in: Housing Policy Debate, 2000, Vol. 11(3), S. 521-546

Bovard, James (1989): The Farm Credit Quagmire, Cato Institute Policy Analysis (No. 122), Washington, DC, 1989

Brown, David T. (1999): The Determinants of Expected Returns on Mortgage-Backed Securities – An Empirical Analysis of Option-Adjusted Spreads, in: Journal of Fixed Income, 1999, Vol. 9(2), 1999, S. 8-18

Brümmerhoff, Dieter (2001): Finanzwissenschaft, 8. Aufl., München, 2001

Buchanan, James M. (1954): Social Choice, Democracy and Free Markets, in: Journal of Political Economy, 1954, Vol. 62(2), S. 114-123

Buchanan, James M. (1975): Public Finance and Public Choice, in: National Tax Journal, 1975, Vol. 28(4), S. 383-394

Buchanan, James M./Tullock, Gordon (1962): The Calculus of Consent: Logical Foundations of Constitutional Democracy, Ann Arbor, 1962

Bundesaufsichtsamt für das Kreditwesen (1996): Grundsatz I gemäß §§ 10 Abs. 1, 10a Abs. 1 KWG: Behandlung von GNMA-Anleihen, FNMA-Anleihen, FHLMC-Anleihen und SLMA-Anleihen; Rundschreiben 12/96

Bundesministerium der Finanzen (Hrsg.) (1994): Perspektiven staatlicher Ausgabenpolitik, Gutachten erstattet vom Wissenschaftlichen Beirat beim Bundesministerium der Finanzen, Schriftenreihe des Bundesministeriums der Finanzen, Nr. 51, Bonn, 1984

Burchell, Robert W./Listokin, David (1995): Influences on United States Housing Policy, in: Housing Policy Debate, Vol. 6(3), 1995, S. 559-617

Burns, Leland S./Grebler, Leo (1977): The Housing of Nations, London, 1977

Caks, John (1977): The Coupon Effect on Yield to Maturity, in: The Journal of Finance, 1977, Vol. 32(1), S. 103-115

Carliner, Michael S. (1998): Development of Federal Homeownership Policy, in: Housing Policy Debate, 1998, Vol. 9(2), S. 299-321

Carlton, Dennis W./Perloff, Jeffrey M. (2000): Modern Industrial Organization, 3. Aufl., Reading, Mass., 2000

Carnell, Richard S. (2001): Federal Deposit Insurance versus Federal Sponsorship of Fannie Mae and Freddie Mac: The Structure of Subsidy (Conference on the Financial Safety Net: Costs, Benefits and Implications for Regulation), Chicago, 2001

Case, Karl E./Shiller, Robert J. (1996): Mortgage Default Risk and Real Estate Prices: The Use of Index-Based Futures and Options in Real Estate, in: Journal of Housing Research, 1966, Vol. 7(2), S. 243-258

Coase, Ronald (1960): The Problem of Social Cost, in: Journal of Law and Economics, 1960, Vol. 3(1), S. 1-44

Committee on Banking and Financial Services, House of Representatives (1984): Inquiry into Continental Illinois National Bank (Testimony of Todd Conover), Hearings September 18, 19 and October 4, Washington, DC, 1984

Committee on Banking and Financial Services, House of Representatives (1998): Private-Sector Refinancing of the Large Hedge Fund, Long-Term Capital Management (Testimony of Alan Greenspan), Hearing October 1, Washington, DC, 1998

Corder, Kevin/Hoffman, Susan (2001): Privatizing Federal Credit Programs: Why Sally Mae?, Paper Prepared for Presentation at the 6th National Public Management Conference, Bloomington, 2001

Cotton, James J./Mudry, Susan F. (1997): The Prepayment-Protection Loan Rides Again, in: Secondary Mortgage Markets, 1997, Vol. 14(3), S. 12-16

Cournot, Augustin A. (1838): Recherches sur les Principes Mathématiques de la Théorie des Richesses, Paris, 1838

Cox, John C./Ingersoll, Jonathan E./Ross, Stephen A. (1985): A Theory of the Term Structure of Interest Rates, in: Econometrica, 1985, Vol. 53(2), S. 385-407

Curry, Timothy/Shibut, Lynn (2000): The Cost of the Savings and Loan Crisis: Truth and Consequences, in FDIC Banking Review, 2000, Vol. 13, Nr. 2, S. 26-35

Demsetz, Harold (1967): Toward a Theory of Property Rights, in: American Economic Review, 1967, Vol. 57(2), S. 347-359

Deng, Yongheng (1997): Mortgage Termination: An Empirical Hazard Model with a Stochastic Term Structure, in: Journal of Real Estate Finance and Economics, 1997, Vol. 14(3), S. 310-331

DiPasquale, Denise/Wheaton, William C. (1996): Urban Economics and Real Estate Markets, Englewood Cliffs, N.J., 1996

Dothan, Uri L.(1978): On the Term Structure of Interest Rates, in: Journal of Financial Economics, 1978, Vol. 6(1), S. 59-69

Dowd, Kevin (1999): Too Big to Fail? Long-Term Capital Management and the Federal Reserve, Cato Institute Briefing Papers (No. 52), Washington, DC, 1999

Downs, Anthony (1957): An Economic Theory of Democracy, New York, 1957

Dunn, Kenneth B./McConnell, John J. (1981): Valuation of GNMA Mortgage-Backed Securities, in: Journal of Finance, 1981, Vol. 36(3), S. 599-616

Eekhoff, Johann (2002): Wohnungspolitik, 2. Aufl., Tübingen, 2002

Ely, Bert (2001): GSEs of Federal Policy: Public Benefits as Instruments and Public Costs, Working Paper presented at the 37th Annual Conference on Bank Structure and Competition: "The Financial Safety Net: Costs, Benefits, and Implications for Regulation", Illinois, 2001

Expertenkommission Wohnungspolitik (1994): Wohnungspolitik auf dem Prüfstand, Gutachten im Auftrag der Bundesregierung, Bonn, 1994

Fabozzi, Frank J. (Hrsg.) (1995): The Handbook of Mortgage-Backed Securities, Chicago, 1995

Fabozzi, Frank J. (Hrsg.) (1999): Issuer Perspectives on Securitization, Pennsylvania, 1999

Fabozzi, Frank J. et al. (Hrsg.) (2000): The Handbook of Non-Agency Mortgage-Backed Securities, Pennsylvania, 2000

Fabozzi, Frank J. et al. (1994): Collateralized Mortgage Obligations: Structures and Analysis, 2nd Edition, Pennsylvania, 1994

Fabozzi, Frank J./Modigliani, Franco (1992): Mortgage and Mortgage-Backed Securities Markets, Boston, 1992

Fabozzi, Frank J./Richard, Scott F. (1995): Introduction to the Option-Adjusted Spread Method, in: Frank J. Fabozzi (Hrsg.), 1995, S. 611-624

Fannie Mae (2001): Annual Report 2000, Washington, DC, 2001

Fannie Mae (2001): Setting the Record Straight: An Analysis of CBO's 2001 Report on Fannie Mae and Freddie Mac, Washington, DC, 2001

Fannie Mae (2001a): Fannie Mae Announces the Second Step in the Implementation of its Voluntary Initiatives; S&P Assigns "AA-" 'Risk to the Government' Rating to Fannie Mae, Pressemitteilung vom 27. Februar 2001

Fannie Mae (2001b): A Statistical Summary of Housing and Mortgage Finance Activities, Washington, DC, 2001

Fannie Mae (2002): Annual Report 2001, Washington, DC, 2002

Fannie Mae (2002a): Single-Family MBS Prospectus March 1, 2002, Washington, DC, 2002

Federal Housing Finance Board (2003): Federal Housing Finance Board Reports Lower 30-Year Fixed-Rate Mortgage Interest Rates, Pressemitteilung vom 27. März 2003

Federal Reserve Bank of New York (Markets Group) (2001): Domestic Open Market Operations During 2000, Report Prepared for the Federal Open Market Committee, New York, 2001

Federal Reserve Bank of New York (Markets Group) (2003): Domestic Open Market Operations During 2002, Report Prepared for the Federal Open Market Committee, New York, 2003

Feldstein, Martin (1982): Inflation, Tax Rules and the Accumulation of Residential and Nonresidential Capital, in: Scandinavian Journal of Economics, 1982, Vol. 84(2), S. 293-311

Fisher, Robert M. (1959): Twenty Years of Public Housing, New York, 1959

Fitch IBCA (1999): Rating Residential Loan Servicers, in: Structured Finance, August 1999

Follain, James R. et al. (1992): Microfoundations of a Mortgage Prepayment Function, in: Journal of Real Estate Finance and Economics, 1992, Vol. 5(2), S. 197-217

Foster, Chester/Van Order, Robert (1985): FHA Terminations: A Prelude to Rational Mortgage Pricing, in: Journal of the American Real Estate and Urban Economics Association, 1985, Vol. 13(3), S. 273-293

Frame, Scott W./Wall, Larry D. (2002): Financing Housing through Government-Sponsored Enterprises, in: Federal Reserve Bank of Atlanta Economic Review, First Quarter 2002, S. 29-43

Freddie Mac (2001): Detailed Analysis of the 2001 CBO Report "Federal Subsidies and the Housing GSEs", McLean, 2001

Freddie Mac (2001a): Freddie Mac Garners "AA-" Rating From Standard and Poor's Corporation, Pressemitteilung vom 27. Februar 2001

Freddie Mac (2002): Annual Report 2001, McLean, 2002

Frey, Bruno S./Kirchgässner, Gebhard (1994): Demokratische Wirtschaftspolitik: Theorie und Anwendung, 2. Aufl., München, 1994

Gatti, James F./Spahr, Ronald W.(1997): The Value of Federal Sponsorship: The Case of Freddie Mac, in: Journal of the American Real Estate and Urban Economics Association, 1997, Vol. 25(3), S. 453-485

Gervais, Martin (2001): Housing Taxation and Capital Accumulation, 2001

Giersch, Herbert (1961): Allgemeine Wirtschaftspolitik, Band 1, Wiesbaden, 1961

Ginnie Mae (1999): Ginnie Mae Mortgage-Backed Securities Handbook, Washington, DC, 1999

Ginnie Mae (2001): Annual Report 2000, Washington, DC, 2001

Ginnie Mae (2002): Annual Report 2001, Washington, DC, 2002

Golding, Edward L./Wambeke, Carol A. (1998): A Timely Look at Financial-Soundness Measures, in: Secondary Mortgage Markets, 1998, Vol. 15(1,2), S. 28-38

Green, Jerry/Shoven, John P. (1986): The Effects of Interest Rates on Mortgage Prepayments, in: Journal of Money, Credit and Banking, 1986, Vol. 18(1), S. 41-59

Hämmerlein, Hans (1996): Einführung in die Wohnungswirtschaft, Baden-Baden, 1996

Harberger, Arnold C. (Hrsg.) (1960): The Demand for Durable Goods, Chicago, 1960

Hayek, Friedrich-August von (1976): Law, Legislation and Liberty (Vol. 2): The Mirage of Social Justice, London, 1976

Hayre, Lakhbir (1999): Guide to Mortgage-Backed Securities, New York, 1999

Hayre, Lakhbir (2001): The Mortgage Origination Process, in: Hayre, Lakhbir (Hrsg.), 2001, S. 207-219

Hayre, Lakhbir (2001a): A Concise Guide to Mortgage-Backed Securities, in: Hayre, Lakhbir (Hrsg.), 2001, S. 9-68

Hayre, Lakhbir (Hrsg.) (2001): Salomon Smith Barney Guide to Mortgage-Backed and Asset-Backed Securities, New York, 2001

Hayre, Lakhbir/Young, Robert (2000): Anatomy of Prepayments, in: Journal of Fixed Income, Vol. 10(1), 2000, S. 19-49

Hayre, Lakhbir/Young, Robert (2001): Risk-Based Capital Standards, in: Hayre, Lakhbir (Hrsg.), 2001, S. 845-848

Hendershott, Patric H./Shilling, J. (1989): The Impact of the Agencies on Conventional Fixed-Rate Mortgage Yields, in: Journal of Real Estate Finance and Economics, Vol. 2(2), 1989, S. 101-115

Hendershott, Patric H./White, Michael (2000): Taxing and Subsidizing Housing Investment: The Rise and Fall of Housing's Favoured Status, in: NBER Working Paper Series, Working Paper 7928, 2000

Hermalin, Benjamin/Jaffee, Dwight M. (1996): The Privatization of Fannie Mae and Freddie Mac: Implications for Mortgage Industry Structure, in: U.S. Department of Housing and Urban Development (Hrsg.), 1996

Ho, Thomas S./Lee, Sang-Bin (1986): Term Structure Movements and Pricing Interest Rate Contingent Claims, in: Journal of Finance, 1986, Vol. 41(5), S. 1011-1030

Hu, Joseph C. (2001): Basics of Mortgage-Backed Securities, Pennsylvania, 2001

Jaffe, Dwight (2003): The Interest Rate Risk of Fannie Mae and Freddie Mac, Forthcoming in: Journal of Financial Services Research

Kau, James B./Keenan, Donald C. (1995): An Overview of the Option-Theoretic Pricing of Mortgages, in: Journal of Housing Research, 1995, Vol. 6(2), S. 217-244

Kau, James et al. (1992): A Generalized Valuation Model for Fixed-Rate Residential Mortgages, in: Journal of Money, Credit and Banking, 1992, Vol. 24(3), S. 279-299

Kau, James/Keenan, Donald (1994): Default Probabilities for Mortgages, in: Journal of Urban Economics, 1994, Vol. 35(3), S. 278-296

Kaufman, George G. (Hrsg.) (1995): Research in Financial Services: Banking, Financial Markets and Systemic Risk, Vol. 7, Greenwich, 1995

Kaufman, George G./Scott, Kenneth E. (2002): What is Systemic Risk and Do Bank Regulators Retard or Contribute to it?, unpublished paper, (revised draft 29.06.2002)

Kinsey, Mark A. (1998): Stressing Performance: Evaluating the Capital Adequacy of Freddy Mac and Fannie Mae, in: Secondary Mortgage Markets, 1998, Vol. 15(1,2), S. 47-53

KPMG (2003): Banks Face Falling Customer Loyalty, Pressemitteilung vom 17. Februar 2003

Kühne-Büning, Lidwina (1994): Besonderheiten des Wirtschaftsgutes Wohnung und seiner Nutzungsleistungen, in: Kühne-Büning, Lidwina/Heuer, Jürgen H.B. (Hrsg.), 1994, S. 3-14

Kühne-Büning, Lidwina/Heuer, Jürgen H. B. (Hrsg.) (1994): Grundlagen der Wohnungs- und Immobilienwirtschaft, 3. überarbeitete und erweiterte Aufl., Frankfurt, 1994

Kulason, Bob (2001): Structuring Mortgage Cash Flows, in: Hayre, Lakhbir (Hrsg.), 2001, S. 369-398

LaCour-Little, Michael (1999): Another Look at the Role of Borrower Characteristics in Predicting Mortgage Prepayments, in: Journal of Housing Research, 1999, Vol. 10(1), S. 45-60

Laternser, Stefan (1997): Asset-Backed Securities im Portfoliomanagement, Bern, 1997

Leach, James A. (1998): Remarks at the Conference: "The Role of Government-Sponsored Enterprises in the Economy – Pluses and Minuses", May 14, 1998

Mackscheidt, Klaus (1981): Gründe und Grenzen für staatliche Interventionen auf dem Wohnungsmarkt, in: Deutsche Wohnungswirtschaft, 1981, Heft 9, S. 216-225

Maclennan, Duncan (1982): Housing Economics, New York, 1982

Madigan, Brian F./Nelson, William R. (2002): Proposed Provision to the Federal Reserve's Discount Window Lending Programs, in: Federal Reserve Bulletin, July 2002, S. 313-319

Mayer, Christopher/Genesove, David (1997): Equity and Time to Sale in the Real Estate Market, in: American Economic Review, 1997, Vol. 87(3), S. 255-269

McKenzie Joseph A. (2002): A Reconsideration of the Jumbo/Non-Jumbo Mortgage Rate Differential, Forthcoming in: The Journal of Real Estate Finance and Economics

Mieszkowsky, Peter/Straszheim, Mahlon (Hrsg.) (1979): Current Issues in Urban Economics, Baltimore, 1979

Mitchell, Paul J. (1990a): Historical Overview of Federal Policy: Encouraging Homeownership, in: Mitchell, Paul J. (Hrsg.), 1990, S. 39-46

Mitchell, Paul J. (1990b): The Historical Context for Housing Policy, in: Mitchell, Paul J. (Hrsg.), 1990, S. 3-17

Mitchell, Paul J. (Hrsg.) (1990): Federal Housing Policy and Programs: Past and Present, New Brunswick, 1990

Moe, Ronald C./Stanton, Thomas H. (1989): Government-Sponsored Enterprises as Federal Instrumentalities: Reconciling Private Management, in: Public Administration Review, 1989, Vol. 49(2), S. 321-329

Moody's Investor Service (1998): Credit Risk of Mortgage Insurers, in: Rating Methodology, November 1998

Musgrave, Richard A. (1959): The Theory of Public Finance: A Study in Public Economy, New York, 1959

Muth, Richard F. (1960): The Demand for Non-Farm Housing, in: Harberger, Arnold C. (Hrsg.), 1960, S. 29-96

Naranjo, Andy/Toevs, Alden (2002): The Effects of Purchases of Mortgages and Securitization by Government Sponsored Enterprises on Mortgage Yield Spreads and Volatility, Forthcoming in: The Journal of Real Estate Finance and Economics

Niskanen, William A. (1971): Bureaucracy and Representative Government, Chicago, 1971

Nordhaus, William D. (1975): The Political Business Cycle, in: Review of Economic Studies, 1975, Vol. 42(130), S. 169-190

Nothaft, Frank E. et al. (2001): Debt Spreads Between GSEs and other Corporations, Forthcoming in: The Journal of Real Estate Finance and Economics

o.V. (2001): Fed denkt über eine Welt ohne amerikanische Staatsanleihen nach, in: Frankfurter Allgemeine Zeitung, Nr. 58, 09. März 2001, S. 27

Office of Federal Housing Enterprise Oversight (1998): Report to Congress (1997), Washington, DC, 1998

Office of Federal Housing Enterprise Oversight (2001): OFHEO's Final Risk-Based Capital Regulation, Washington, DC, 2001

Office of Federal Housing Enterprise Oversight (2001): Report to Congress (2000), Washington, DC, 2001

Office of Federal Housing Enterprise Oversight (2002): OFHEO Issues Risk-Based Capital Stress Test Results for Fannie Mae and Freddie Mac, Pressemitteilung, 27. Juni 2002

Office of Federal Housing Enterprise Oversight (2003): Systemic Risk: Fannie Mae, Freddie Mac and the Role of OFHEO, Washington, DC, 2003

Olsen, Edgar O. (1969): A Competitive Theory of the Housing Market, in: American Economic Review, 1969, Vol. 59(4), S. 612-622

Olsen, Edgar O. (2001): Housing Programs for Low-Income Households, in: NBER Working Paper Series, Working Paper 8208, 2001

Orlebeke, Charles J. (2000): The Evolution of Low-Income Housing Policy, 1949 to 1999, in: Housing Policy Debate, 2000, Vol. 11(2), S. 489-520

Passmore, Wayne S./Goodman, John L. (1993): Market Power and the Pricing of Mortgage Securitization, 1993

Passmore, Wayne/Sparks, Roger (1997): The Effect of Automated Underwriting on the Profitability of Mortgage Securitization, Washington, DC, 1997

Passmore, Wayne/Sparks, Roger (2001): GSEs, Mortgage Rates and the Long-Run Effects of Mortgage Securitization, Forthcoming in: Journal of Real Estate Finance and Economics

Pavlov, Andrey D. (2001): Competing Risks of Mortgage Termination: Who Refinances, Who Moves and Who Defaults?, in: Journal of Real Estate Finance and Economics, 2001, Vol. 23(2), S. 185-211

Pearce, James E./Miller, James C. (2001): Freddie Mac and Fannie Mae – Their Funding Advantages and Benefits to Consumers, unpublished paper, 2001

Peaslee, James M./Nirenberg David Z. (1995): Federal Income Tax Treatment of Mortgage-Backed Securities, in: Fabozzi, Frank J. (Hrsg.), 1995, S. 867-932

Pigou, Arthur C. (1920): The Economics of Welfare, 4. Aufl., London, 1932

Poole, William (2002): Financial Stability, in: Federal Reserve Bank of St. Louis Economic Review, 2002, Vol. 84(5), S. 1-7

Poterba, James R. (1984): Tax Subsidies to Owner-Occupied Housing: An Asset-Market Approach, in: Quarterly Journal of Economics, 1984, Vol. 99(4), S. 729-752

Quigley, John M./Van Order, Robert (1990): Efficiency in the Mortgage Market: The Borrower's Perspective, in: AREUEA (American Real Estate and Urban Economics Association) Journal, 1990, Vol. 18(3), S. 237-252

Roever, Alexander W. (1999): The Joy of Securitization: Understanding Securitization and its Appeal, in: Fabozzi, Frank J. (Hrsg.), 1999, S. 1-16

Rohe, William M./Stewart, Leslie S. (1996): Homeownership and Neighbourhood Stability, in: Housing Policy Debate, Vol. 7(1), 1996, S. 37-81

Roll, Richard (2000): Benefits to Homeowners from Mortgage Portfolios Retained by Fannie Mae and Freddie Mac, unpublished paper, 2000

Rosen, Harvey S. (1985): Housing Subsidies: Effects on Housing Decisions, Efficiency and Equity, in: Auerbach, Alan J./Feldstein, Martin (Hrsg.), 1985, S. 375-420

Schinasi, Gary J. et al. (2001): Financial Implications of the Shrinking Supply of U.S. Treasury Securities, IMF Working Paper 01/61, New York, 2001

Sepp, Peter J. (2000): Statement Before the Subcommittee on Capital Markets, Securities, and Government Sponsored Enterprises Banking and Financial Services Committee United States House of Representatives on HR 3703, The Housing Finance Regulatory Improvement Act, Washington, DC, 2000

Sharpe, William F. (1964): Capital Asset Prices: A Theory of Market Equilibrium under Conditions of Risk, in: The Journal of Finance, 1964, Vol. 19(3), S. 425-442

Sharpe, William F./Alexander, Gordon J. (1990): Investments, 4. Aufl., Englewood Cliffs, NJ, 1990

Shays, Christopher (2002): Are Fannie Mae and Freddie Mac Adequately Disclosing What Investors Need? Vortrag des republikanischen Kongressabgeordneten Christopher Shays anlässlich der Konferenz "Disclosure Practices of Fannie Mae and Freddie Mac" am 12. Juni 2002

Smith, Lawrence B./Rosen, Kenneth T./Fallis, George (1988): New Developments in Economic Models of Housing Markets, in: Journal of Economic Literature, 1988, Vol. 26(1), S. 29-64

Stackelberg, Heinrich von (1934): Marktform und Gleichgewicht, Wien, 1934

Standard and Poor's (2001): Commentary: Revised Rating Methodology for Government-Supported Entities, New York, 2001

Stanton, Richard (1995): Rational Prepayment and the Valuation of Mortgage-Backed Securities, in: The Review of Financial Studies, 1995, Vol. 8(3), S. 677-708

Stanton, Thomas H. (1991): A State of Risk: Will Government-Sponsored Enterprises be the Next Financial Crisis?, New York, 1991

Stanton, Thomas H. (2003): On Shaky Ground: The Relentless Expansion of Fannie Mae and Freddie Mac in the U.S. Housing Finance System, Paper Prepared for the Anthony T. Cluff Research Fund of the Financial Services Roundtable, 2003

Stein, Jeremy C. (1995): Prices and Trading Volume in the Housing Market: A Model with Downpayment Effects, in: Quarterly Journal of Economics, 1995, Vol. 110(2), S. 379-406

Stiglitz, Joseph E. et al. (2002): Implications of the New Fannie Mae and Freddie Mac Risk-Based Capital Standard, in: Fannie Mae Papers, 2002, Vol. 1(2), S. 1-10

Subcommittee on Capital Markets, Insurance and Government-Sponsored Enterprises, House of Representatives (2001): Testimony of Dan L. Grippen, Hearing July 11, Washington, DC, 2001

The Bond Market Association (2002): Research Quarterly, Washington, DC, 2002

The Congress of the United States (Congressional Budget Office) (2001): Federal Subsidies and the Housing GSEs, Washington, DC, 2001

The Congress of the United States (Congressional Budget Office) (1996): Assessing the Public Costs and Benefits of Fannie Mae and Freddie Mac, Washington, DC, 1996

Toevs, Alden L. (2000): A Critique of the CBO's Sponsorship Benefit Analysis, unpublished paper, 2000

Toevs, Alden L. (2001): A Critique of the CBO's Study on "Federal Subsidies and the Housing GSEs", unpublished paper, 2001

U.S. Department of Housing and Urban Development (1996): Privatization of Fannie Mae and Freddie Mac: Desirability and Feasibility, Washington, DC, 1996

U.S. Department of Housing and Urban Development (2000): HUD Announces New Regulations to Provide $ 2,4 Trillion in Mortgages for Affordable Housing for 28,1 Million Families, Pressemitteilung Nr. 00-317, 31. Oktober 2000

U.S. Department of Housing and Urban Development (Hrsg.) (1996): Studies on Privatizing Fannie Mae and Freddie Mac, Washington, DC, 1996

U.S. Department of the Treasury (1996): Government Sponsorship of the Federal National Mortgage Association and the Federal Home Loan Mortgage Corporation, Washington, DC, 1996

U.S. Department of the Treasury (2002): Acceptable Collateral for 31 CFR Part 202, Washington, DC, 2002

U.S. General Accounting Office (1996): Housing Enterprises: Potential Impacts of Severing Government Sponsorship, Washington, DC, 1996

U.S. General Accounting Office (2000): Housing Enterprises: The Role of Fannie Mae and Freddie Mac in the U.S. Housing Finance System, Washington, DC, 2000

Van Order, Robert (2000): A Microeconomic Analysis of Fannie Mae and Freddie Mac, in: Regulation, 2000, Vol. 23, Issue 2

Van Order, Robert/Crews-Cutts, Amy (1998): Equal Capital for Equal Risk, in: Secondary Mortgage Markets, 1998, Vol. 15(1,2), S. 11-17

Vandell, Kerry D. (1995): How Ruthless is Mortgage Default? A Review and Synthesis of the Evidence, in: Journal of Housing Research, 1995, Vol. 6(2), S. 245-264

Vasicek, Oldrich A. (1977): An Equilibrium Characterization of the Term Structure, in: Journal of Financial Economics, 1977, Vol. 5(2), S. 177-188

Wallace, James E. (1995): Financing Affordable Housing in the United States, in: Housing Policy Debate, 1995, Vol. 6(4), S. 785-814

Weicher, John C. (1979): Urban Housing Policy, in: Mieszkowsky, Peter/Straszheim, Mahlon (Hrsg.), 1979, S. 469-508

Weicher, John C. (1980): Housing: Federal Policies and Programs, Washington, DC, 1980

Westhoff, Dale/Srinivasan, V.S. (2000): The Next Generation of Prepayment Models to Value Nonagency MBS, in: Fabozzi, Frank J. et al. (Hrsg.), 2000, S. 247-291

White, Lawrence J. (2001): Focusing on Fannie and Freddie: The Dilemmas of Reforming Housing Finance, unpublished paper, 2000

Wolman, Harold/Goldsmith, Michael (1992): Urban Politics and Policy: A Comparative Approach, Cambridge, 1992

Zandi, Mark M./Nottage, Brian (2001): Outlook for Mortgage Credit Quality, in: Secondary Mortgage Markets, 2001, Vol. 1(1), S. 1-7

FSC
www.fsc.org
MIX
Papier | Fördert gute Waldnutzung
FSC® C083411

Kolibri 360 GmbH
Ferdinand-Jühlke-Straße 7
99095 Erfurt, Deutschland
produktsicherheit@kolibri360.de

Druck:
CPI Druckdienstleistungen GmbH
im Auftrag der
Kolibri 360 GmbH
Ferdinand-Jühlke-Str. 7
99095 Erfurt